장애 아동 · 청소년을 위한

수학교육

이병혁 · 김영표 · 홍성두 · 박경옥 공저

Teaching Mathematics
for Children & Adolescents with Disabilities

학지사

머리말

　문자 없는 세상이 그렇듯 숫자 없는 세상 또한 상상하기 어렵다. 수학은 기본적으로 수를 바탕으로 세상을 이해하고 다루는 학문이며, 다른 학문의 기초가 된다. 어렵고 일상생활에서 잘 쓰지 않는다는 일반적인 오해와 달리 수학은 우리의 일상생활 전반에 깊숙이 관여하고 있다. 수학이 없는 과학이나 건축은 생각할 수조차 없으며, 우리의 여가생활을 채워 주는 영화, 음악 그리고 미술 또한 그 바탕에는 수학이 자리 잡고 있다.

　여러 가지 중요한 이유로 초등학교부터 고등학교에 이르기까지 학교에서는 수학을 기본적으로 이수해야 하는 교과로 지정하여 가르치고 있다. 하지만 안타깝게도 학생들은 종종 수학을 왜 배워야 하는지 알 수 없다는 말을 한다. 결국 많은 학생이 수학을 일상생활에 별 도움은 되지 않으면서 어렵기만 한 교과로, 기피 대상쯤으로 여기고 있는 듯하다.

　장애학생에게 수학을 가르치는 것은 어려운 일이다. 구체물과 반구체물을 다루는 시기를 지나 '수'라는 것을 알게 되면, 그 이후의 과정은 추상적인 것이라고 할 수 있는데, 장애학생이 가장 어려워하는 것 중의 하나가 바로 추상적인 개념을 이해하는 것이기 때문이다. 하지만 일반교육에서와 마찬가지로 특수교육에서도 가장 많이 그리고 가장 오랫동안 가르치고 있는 교과 중 하나가 바로 수학이다. 이는 역으로 장애학생을 위한 수학교육이 결코 만만한 작업은 아니지만 장애학생에게도 수학은 가르쳐야 함을 의미하는 것이라 생각한다. 비록 이들이 고등수학을 학습하여 학문적 성과를 높이기는 어려울지라도, 이들 또한 지역사회에서의 일상생활을 자연스럽게 영위할 수 있도록 수학을 활용할 줄 알아야 한다는 당위성이 이를 뒷받침하고 있다. 이는 결국 장애학생에게 수학을 어떻게 가르쳐야 하는가의 문제로 귀결된다.

교사가 현장에서 느끼는 어려움은 비단 수학만의 문제가 아니다. 배워야 하고, 따라서 가르쳐야 하는 내용은 누군가에게는 지루하고 어려운 것이 된다. 그러므로 어떻게 하면 모든(혹은 대다수의) 학생이 즐겁게 배울 수 있는지, 어떻게 하면 모든(혹은 대다수의) 학생에게 학습에 대한 동기를 갖게 할 수 있는지는 교사가 해결해야 할 영원한 숙제가 된다.

이 책은 이러한 점을 바탕으로 기획되었다. '가르쳐야 하지만 가르치기 어려운 교과를 어떻게 가르쳐야 할 것인가?' 더욱이 '일반교육의 대상이 되는 학생과는 다른 특성을 지닌 학생에게 이 교과 중 무엇을, 어떻게 가르쳐야 할 것인가?'는 이 책을 관통하고 있는 주요 질문이다. 그 결과 학교에서 제공하고 있는 교육과정 중 장애학생의 삶과 직접적인 관련이 있고, 장래의 독립적인 생활을 위해 가능하다면 능숙하게 구사할 수 있어야 하는 내용과 그 내용을 효과적으로 가르칠 수 있는 방법을 중심으로 내용을 꾸렸다.

이 책은 총 10개의 장으로 구성되어 있으며, 크게 이론(1부)과 실제(2부)로 나뉘어 있다. 이론에서는 수학교육에 관한 전반적인 내용과 함께 교육과정, 평가 그리고 교수 접근 방식 등을 제시하고 있으며, 실제에서는 현 특수학교 교육과정 중 아동의 삶에 실질적인 영향을 줄 수 있는 수와 연산, 도형과 측정을 문제해결 및 생활 수학 등과 함께 정리하였다. 특히 실제에서는 각각의 하위 영역을 개관하고 이 영역들을 지도하기 위해 현장에서 적용할 수 있는 방법을 제시하였다. 이 책에서 제시한 여러 교수방법은 그 자체로 사용할 수도 있지만 적용에 있어서 수정이 필요한 경우도 있다는 점과, 각각의 영역에서 장애학생에게 효과적인 지도를 할 수 있는 방법이 이 책에서 소개한 것만 있는 것은 아니라는 점에 유념하길 바란다.

많은 시간과 노력이 반드시 훌륭한 결과물을 의미하는 것은 아니다. 집필 당시에는 그럴듯했던 글도 나중에는 졸문으로 보이는 일 또한 허다하다. 애초에 많은 사람에게 도움이 되는 책을 내고자 했으나 여러 가지 이유로 미처 담지 못한 내용이 있을 수 있고, 다룬 내용 또한 충분치 않을 수 있어 그 의욕이 얼마나 달성되었는지는 알 수 없는 일이 되었다. 부족한 부분의 보완에 대해서는 훗날을 기약하며, 다만 소수의 독자만이라도 이 책을 그 목적에 맞게 사용하고 도움을 얻게 되기를 기대해 본다.

끝으로 이 책이 출판될 수 있도록 도와주신 학지사 김진환 사장님, 설승환 과장님을 비롯하여 여러 번의 지난한 편집 작업에 애써 주신 이지예 선생님과 모든 직원 분께 감사의 말씀을 전한다.

2015년 9월
대표저자 이병혁

차 례

1부

수학교육의 이론적 기초

제1장

수학교육의 기초

학교교육에서 수학이 차지하는 위상은 교육과정에서도 확인할 수 있다. 대부분의 학생이 오랜 기간 수학을 배우며, 특히 수학은 상급 학교로의 진학을 결정하기 위한 주요 교과로 활용된다. 그러나 수학에 대한 학생들의 인식은 '수학불안(mathematics anxiety)'이라는 용어에서도 살펴볼 수 있듯이 그리 긍정적이지 않으며, 많은 학생이 수학을 어려워하고 기피한다.

이러한 현상은 추상성, 형식성, 계통성 등 수학이라는 학문이 지니고 있는 특성들에서도 그 원인을 찾아볼 수 있으나, 암기와 단순 적용, 연습 등을 강조하는 학교 수학의 단조로움이 입시라는 지극히 현실적인 이유 이외에 왜 수학을 배워야 하는지에 답해 주지 못한 결과이기도 하다. 우리는 일상생활을 통해 수학을 활용하고 경험한다. 하지만 이러한 유형의 수학은 초등학교 수학 교육과정을 마치면 별다른 어려움 없이 구사할 수 있는 것으로 중등학교에서도 수학을 배워야 할 근거는 되지 못한다. 오히려 우리가 지속적으로 수학을 가르치고 배우는 이유는 일상생활에서의 쓰임새를 포함하여 그 이상의 무언가에서 찾을 필요가 있다.

수학은 인간의 생각을 표현하는 한 가지 방법으로, 합리적이고 논리적인 사고력, 추상적 능력, 비판적 능력 등 우리가 갖고 있는 정신능력을 연마하고 신장시키는 도구다. 아울러 수학은 핵심적인 기초 학문으로서 다양한 방면으로 응용되고 있기 때문에 수학이 없었다면 현재 우리가 누리고 있는 과학기술의 진보 또한 기대할 수 없었을 것이다. 이러한 측면에서 수학은 개인 및 사회의 발전 모두와 밀접한 관계가 있으며, 이는 곧 우리가 수학을 공부하고 연구하는 중요한 이유가 될 것이다(우정호, 한대희, 2002; 이용률 외, 1997). 이 장에서는 특수교육 관점에서의 교과교육, 수학교육의 목적과 목표 그리고 수학교육의 영역 등을 개관하고자 한다.

1. 교과교육과 특수교육

학교교육과 같은 의도적인 교육활동이 이루어지기 위해서는 특정한 요소들이 필요한데, 교육학에서는 이를 교육의 3요소 혹은 4요소 등으로 정리하고 있다.

교육의 요소에는 교육자, 학습자, 교육내용 등이 포함되고, 교육활동은 이 요소들 간에 상호작용이 일어남으로써 처음으로 성립하게 된다. 그중 교육내용은 교육자와 학습자가 상호작용할 수 있도록 연결해 주는 교육의 재료로 단순한 지식이 아닌 가치를 인정받은 문화유산 및 생활경험을 말하며, 이는 철학적 조류, 시대적 상황 그리고 교육에 대한 인식 등의 영향을 받게 된다.

교육내용은 의도적이든 의도적이지 않든 학교에서 아동에게 교육적 영향을 미칠 수 있는 모든 경험적 요소를 일컫는 것이지만, 더 엄밀하게 말하자면 인간행동의 특성을 계획적으로 변화시키기 위해 학교에서 제공하는 것이다. 역사적으로 볼 때, 교과중심 교육과정에서는 교과가, 경험중심 교육과정에서는 아동의 경험이, 학문중심 교육과정에서는 지식의 구조가 교육

내용으로 강조되었다.

교과는 서로 비슷한 내용끼리 선별되고 모아진, 학교가 아동에게 제공하는 가장 전통적인 교육내용이다. 결국 교육내용은 교과라는 형태로 표현되고, 이러한 교과들이 모여 교육과정을 구성하게 되는 것이다(황정규, 이돈희, 김신일, 2003). 교과는 인류가 대대로 전승하는 지식이나 기능으로 구성된 것으로, 교육내용을 국어, 수학, 과학 등과 같이 학교교육의 목적에 맞게 계통을 세워 조직해 놓은 묶음을 말한다. 이러한 교과들을 대상으로 하는 교육행위를 교과교육이라고 하며, 학교교육에서는 생활지도나 특별활동과 구분된다(권순황, 2006; 서울대학교 교육연구소, 1995; 황정규 외, 2003).

일반교육과 마찬가지로 특수교육에서도 교과교육을 제공한다. 2011년 개정된 특수학교 교육과정은 유치원 교육과정과 기본교육과정, 공통교육과정과 선택교육과정으로 구성되어 있으며, 유치원 교육과정을 제외한 각 교육과정은 다시 교과와 창의적 체험활동으로 구분된다. 대다수의 특수교육 대상자가 적용받는 기본교육과정은 국어, 사회, 수학, 과학, 실과, 진로와 직업, 체육 그리고 예술(음악, 미술) 등의 교과로 구성되어 있으며, 고등학교 과정에서는 선택 교과도 포함된다(교육과학기술부, 2011a). 이렇듯 비록 학교가 학생에게 교과교육만을 제공하는 것은 아니라 하더라도 학교교육의 대부분은 교과를 가르치는 활동에 집중되어 있기 때문에 교과 그리고 교과교육은 학교교육의 핵심이라 할 수 있다. 하지만 장애학생에게 교과교육을 제공하기에는 많은 문제가 있는 것이 사실이며, 그 문제는 교원양성기관에서부터 시작된다.

특수교육은 기본적으로 일반교육의 대상과는 다른 아동을 대상으로 한다. 이에 따라 교수를 위한 특별한 교재나 교수방법, 도구나 시설, 설비 등은 물론 교육의 지향점 자체가 달라진다. 이러한 점을 바탕으로 각 대학의 특수교육과는 일반교육과와는 다른 교육과정을 제공한다. 이는 교원자격증을 취득하기 위해 필수적으로 수강해야 하는 기본이수과목의 구성만 봐도

알 수 있는데, 해당 교과의 내용과 관련된 교과목들을 위주로 하는 일반교
육과는 다르게 특수교육의 기본이수과목은 주로 각 장애영역에 대한 지식
을 제공하는 교과목으로 채워져 있다. 이에 따라 거의 모든 대학의 특수교
육과 교육과정은 「장애인 등에 대한 특수교육법」에 명시된 10가지 장애영
역과 관련된 교과목을 포함하고 있다. 게다가 장애아동의 독특한 특성으로
인해 특수교육을 전공하는 학생은 일반교육에서는 거의 다루지 않는 자조
기술, 언어, 사회성 기술 등과 관련된 교과목 또한 배워야 한다. 결과적으로
특수교육을 전공하는 학생이 교과교육과 관련된 교과목을 배울 수 있는 기
회는 그만큼 줄어들 수밖에 없다.

2011년 현재 전국 39개 대학에 특수교육 관련 학과(전공)가 설치되어 있
으며, 교원 자격증 발급과 관련하여 40개 대학은 교육대학원에 특수교육
관련 전공을, 3개 대학은 특수교육 대학원을 보유하고 있다(교육과학기술부,
2011b). 이 중 각종 대학원을 제외한 대학의 특수교육과는 학교급에 따라
유아특수교육과(전공), 초등특수교육과(전공) 그리고 중등특수교육과(전공)
로 구분된다. 교과교육에서 비교적 자유로운 유아특수교육과(전공)를 제외
하고 초등 및 중등 특수교육과(전공)에서는 미래에 현장에서 제공할 교과교
육에 대한 교육을 받지만, 그 현황을 살펴보면 특수교육이 교육내용은 무시
한 채 교육방법만을 강조한다는 비판(한국특수교육교과교육학회, 2008)이 어
쩌면 당연한 결과라 할 수 있다.

먼저, 초등특수교사를 양성하기 위한 각 대학의 교육과정을 살펴보면, 거
의 모든 대학에서 특수학교 교육과정의 각 교과에 대한 지식 및 지도방법을
익히는 수업(예: 특수아 국어교육, 특수아 수학교육, 특수아 과학교육 등)을 개설
해 놓고 있다(정정진, 2006). 하지만 각 교과교육과 관련된 강좌는 8학기 동
안 단 한 학기, 즉 15~16주 동안 일주일에 3시간 정도로만 제공되고 있어
현장에서 장애아동에게 교과교육을 제공하기 위한 역량을 쌓는 데 충분하
다고 보기 어렵다.

"국민공통기본교육과정에 대한 이해가 기본교육과정에 대한 이해보다 더 필요하죠. 저한테는 지금은 국민공통기본교육과정 수준의 수학이요. 교육대학생은 4년 동안 각 교과에 대해 자세하게 배울 거 아니에요? 그런데 저희는 수학과 교육이 딱 한 학기에요. 그러니까 한 학기 수업으로 과연 그게 충족이 되겠냐 하는 문제죠. 그리고 우리는 특수교육을 전공하고 있으니까 한 학기 동안 적어도 기본교육과정이라도 철저히 배울 수 있어야 하는데 사실 그것도 안 되고……"(박경옥, 이병혁, 2010, p. 16)

중등특수교육과(전공)의 경우는 그 문제가 더욱 심각하다. 현재 중등교원자격증을 취득하기 위해서는 일반교육에서와 마찬가지로 표시과목과 관련된 교과목들(38학점)을 사범대학의 다른 교과 전공 학과나 교직이수 가능 전공 학과에서 이수해야 하는데, 모든 대학에 사범대학 혹은 사범계열이 설치되어 있는 것도 아니고, 설치되어 있다 하더라도 국어, 수학 등과 같이 특수학교 및 특수학급에서 주로 가르치는 주요 교과를 다루는 학과가 없을 수도 있을 것이다. 현실적으로 특수교육 대상 아동의 학업성취 수준은 일반교육 대상 아동의 그것과 차이가 있을 수밖에 없고, 그 차이는 학년이 올라갈수록 그리고 중등교육일수록 더욱더 심해진다. 따라서 사범대학(계열)의 일반교과교육과에서 제공되는 교과목이 특수교육에서는 적합하지 않은 경우가 많다(예: 미적분학, 선형대수학, 무기화학, 전자기학 등). 게다가 일반교과교육이므로 특수교육에 대한 이해가 부족한 것 또한 사실이다. 결국 중등특수교육과(전공) 학생은 실제로 현장에서 가르치지도 않을 교과들을 표시과목으로 취득하거나, 스스로 일반교과를 특수교육의 관점에서 해석하고 적용해야 하는 어려움에 처하게 되고, 이에 따라 교과교육의 발판이 될 수 있는 표시과목은 교원자격증을 취득하기 위한 형식적인 과정으로 전락할 가능성이 높다.

또 다른 문제점은 특수교육과의 교육과정 내에서 교과교육을 위한 교과목이 제공된다 하더라도 예비 특수교사에게 강의를 제공할 전문가가 부족하다는 것이다(정정진, 2010). 교직을 성직으로 보든 전문직으로 보든, 학교 수업이 교사 주도로 이루어지고 있는 현실에 비추어 볼 때 교사는 담당 아동에 대한 지식과 교사의 신념 그리고 노력 등을 지녀야 하고, 아울러 교과 내용에 대한 지식도 갖춰야 한다.

교과내용에 대한 지식이란 해당 교과에 대해 교사가 지니고 있는 지식 그 자체의 양과 조직의 정도를 일컫는 것으로, 해당 교과의 구조에 대한 이해를 요구한다. 교사는 해당 영역에서 진리로 통용되는 것에 대해 아동에게 정의를 내려 줄 수 있어야 하고, 특정 명제가 정당화되는 이유, 그 명제를 알아야 하는 이유, 명제를 해당 교과의 그리고 다른 교과의 명제들과 연계하는 방법, 이론에서 그리고 실제에서 명제들을 다른 명제들과 연계하는 방법에 대해서도 알고 있어야 한다(Shulman, 1972).

결국 현재 가르치고 있는 교과에 대한 전문 지식은 교사가 반드시 지녀야 할 덕목 중 하나인 것이다. 하지만 현재 우리나라 특수교육에서의 교과교육은 학부에서는 별로 다루지 않고 대학원에서조차 그 세부 전공이 장애영역별로 구성되어 있어 이를 체계적으로 공부할 기회가 거의 주어지지 않는다. 이러한 상황에서 예비 특수교사 및 현직 특수교사에게 효과적인 교과교육을 제공하기 위한 전문가의 양성은 어려울 수밖에 없다.

> "교수님 자체도 수학교육을 전공한 적이 없었던 것 같아요. 그러니까 교수님도 우리에게 무엇을 알려 주어야 할지 모르고 있었던 것 같아요. 만일 그 교수님이 수학교육을 전공하셨더라면 다양하게 수학에 접근하는 방법을 알려 주셨을 텐데……. 그 특정 교과목의 지도 교수님이라도 전혀 그것과 관련된 전공을 하신 분이 없는 것 같아요."(박경옥, 이병혁, 2010, pp. 15-16)

예비 특수교사들에게 적절한 교과교육 관련 강좌를 제공하기 위한 한 가지 방법은 현직 특수교사를 활용하는 것이다. 하지만 교원양성기관을 대상으로 하는 각종 평가는 교수 · 강사에게 박사학위를 요구하는 경우가 대부분이지만 박사학위를 지닌 교사의 수가 많지 않고, 설사 박사학위를 지니고 있다 하더라도 학교의 방침에 따라 혹은 기타 업무상의 이유로 출강이 어려운 경우도 있어 현직 특수교사의 활용은 그만큼 제한적일 수밖에 없다.

교원양성기관의 현실적인 한계를 보완할 수 있는 방법으로는 현직 특수교사를 위한 각종 연수 및 세미나 등을 들 수 있다. 하지만 불행하게도 현직 특수교사를 위한 연수제도 또한 문제가 많은 것으로 조사되고 있다. 조사에 따르면(예: 박경옥, 이병혁, 2009; 박경옥, 이병혁, 2010; 이미숙, 전병운, 2012 등), 대다수의 특수교사는 현직에 있으면서 교과와 관련된 연수를 받은 경험이 거의 없고, 받았다 하더라도 그 형태나 내용 면에서 만족도는 낮은 것으로 나타났다. 수용적이기보다는 일방적이고, 지속적이기보다는 단편적이며, 실질적이기보다는 형식적인 교사교육은 결국 교과교육과 관련된 지식 및 기술을 습득하는 것을 거의 교사의 자발적인 노력에 의존하게 만들었다.

비록 일반교육만큼은 아니라 하더라도 특수교육이 제공하는 교육의 많은 부분이 교과교육에 할애되고 있다. 따라서 특수교사 또한 교과에 대한 전문 지식과 경험을 갖추고 아동에게 양질의 교과교육을 제공해야 함은 자명한 일이다. 하지만 현장에서 특수교사는 교과교육에 대한 전문성 부족을 고민하고 있으며, 결국 스스로 공부하고 연구하여 교과교육을 제공할 수밖에 없으므로 수많은 시행착오를 겪게 되고, 이에 따르는 피해는 고스란히 아동에게 전가된다. 특수교육 내에서 교과교육을 제공하는 것과 관련된 문제점을 해결하기 위해서는 다음과 같은 몇 가지 사항을 생각해 볼 수 있다.

첫째, 대학 특수교육과의 교육과정에 변화가 필요하다. 특수교사가 교과에 대한 전문 지식과 경험을 갖추고 교육을 제공하기 위해서는 직전교육에서 모든 교과를 다루려고 하기보다는 우선 주요 교과(예: 국어, 수학 등)를 선택하고, 이를 한 학기 이상으로 편성하여 이러한 교과에 대한 지식 및 교육 방법 등을 깊이 있게 다룰 수 있는 환경을 마련해야 할 것이다. 이러한 변화를 가능하게 하기 위해서는 특수교사 양성 체제에 변화가 전제되어야 할 것이다. 특히 중등특수교육과(전공)의 경우 최근 거의 모든 시ㆍ도에서 표시과목과 관계없이 특수교사를 선발하고 있으므로 일반 중등교사에게 요구하는 표시과목 제도를 없애거나 축소하여 주요 교과교육을 제공할 수 있도록 해 줄 필요가 있으며, 일반교육보다 훨씬 많은 영역을 다뤄야 하는 특수교육의 현실을 반영하여 특수교육만의 독자적인 교원양성체제를 모색해 볼 필요가 있다.

둘째, 특수교사의 교과교육에 대한 전문성을 향상시키기 위해 단기적으로는 대학과 현장의 연계를 통해 현직 특수교사의 현장에서의 경험을 특수교육 교원양성기관의 교육과정에 활용할 수 있도록 하고 각종 평가의 요구조건을 완화할 필요가 있다. 그리고 특수교사가 (교육)대학원에 입학하여 교과교육을 전공하도록 하는 방안(정정진, 2010) 등 특수교사의 교과교육에 대한 전문성을 향상시키기 위한 방안을 수립하고, 특수교육 관련 대학원의 장애영역별 세부 전공을 교과전공으로 개편하거나 추가하는 등 적극적인 노력을 기울여야 할 것이다.

셋째, 지속적ㆍ자율적 연수를 통해 직전교육과 현직연수를 유기적으로 연결하여 점차 전문성을 확대하고, 일반교과교육 연수에 참여할 수 있는 기회를 열어 줘야 할 것이다. 특히 초임 특수교사의 경우 대학에서 많은 준비를 했다고 하더라도 실제로 학생을 지도하는 데 어려움이 많으므로 임용 초기에 수업과 관련된 실질적인 연수 기회를 자주 갖도록 하고 해당 연수 자료를 체계적으로 관리하여 도움을 받을 수 있게 조치할 필요가 있다(박경옥, 이병혁, 2010; 박만구, 안희진, 남미선, 2005; 정정진, 2010).

하지만 무엇보다도 장애학생에게 교과교육을 제공하는 데 있어 선결되어야 할 것은 특수교육에 있어서의 교과교육의 정체성 정립이라 할 수 있다

(박경욱, 이병혁, 2010). 한국특수교육교과교육학회(2008)는 그동안 우리나라 특수교육이 교육방법에 치우쳐 교육내용, 즉 교과에 소홀했으며, 이러한 현상이 현재까지도 지속되고 있다고 지적하였다. 따라서 교과교육을 위한 환경 등을 언급하기 이전에 특수교육에서 교과교육이란 무엇이며 어떠한 의미를 지니고 있는지 먼저 고민해야 할 것이다.

일반교육과 다른 특수교육의 지향점에도 불구하고, 특수교육에서도 교과교육을 제공하고는 있으나 그것이 일반교육과정을 기반으로 더 쉽고 더 단순하게 조정된 결과물이라는 점은 특수교육의 교과교육이 진정으로 장애아동을 위한 것인지 의구심을 갖게 한다. 따라서 우선, 특수교육의 궁극적인 목적에 부합하는 교과교육의 의미를 찾고 장애아동에게 교과교육이 반드시 필요한 것인지, 필요하다면 어느 정도의 범위와 어느 정도의 깊이여야 하는지, 그리고 무엇을 가지고 어떠한 방식으로 제공할 것인지 등을 탐색하여 그 위상을 정립할 필요가 있다.

2. 수학교육의 목적과 목표

일상생활에서는 구분 없이 사용되기도 하지만, '목적'과 '목표'는 그 의미 면에서 다소 차이가 있다. 사전적인 의미로 보면, 목적과 목표는 각각 '(어떤 일을 통해) 이룩하려고 하는 것이나 방향' 그리고 '목적을 이루기 위해 실제적인 대상으로 삼는 것'(연세대학교 언어정보개발연구원, 1998) 등으로 해석된다. 즉, 목적은 추상적인 의미를, 목표는 목적을 구현해 나아갈 구체적이고 행동적인 의미를 갖고 있는 것이다.

교육의 목적은 교육의 이념보다는 하위 개념으로서 교육활동을 통해 달성할 그 무엇을 말하며, 또한 그것을 통하여 형성하고자 하는 인간상은 어떤 것인가와 관련된 문제로, 일정한 의도적인 교육활동이 지향해야 할 기본적인 방향이나 방침을 일컫는다. 이에 비해 교육의 목표는 교육 목적의 수준을 한층 더 명백히 구체적으로 진술하여 교육 현장에서 실천할 수 있도록 표현한 것이라 할 수 있다. 교육의 목적은 교육의 결과에 대해 추상적으로 진술하며, 시간을 제한하지 않고 광범위하게 어떠한 수준의 교육에서도 적용할 수 있도록 특정한 방향이나 의도를 표현하는 반면, 교육의 목표는 교육 목적에 비해 대체로 구체적이고 세부적이며 행동적으로 기술된다(박준영, 1998).

우리가 수학을 가르치는 일반적인 목적은 다음과 같이 정리할 수 있다(우정호, 한대희, 2002; 이용률 외, 1997).

① 수학의 실용성

수학의 발전이 뒷받침되지 않는 과학기술의 진보는 상상하기 어렵고, 수학에 있어서의 어려움은 금전적 손실, 직업 선택의 제한 등 일상생활을 곤란하게 만들 수 있다는 점에서 수학은 다른 학문을 공부하는 데 도움이 되고, 국가 및 사회 발전에 기여하며, 개개인의 사회생활에 필수적인 요소다.

② 수학의 도야성

수학은 인간의 생각을 표현하는 한 가지 방법으로, 논리적 사고, 추상적 능력, 비판적 능력 등 정신능력을 연마하고 신장하는 도구로서의 중요성을 인정받고 있다.

③ 수학의 심미성

수많은 예술 작품이나 건축물 그리고 자연현상 등에서 볼 수 있는 기하학적 도형 및 패턴, 황금분할 등을 통해 아름다움을 인식할 수 있다.

④ 수학의 문화적 가치

다른 교과와 마찬가지로 수학 또한 인류가 발전·전승시킨 문화유산으로 우리는 이를 후대에 계승하여 더욱 발전시킬 의무가 있다.

다른 여러 교과교육과 마찬가지로, 수학교육 또한 시대별로 많은 변화를 겪었으며 시기에 따라 강조하는 것이 달라졌다. 한때는 아동의 경험을 중시하기도 했고, 수학의 기본적인 아이디어인 수학적 구조를 강조하기도 했으며, 이후 아동의 발달단계를 고려한 기초기술에 중점을 두고 교사의 강의와 엄격한 규율을 요구하기도 하였다. 이러한 수학교육에서의 움직임은 1980년대에 들어 문제해결을 강조하는 흐름으로 전환되었다.

문제해결의 강조는 수학이라는 학문에 대한 흥미와 관심을 고취시키고 수학적으로 사고하는 능력과 태도를 개발하려는, 수학에 대한 관점에 있어서의 획기적인 변화를 의미한다(교육인적자원부, 1998a; 김웅태, 박한식, 우정호, 2001; Sovchik, 1996). 이러한 흐름에 발맞춰 1980년대 후반 미국의 '수학교사협의회(National Council of Teachers of Mathematics, 이하 NCTM)'는 수학교육에 있어 '수학적 문식성(mathematical literacy)'의 중요성을 강조하는 새로운 기준과 이를 달성하기 위해 모든 아동에게 적용해야 할 5가지 목표를 제시하였다. 결국 모든 아동은 이러한 목표를 달성함으로써 문제해결에 있어 다양한 수학적 방법을 효과적으로 사용하고, 탐색하고, 추측하며, 논리적으로 추론하는 능력을 일컫는 '수학적 힘(mathematical power)'을 얻게 될 것이다. 이 5가지 목표는 다음과 같다(NCTM, 1989, pp. 5-6).

① 모든 아동은 수학을 가치 있는 것으로 생각하도록 학습한다

아동은 현대사회의 발전에 있어 수학의 역할을 인식하고, 물리 및 생명과학, 사회과학 그리고 인문학 등 다른 학문과 수학 사이의 관계를 탐색할 수 있도록 수학의 문화적·역사적·과학적 진화와 관련된 많은, 다양한 경험

을 해야 한다.

② 모든 아동은 수학을 하는 자신의 능력에 자신감을 갖는다

수학을 공부한 결과로 아동은 스스로를 주변 세상에서 발생하는 새로운 문제 상황을 이해하기 위해 점증하는 수학적 힘을 활용할 줄 아는 존재로 볼 필요가 있다.

③ 모든 아동은 수학적 문제해결자가 된다

아동이 생산적인 시민이 되고자 한다면, 그들 개개인이 지닌 문제해결 능력을 발달시키는 것은 매우 중요한 일이다.

④ 모든 아동은 수학적으로 의사소통하도록 학습한다

아동의 수학 활용 능력을 발달시키려는 노력에는 수학의 부호와 상징 그리고 조건 등을 학습하는 것이 포함된다. 이는 수학적 언어의 활용이 당연해지는 아이디어를 읽고, 쓰고, 토론할 기회가 주어진 문제 상황에서 가장 잘 성취된다.

⑤ 모든 아동은 수학적으로 추론하도록 학습한다

어떠한 개념을 뒷받침하기 위해 추측을 하고, 증거를 수집하며, 논거를 확립하는 것은 수학을 하는 데 기본적인 것이다. 사실, 아동이 우수한 추론을 보여 주는 것은 정답을 찾는 능력보다 더 보상받아야 하는 일이다.

우리나라의 수학교육과정 또한 그동안 이러한 조류에 맞춰 개정을 거듭해 왔다. 1973년에 개정된 제3차 초등학교 수학과 교육과정에서는 학문중심 교육과정을 배경으로 하는 '새 수학(New Math)'을 도입하고 발견적 학습방법을 강조하였으며, 뒤이어 1981년 개정된 제4차 교육과정에서는 새 수학과 현대수학에 대한 비판을 바탕으로 초등학교 수학과 교육과정에서 새 수학과 관련된 내용을 축소하고 기초 학력 배양 및 문제해결력 신장에 중점을 두게 되었다. 수학교육에서의 문제해결력 중시 경향은 제6차 교육과정에서 더욱 구체화하여 제시되었고, 제7차 교육과정은 모든 영역에서의 문제해결력 강조 및 활동을 통한 수학교육을 그 목표로 제시하는 데 이르렀다. 그리고 이러한 경향은 특수학교 교육과정에도 반영되어, 제7차 특수학교 교육과정의 수학과 기본교육과정은 처음 제정되고 이후 몇 차례 개정을 거친 지금까지도 일상생활의 여러 문제를 해결하는 데 있어서 수학의 기본적인 개념과 기초 기능을 활용할 수 있게 하고, 아울러 수학 학습에 대한 흥미와 관심을 갖도록 하는 등의 목표를 제시하고 있다(교육과학기술부, 2011a; 교육인적자원부, 1998a, b; 이병혁, 2005; 〈표 1-1〉, 〈표 1-2〉 참조).

표 1-1 특수학교 교육과정 수학과 교육목표

구분	내용
교과 목표	생활 속에서의 다양한 경험을 통하여 수학의 기본 개념과 기초 기능을 습득하여, 주변의 사물과 현상을 수학적으로 관찰하고, 해석하는 능력을 기르며, 실생활의 문제를 합리적으로 해결하는 능력과 태도를 기른다. ① 수의 종류와 자릿값을 이해하고 간단한 사칙연산을 한다. ② 여러 가지 모양을 알고, 평면도형과 입체도형의 특성을 이해한다. ③ 시각과 시간 및 여러 가지 측정 단위를 알고 실생활에 활용한다. ④ 물체, 무늬, 수의 배열에서 규칙을 찾아 설명하고 수나 식으로 표현한다. ⑤ 사물들을 기준에 따라 분류하고, 분류한 자료를 표와 그래프로 나타낸다.

출처: 교육과학기술부(2011a). **특수교육 교육과정**. 서울: 교육과학기술부, p. 113.

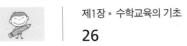

표 1-2 특수학교 교육과정 수학과 학년군별 교육목표

구분		내용
학년군별목표	초등학교 1-2학년	주변의 사물과 현상을 관찰하고 경험함으로써 수학의 기본적인 개념을 습득한다. ① 여러 가지 구체물을 통해 변별하기, 짝짓기, 순서짓기 등 기초적인 다양한 경험활동을 통해 수 이전 개념을 형성한다. ② 하나의 구체물 모임을 2개의 모임으로 가르고, 2개의 구체물 모임을 하나의 모임으로 모은다. ③ 화폐의 용도를 이해하고, 화폐의 종류를 안다. ④ 여러 가지 놀이 활동을 통해 구체물이나 사물 등의 공간 관계를 이해하고, 여러 가지 모양을 탐색한다. ⑤ 주변 물체의 여러 가지 측정 가능한 속성을 탐색하고, 실생활에서의 구체적인 비교 활동을 통해 다양한 양감을 느낀다. ⑥ 2가지 물체를 규칙에 따라 배열하고 실생활에서 규칙성을 발견한다. ⑦ 주어진 자료의 공통된 속성을 파악하여 분류한다.
	초등학교 3-4학년	수학의 기본 개념과 구체물의 조작을 통하여 수학의 원리와 법칙 등 기초 지식을 익힌다. ① 개수 세기, 개수 비교하기 활동을 통해 수의 양감을 기르고, 한 자리 수의 순서와 크기를 비교한다. ② 9 이하의 수 가르기와 모으기를 통해 덧셈식과 뺄셈식을 만들고, 합이 9 이하인 덧셈과 피감수가 9 이하인 뺄셈 문제를 해결한다. ③ 화폐의 단위를 알고, 화폐의 액면가를 안다. ④ 실생활에서 여러 가지 물건을 관찰하여 여러 가지 모양을 찾고, 다양한 조작 활동을 통해 입체도형과 평면도형에 대한 감각을 기른다. ⑤ 물체의 길이, 무게, 들이 등의 양을 비교하고, 임의 측정 단위를 사용하며, 시각에 관심을 갖고 몇 시 30분으로 시각을 말한다. ⑥ 두세 가지 물체나 모양을 규칙에 따라 배열해 보고, 실생활에서 규칙을 활용한다. ⑦ 주어진 자료를 여러 가지 기준으로 분류하여 세어 보고, 표와 그래프에 나타내어 봄으로써 표와 그래프의 기초 개념을 이해한다.
	초등학교 5-6학년	수학의 기초 지식을 바탕으로 하여 연산과 측정 등의 수학의 기초 기능을 익혀 실생활에 활용한다. ① 두 자리, 세 자리 수의 자릿값을 알고 묶어세기를 통해 수의 계열 및 크기를 비교한다. ② 두 자리 수 덧셈과 뺄셈의 계산 원리를 이해하고, 실생활 문제해결에 활용한다. ③ 화폐의 가치를 이해하고, 주어진 화폐를 다른 화폐나 물건으로 교환한다.

학년군별목표	초등학교 5-6학년	④ 평면도형과 그 구성요소를 이해하고, 구체적인 조작 활동을 통해 선과 각, 평면도형의 이동을 이해한다. ⑤ 표준단위인 1cm와 1m 단위와 구체적인 상황에서 시각과 시간의 의미를 이해하고, 실생활에 활용한다. ⑥ 수의 규칙을 찾고, 여러 가지 모양을 활용하여 규칙적인 무늬를 꾸민다. ⑦ 주어진 자료를 막대그래프나 꺾은선그래프로 나타내고, 그 특성을 설명한다.
	중학교 1-3학년	수학의 기초 지식과 기능을 활용하여 실생활의 여러 가지 수학적 문제를 해결한다. ① 네 자리의 수, 다섯 자리 이상의 큰 수, 간단한 분수를 이해하고 실생활과 관련된 문제를 해결한다. ② 세 자리 수 덧셈과 뺄셈, 올림이 없는 (두 자리 수)×(한 자리 수)의 계산 원리를 이해하고 실생활 문제를 해결한다. ③ 계산기를 사용하여 여러 가지 물건 구입 비용과 거스름돈을 계산한다. ④ 구체적인 조작 활동을 통해 원의 구성요소를 이해하고, 분류하는 활동을 통해 여러 가지 삼각형과 여러 가지 사각형을 이름 짓고 이해한다. ⑤ 길이, 무게, 들이의 단위를 알고, 측정 단위 간의 관계를 이해하고 환산한다. ⑥ 수의 규칙과 대응관계를 통하여 함수의 기초개념을 이해한다. ⑦ 실생활 장면을 통해 가능성을 이해하고, 수집·분류·정리한 자료를 목적에 맞게 여러 가지 그래프로 나타내며 특성을 설명한다.
	고등학교 1-3학년	주변의 수학적 현상에 관심을 가지고, 일상생활의 여러 가지 사실을 수학적으로 사고하고 표현한다. ① 기본적인 소수와 정수의 형태, 대소 관계를 알고, 생활 속에서 어떻게 사용되고 있는지를 안다. ② 내림이 없고 나머지가 없는 (두 자리 수)÷(한 자리 수)의 계산 원리와 혼합계산 순서를 이해한다. ③ 실생활에서 물건 값이 달라지는 상황에서 계산기를 사용하여 물건 값을 계산하고, 물건 구입 비용을 어림한다. ④ 다각형과 정다각형의 의미를 파악하고, 직육면체와 정육면체의 구성요소와 성질을 알며 쌓기나무를 이용하여 입체도형의 공간감각을 익힌다. ⑤ 각의 크기를 측정하고 평면도형의 둘레와 넓이를 구한다. ⑥ 비와 비율의 의미를 이해하고 실생활에 활용한다. ⑦ 비율그래프를 바르게 이해하고 해석하여 실생활에 적용한다.

출처: 교육과학기술부(2011a). **특수교육 교육과정.** 서울: 교육과학기술부, pp. 110-112.

3. 수학교육의 영역

학교에서 가르치는 것에는 시대를 초월하여 아동이 반드시 알고 익혀야 하는 것이 있는가 하면, 해당 시대의 요구에 따라 변화하는 것도 있다. 이는 곧 교육내용에는 당위적인 것과 가변적인 것이 혼재되어 있고, 교육내용의 범위를 정할 때 이를 반드시 고려해야 함을 의미한다.

앞서 언급했듯이, 교과는 교육내용을 학교교육의 목적에 맞게 조정한 것으로 학문과는 차이가 있다. 즉, 수학교육학은 학교에서 '수학'이라는 학문을 아동에게 제공하기 위해 아동의 발달 정도에 맞춰 그 내용과 범위 등을 조정한 것이다. 따라서 초등수학, 중등수학 그리고 고등수학은 모두 수학을 대상으로 하고 있지만 그 넓이와 깊이 면에서 차이가 있다. 특수교육은 자신의 교육적 잠재력을 극대화하기 위해 '특별하게 설계된(specially designed)' 교육을 필요로 하는 아동을 대상으로 하는 것이다. 이러한 아동이 반드시 장애아동일 필요는 없지만 현실적으로 특수교육은 장애아동을 대상으로 하는 교육으로 알려져 있다.

장애아동을 위한 교육과정에 포함되어야 할 내용을 규명한다는 것은 이들이 지니고 있는 장애의 종류 및 정도 등을 포함한 아동의 특성과 교과, 그리고 교수환경의 특성을 모두 고려해야 하는 쉽지 않은 과정이다. 교육과정 내용 결정자들은 이러한 특성을 바탕으로 장애아동이 습득할 필요가 있는 지식과 기술을 다루는 교과 및 비교과영역의 내용을 선정하여야 한다. 그리고 이러한 내용은 현재는 물론 미래 환경에서도 사용할 수 있고, 해당 아동에게도 의미가 있어 최대한 습득할 필요가 있는 활동이어야 한다(신현기, 2004).

대상 아동이 다른 만큼 특수학교 기본교육과정 수학은 일반학교에 적용되는 공통교육과정의 수학과는 그 범위와 깊이에서 차이를 보인다. 개정된 특수학교 수학과 기본교육과정은 '수와 연산' '도형' '측정' '규칙성' '확률과 통계'의 5개 영역으로 구성된다. 이는 다시 학년군별로 나뉘어 '수와 연산' 영역에서는 자연수, 분수, 소수, 정수의 개념과 사칙연산, 화폐를, '도형' 영역에서는 위치와 방향, 거리 개념, 평면도형과 입체도형의 개념과 성질을, '측정' 영역에서는 길이, 시간, 들이, 무게, 각도, 넓이의 개념과 성질을, '규칙성' 영역에서는 규칙 찾기, 규칙과 대응, 비와 비율을, 그리고 '확률과 통계' 영역에서는 경우의 수를 바탕으로 한 확률의 의미 이해 및 자료의 정리와 표현을 다룬다(교육과학기술부, 2011a; 〈표 1-3〉 참조).

표 1-3 기본교육과정 수학과 내용 체계

학교급 / 학년군 / 영역	초등학교			중학교	고등학교
	1-2학년	3-4학년	5-6학년	1-3학년	1-3학년
수와 연산	• 변별하기 • 짝짓기 • 순서짓기 • 구체물 가르기와 모으기 • 화폐의 종류	• 개수 세기 • 개수 비교하기 • 한 자리의 수 • 9 이하의 수 가르기와 모으기 • 덧셈식과 뺄셈식 • 합이 9 이하인 덧셈 • 피감수가 9 이하인 뺄셈 • 화폐의 액면가	• 두 자리의 수 • 세 자리의 수 • 합이 10인 덧셈 • 피감수가 10인 뺄셈 • 받아올림이 없는 두 자리 수 덧셈 • 받아내림이 없는 두 자리 수 뺄셈 • 받아올림이 있는 두 자리 수 덧셈 • 받아내림이 있는 두 자리 수 뺄셈 • 화폐의 교환	• 네 자리의 수 • 다섯 자리 이상의 수 • 분수의 이해 • 받아올림이 없는 세 자리 수 덧셈 • 받아내림이 없는 세 자리 수 뺄셈 • 받아올림이 있는 세 자리 수 덧셈 • 받아내림이 있는 세 자리 수 뺄셈 • 곱셈의 이해 • 화폐의 계산	• 소수의 이해 • 정수의 이해 • 나눗셈의 이해 • 자연수의 혼합 계산 • 화폐의 활용

(계속)

도형	• 공간의 이해 • 여러 가지 모양	• 입체도형의 모양 • 평면도형의 모양	• 평면도형과 그 구성요소 • 도형의 기초 • 평면도형의 이동	• 원의 구성요소 • 여러 가지 삼각형 • 여러 가지 사각형	• 직육면체와 정육면체 • 입체도형의 공간 감각
측정	• 측정 가능한 속 성 탐색 • 비교하기 • 일과 시간	• 양의 비교 • 임의 측정 단위 • 시각과 시간	• 길이 • 시간 • 달력	• 길이 • 무게 • 들이	• 각도 • 평면도형의 둘레 • 평면도형의 넓이
규칙성	• 규칙 찾기	• 규칙 찾기	• 규칙 찾기 • 규칙적인 무늬 만들기	• 규칙과 대응	• 비와 비율
확률과 통계	• 분류하기	• 분류하기 • 표와 그래프	• 자료의 정리	• 가능성 • 자료의 표현과 해석	• 비율그래프

출처: 교육과학기술부(2011a). 특수교육 교육과정. 서울: 교육과학기술부, p. 113.

 참고문헌

교육과학기술부(2011a). **특수교육 교육과정**. 서울: 교육과학기술부.

교육과학기술부(2011b). **특수교육연차보고서**. 서울: 교육과학기술부 특수교육과.

교육인적자원부(1998a). **초등학교 교육과정 해설(IV): 수학, 과학, 실과**. 서울: 교육인적자원부.

교육인적자원부(1998b). **특수학교 교육과정**. 서울: 교육인적자원부.

권순황(2006). **특수교육 교과교재 연구 및 지도법**. 서울: 일문사.

김응태, 박한식, 우정호(2001). **수학교육학개론**(제 2증보). 서울: 서울대학교출판부.

박경옥, 이병혁(2009). 초등특수학급 교사의 수학과 교수효능감과 수학수업에 대한 인식. **특수교육연구**, 16(1), 153-173.

박경옥, 이병혁(2010). 초임 특수학급 교사들이 경험하는 수학과 지도의 어려움과 교사교육에 대한 인식. **특수교육 저널: 이론과 실천**, 11(1), 47-73.

박만구, 안희진, 남미선(2005). 초등학교 초임교사들이 수학수업에서 겪는 어려움. 한국학교수학회논문집, 8(2), 291-314.

박준영(1998). **교육의 이론적 이해**. 서울: 학지사.

서울대학교 교육연구소(1995). **교육학 용어사전**. 서울: 하우동설.

신현기(2004). **정신지체아 교수방법론**. 서울: 교육과학사.

연세대학교 언어정보개발연구원(1998). **연세한국어사전**. 서울: 두산동아.

우정호, 한대희(2002). **수학교육학의 지평**. 서울: 경문사.

이미숙, 전병운(2012). 초등 특수학교 및 특수학급 교사의 수학과 운영 실태 및 개선방안 분석. **특수아동교육연구**, 14(2), 311-338.

이병혁(2005). 수학부진아동들의 수학수업 효율화를 위한 담화형태 적용과정 연구: 구성주의에 근거한 상호작용을 중심으로. 단국대학교 대학원 박사학위 논문.

이용률, 성현경, 정동권, 박영배, 정은실, 박교식, 강문봉, 백석윤, 유현주(1997). **초등수학교육론**. 서울: 경문사.

정정진(2006). 초등특수교사 양성 교육과정의 분석과 개선방향. **특수교육학연구**, 41(1), 307-328.

정정진(2010). 특수교육에서 교과교육의 전문성 제고. **한국특수교육학회 2010년 춘계학술대회 자료집**, 1-12.

한국특수교육교과교육학회(2008). **특수교육 교과교육론**. 서울: 교육과학사.

황정규, 이돈희, 김신일(2003). **교육학개론**(제2판). 서울: 교육과학사.

National Council of Teachers of Mathematics (1989). *Curriculum and evaluation standards for school mathematics*. Reston, VA: National Council of Teachers of Mathematics.

Shulman, L. S. (1972). Those who understand: Knowledge growth in teaching. *Educational Researcher, 15*(2), 4-14.

Sovchik, R. J. (1996). *Teaching mathematics to children* (2nd ed.). New York: Longman.

제2장
수학과 교육과정

우리나라의 교육과정은 수시로 개정되는 교육과정으로, 형식과 내용의 변화가 심한 편이다. 하지만 수학과의 기본적인 내용은 변화되기 어렵다. 수학과 교육과정(교육과학기술부, 2011a)에 따르면, 우리나라의 모든 학생에게 적용되는 공통교육과정 수학 과목의 목표는 "수학적 개념·원리·법칙을 이해하고, 수학적으로 사고하고 의사소통하는 능력을 길러 여러 가지 현상과 문제를 수학적으로 고찰함으로써 합리적이고 창의적으로 해결하며, 수학 학습자로서 바람직한 인성과 태도를 기른다."라고 명시되어 있다.

한편, 특수교육 교육과정(교육과학기술부, 2011b)에 따르면, 수학과는 "수학의 기본적인 개념을 이해하고 기초 기능을 익혀 주변의 사물과 현상을 수학적으로 관찰하고 해석하는 능력을 기르며, 실생활에서 부딪히는 여러 가지 문제를 합리적으로 해결하는 능력과 태도를 기르는 교과"다. 또한 수학과는 "과학과, 사회과를 비롯한 타 교과의 성공적인 학습뿐만 아니라 소비 생활, 직업 생활, 지역사회 생활 등의 실생활에서 마주치게 되는 다양한 문제 상황을 합리적으로 해결할 수 있는 문제해결 능력을 길러 특수교육 대상 학생의 성공적인 사회 통합을 돕는 필수적인 교과"(교육과학기술부, 2011b)

이기도 하다.

즉, 장애학생으로 하여금 수학적 문제해결 능력을 길러 일상생활에서 마주치게 되는 문제를 해결하도록 함으로써 사회에 적응하게 하는 것이 수학과 교육의 궁극적인 목표라고 할 수 있다. 물론 개별 장애학생의 능력과 요구에 따라서 어떤 장애학생에게는 수학을 일상생활에 적용하게 할 뿐만 아니라 학문적인 접근까지 하도록 할 수 있겠지만, 기본적으로 인지적 장애를 가지고 있는 많은 장애학생에게는 학문적인 의미의 수학이라기보다는 일상생활을 독립적으로 살아가기 위해 필요한 수학적 지식이나 기술의 함양이 수학을 지도하는 목적이 될 것이다.

수학은 공통교육과정에 '수학'과가 있으며, 선택교육과정에는 기본 과목으로서 '기초수학', 일반 과목으로서 '수학 I' '수학 II' '확률과 통계' '미적분 I' '미적분 II' '기하와 벡터'가 있고, 심화 과목으로서 '고급 수학 I' '고급 수학 II'가 있다(교육과학기술부, 2011a). 또한 특수교육 대상 학생 중 공통교육과정과 선택교육과정에 참여하기 곤란한 학생을 위해 적용하는 교육과정인 기본교육과정의 '수학'이 있다(교육과학기술부, 2011b).

공통교육과정의 수학과는 초등학교 수학과 중학교 수학으로 구분된다. 초등학교 수학은 '수와 연산' '도형' '측정' '규칙성' '확률과 통계'로 구성되며, 중학교 수학은 '수와 연산' '문자와 식' '함수' '확률과 통계' '기하'로 구성된다.

선택교육과정의 수학과는 고등학교에서 적용되는 것으로, 선택교육과정의 기본 과목인 기초수학은 '중학교 수학의 내용을 잘 이해하지 못한 학생이 일반 과목의 수학 교과를 이수하기 위해 필요한 수학적 개념, 원리, 법칙을 체계적으로 이해하기 위하여 선택할 수 있는 기본 과목'으로, '수와 식의 계산, 방정식과 함수, 피타고라스 정리와 삼각비'로 내용이 구성된다. 수학 I은 공통교육과정 기간인 중학교 3학년까지의 수학을 이수한 후 보다 높은 수준의 수학을 학습하기 위하여 선택할 수 있는 기본

과목으로, '다항식' '방정식과 부등식' '도형의 방정식'으로 구성된다. 수학 Ⅱ는 수학 Ⅰ의 내용을 이해한 학생이 보다 높은 수준의 수학을 학습하기 위하여 선택할 수 있는 과목으로, '집합과 명제' '함수' '수열' '지수와 로그'로 구성된다. 수학 Ⅰ과 수학 Ⅱ는 주로 고등학교 1학년 시기(문과 · 이과 공통)에 적용된다. 그 후 문과에서는 2학년부터 '확률과 통계' '미적분 Ⅰ'을 학습하고, 이과에서는 '확률과 통계' '미적분 Ⅰ' '미적분 Ⅱ' 그리고 '기하와 벡터'를 학습한다. 그중에서 '확률과 통계'는 '미적분 Ⅰ'이나 '미적분 Ⅱ'의 내용을 이해한 학생이 선택하는 것이 바람직하지만, '미적분 Ⅰ'이나 '미적분 Ⅱ'를 이수하지 않은 학생도 선택할 수 있는 다소 독립적인 성격을 띠고 있으며, '순열과 조합' '확률' '통계'로 구성된다. '미적분 Ⅰ'은 수학 Ⅰ과 수학 Ⅱ의 내용을 이해한 학생이 선택할 수 있는 과목으로, '수열의 극한' '함수의 극한과 연속' '다항함수의 미분법' '다항함수의 적분법'으로 구성되고, '미적분 Ⅱ'는 미적분 Ⅰ의 내용을 이해한 학생이 선택할 수 있는 과목으로, 대학의 자연계열 또는 공학계열 등 미적분의 내용을 필요로 하는 분야로 진학하려는 학생이 이수하기에 알맞은 과목이며, '지수함수와 로그함수' '삼각함수' '미분법' '적분법'으로 구성된다. '기하와 벡터'는 미적분 Ⅰ과 미적분 Ⅱ의 내용을 이해한 학생이 보다 높은 수준의 수학을 학습하기 위하여 선택할 수 있는 과목으로, '평면곡선' '평면벡터' '공간도형과 공간벡터'로 구성된다. '고급 수학 Ⅰ'과 '고급 수학 Ⅱ'는 심화된 수학적 지식과 사고 방법을 습득하고, 논리적 추론 능력을 키워 문제를 합리적으로 해결하는 능력과 태도를 기르게 함으로써 자연과학 및 공학 분야뿐만 아니라 사회과학의 학습에 기초를 제공하기 위한 것으로, 고급 수학 Ⅰ은 '벡터와 행렬' '일차변환' '그래프'로 구성되고, 고급 수학 Ⅱ는 '복소수와 극좌표' '미적분의 활용' '편미분'으로 구성된다.

끝으로, 기본교육과정 수학은 특수교육 대상 학생의 수학적 지식 및 기능의 습득과 실생활에서 이의 기능적인 활용 능력을 기르는 데 중점을 두고 있으며, 공통교육과정과의 연계를 위해 '수와 연산' '도형' '측정' '규칙성' '확률과 통계'의 5개 영역으로 구성되어 있다. 즉, 기본교육과정 수학과의 내용은 초등학교 수학의 범위 내에서 특수교육 대상 학생의 특수성과 교육 과정의 일반성을 고려하여 구성되어 있다고 할 수 있다.

앞서 설명한 것과 같이, 수학과는 학생의 학년과 능력에 따라서 매우 위 계적으로 구조화되어 있다. 그렇다면 장애학생에게는 어떠한 수학과의 내용 을 지도해야 하는가? 먼저, 해당 장애학생의 학년에 따라 일반 학생과 마찬 가지로 공통교육과정 또는 선택교육과정을 수정하지 않고 그대로 적용해야 할 것이다. 그러나 장애학생의 능력이 일반교육과정을 그대로 학습할 수 있 는 상황이 되지 못한다면, 일반교육과정을 조절하거나 수정하여 제시해야 할 것이다. 그리고 일반교육과정을 조절하거나 수정하여도 소기의 목적을 거둘 수 없다고 판단되는 경우에는 장애학생에 대한 기능적 수학 교육과정 을 구성하여 제시함으로써 장애학생이 화폐 관리 또는 시간 관리와 같은 최 소한의 일상생활에 필요한 기능적 수학 기술을 습득할 수 있도록 하여야 할 것이다.

따라서 이 장에서는 장애학생의 개별 능력이나 특성에 따라 수학 교육과 정을 적합화(조절 또는 수정)하여 제시하는 방법과 이러한 적합화로도 수학 과의 교육 목적을 달성할 수 없는 경우에 기능적 수학 기술을 지도하는 방 법에 대하여 살펴보고자 한다.

1. 장애학생을 위한 수학과 교육과정의 교수적합화

교육과정의 교수적합화(adaptation)란 '일반교육과정을 장애학생의 특성과 능력에 맞게 조절 또는 수정하여 주는 것'을 말하는 것으로, 개별 아동의 다양한 특성과 장애 정도에 따라 세심한 교육과정의 조절 또는 수정을 필요로 하게 된다.

1) 교육과정의 조절

교육과정을 그대로 적용할 수 없는 경우에는 교육과정을 조절(accommoda-tion)해 주어야 한다. 교육과정 조절은 학생의 요구에 맞게 교육과정 제시 방식, 학생의 반응 방법 또는 평가 참여 방식 등을 적절히 바꾸어 주는 것 (Best, Heller, & Bigge, 2010)으로서, 예를 들면 시각적 처리에 어려움이 있는 학생에게 교과서 안의 문제 사이 공간을 충분히 간격을 유지하여 제시하거나 글자 크기를 확대하여 주거나, 수업 내용의 복사본을 제공하는 것이 해당한다. 이와 같은 개별 학생의 특성에 맞게 조절하여 주는 작은 배려를 통해 학생의 진정한 학습 참여를 가져올 수 있다.

2) 교육과정의 수정

교육과정의 수정(modification)이란 교육과정의 내용을 교수적합화하는 것이다. Wright(2005)는 DeSchenes, Ebeling과 Sprague(1994)가 만든 교육과정 적합화(curriculum adaptation)의 9가지 유형에 대하여 〈표 2-1〉과 같이 일부 수정한 내용을 제시하였다.

표 2-1 교육과정 적합화의 9가지 유형

양 ☆ ◎	시간 ☆	지원 수준 ☆
학생이 숙달 수준의 평가 이전에 학습하거나 완수할 수 있을 것으로 기대되는 활동의 수를 적합화하는 것	학습, 과제 완성 또는 검사에 할당한 시간을 적합화하는 것	학생이 과제에 집중하게 하거나 특정 기술의 사용을 강화 또는 촉구하기 위해서 인적 지원의 양을 증가시키는 것. 성인-학생 관계의 증진, 물리적 공간 또는 환경적 구조의 사용
예시	예시	예시
특정 학생이 한 번에 학습해야 할 사회 과목 용어의 수를 줄여 주기	과제 완성을 위한 시간을 개별화하기, 일부 학생에게 학습 시간을 늘리거나 줄여서 다르게 적용하기	또래 친구, 수업 보조원, 또래 개인교사 또는 상급생 개인 교사, 학생과 상호작용하는 방법 및 환경을 구조화하는 방법을 구체화하기
수업 전달 ☆	곤란도 ☆ ◎	학생 반응 ☆
학생에 대한 수업 전달 방식을 적합화하기	기술 수준, 문제 유형 또는 학생이 과제에 접근하기 위한 규칙을 적합화하기	학생의 수업 반응 방식을 적합화하기
예시	예시	예시
서로 다른 시각적 보조하기, 교재 확대하기, 보다 구체적인 예시를 제공하기, 실체험 활동 제공하기, 학생들을 협동 집단으로 배치하기, 수업 전에 핵심 개념이나 용어를 사전 교육하기	수학 문제해결에서 계산기 사용 허용하기, 학생의 요구에 맞추어 규칙 바꾸기	글로 써서 질문에 답하는 대신에 구어 반응 허용하기, 일부 학생에게 의사소통 책 사용하기, 학생이 구체물로 자신의 지식을 표현하도록 허용하기
참여 ☆	대안적 목표 ◎	대안적 교육과정 ◎
학생이 과제에 능동적으로 참여하는 정도를 적합화하기	같은 학습내용을 사용하되 목적 또는 성과 기대를 적합화하기. 중등도 또는 중도의 장애학생에게는 일상적으로 활용할 수 있음	학생의 개별적인 목적에 따라 서로 다른 수업과 자료를 제공하기. 중등도 또는 중도의 장애학생에게는 일상적으로 활용할 수 있음

예시	예시	예시
지리 수업 시간에 다른 학생들이 지도상의 위치를 찾고 있을 동안 지도를 들고 있게 하기, 그 학생이 집단을 리드하도록 요청하기, 학생을 무릎 위에 앉히고 책을 넘기게 하기(유치원)	사회 수업 시간에 다른 학생들이 지도상의 각 나라의 위치를 찾아 수도의 명칭을 학습하는 동안, 특정 학생은 각 나라의 국기를 찾게 하기	국어 수업 시간에 특정 학생은 화장실 사용법을 도움을 받아 학습하게 하기

☆ 이 유형의 적합화는 그 학생이 평가 준거를 완수할 수 있다고 가정할 수 있을 때 사용하는 조절(accommodation)이다. 핵심 개념은 그 학생이 궁극적으로 같은 학습내용을 습득할 수 있지만, 대안적인 방식이나 지원이 필요한 경우에 사용한다는 것이다. 준거가 근본적으로 변경되지 않는다면, 이러한 경우에는 학습 또는 수행상의 차이에 대해 편의를 제공하는 것이다.

◎ 이 유형의 적합화는 그 학생이 평가 준거를 완수할 수 없다고 가정될 때 수정(modification)하여 주는 것이다. 이러한 수정은 개별화된 교육목표와 평가를 필요로 한다.

출처: Wright, D. B. (2005). Nine Types of Curriculum Adaptations. *Teaching and Learning Trainings* (http://www.pent.ca.gov/acc/ninetypes-sample.pdf).

이와 같은 교육과정의 수정으로도 성과를 올리기 어려운 경우에는 일상생활과 직접 관련된 수학 기술을 선택적으로 지도하며, 이때는 화폐, 시간, 달력 등의 사용 기술이 대표적인 기능적 수학기술에 해당한다. 이러한 특정 기술에 대해 과제 분석에 의한 단계적 목표를 설정하여 지도하는 것이다.

현행 교육과정상 모든 학생이 학습해야 하는 교육과정은 '공통교육과정'이라고 말할 수 있다. 선택교육과정은 학생이 어떤 고등학교에 진학하느냐에 따라서 수학과의 교육과정이 바뀔 수 있기 때문에 모든 학생이 학습해야 하는 교육과정이라고 말하기는 어렵다. 따라서 이 절에서는 공통교육과정에 한정하여 장애학생에게 교육을 실시하고, 그것이 어려울 경우에는 공통교육과정을 수정하여 제시하는 방법에 관하여 논의를 전개한다. 즉, 공통교육과정은 일반 초등학교와 중학교에서 지도하는 교육과정이므로, 초등학교 수학과와 중학교 수학과 교육과정으로 범위를 제한하여 수학과의 영역별로 교육과정을 어떻게 수정하여 지도하는 것이 좋을지에 관하여 논의한다.

그 전에 초등학교 수학과 중학교 수학의 영역 및 그 관계에 관하여 언급하고자 한다. 초등학교 수학은 '수와 연산' '도형' '측정' '규칙성' '확률과 통계'의 5영역으로 구성된다. '수와 연산' 영역에서는 자연수, 분수, 소수의 개념과 사칙연산을, '도형' 영역에서는 평면도형과 입체도형의 구성요소, 개념, 간단한 성질 및 공간 감각을, '측정' 영역에서는 시간, 길이, 들이, 무게, 각도, 넓이, 부피의 측정 및 이의 활용을, '규칙성' 영역에서는 규칙 찾기, 비와 비례식, 정비례와 반비례를 다룬다. 그리고 '확률과 통계' 영역에서는 자료의 정리와 해석, 사건이 일어날 가능성에 관하여 다룬다.

한편, 중학교 수학은 '수와 연산' '문자와 식' '함수' '확률과 통계' '기하'로 구성되는데, '수와 연산' 영역에서는 정수, 유리수, 실수의 개념과 사칙연산을, '문자와 식' 영역에서는 다항식의 개념과 사칙연산, 일차방정식과 일차부등식, 연립일차방정식과 연립일차부등식, 이차부등식을, '함수' 영역에서는 함수의 개념, 일차함수와 그 그래프, 이차함수와 그 그래프를 배운다. 그리고 '확률과 통계' 영역에서는 도수분포의 개념과 활용, 확률의 기본 성질, 대푯값과 산포도에 관하여 다루고, '기하' 영역에서는 기본 도형의 성질, 피타고라스 정리, 삼각비, 원의 성질과 활용에 관하여 학습한다.

이러한 초등학교 수학과 중학교 수학은 계열성을 가지고 연계되어 있다. 수학은 일반적으로 대수학, 해석학, 기하학 및 위상수학, 그리고 확률과 통계로 구분되는데, 초등학교 수학의 '수와 연산'은 중학교 수학의 '수와 연산'과 '문자와 식'으로 연계되며 '대수학'의 기초를 이룬다. 또한 초등학교 수학의 '도형'과 '측정' 영역은 중학교 수학의 '기하'로 연계되어 기하학 및 위상수학의 기초를 이룬다. 그리고 초등학교 수학의 '규칙성' 영역은 중학교 수학의 '함수'로 연계되어 해석학의 기초를 이룬다. 끝으로, 초등학교 수학의 '확률과 통계'는 중학교 수학의 '확률과 통계'로 연계된다. 물론 이러한 연계가 영역별로 엄밀하게 구분되는 것은 아니며, 중첩되는 내용이 있을 수도 있지만, 대체로 앞서와 같이 연계된다고 말할 수 있다. 공통교육과정 수학과의 내용 체계를 표로 제시하면 〈표 2-2〉, 〈표 2-3〉과 같다.

표 2-2 공통교육과정 초등학교 수학과의 내용 체계

학교급·학년군 / 영역	초등학교		
	1-2학년군	3-4학년군	5-6학년군
수와 연산	• 네 자리 이하의 수 • 두 자리 수의 덧셈과 뺄셈 • 곱셈	• 다섯 자리 이상의 수 • 세 자리 수의 덧셈과 뺄셈 • 곱셈 • 나눗셈 • 자연수의 혼합 계산 • 분수 • 소수 • 분수와 소수의 덧셈과 뺄셈	• 약수와 배수 • 분수의 덧셈과 뺄셈 • 분수의 곱셈과 나눗셈 • 소수의 곱셈과 나눗셈 • 분수와 소수
도형	• 입체도형의 모양 • 평면도형의 모양 • 평면도형과 그 구성 요소	• 도형의 기초 • 평면도형의 이동 • 원의 구성 요소 • 여러 가지 삼각형 • 여러 가지 사각형 • 다각형	• 합동과 대칭 • 직육면체와 정육면체 • 각기둥과 각뿔 • 원기둥과 원뿔 • 입체도형의 공간감각
측정	• 양의 비교 • 시각 읽기 • 시각과 시간 길이	• 시간 • 길이 • 들이 • 무게 • 각도 • 어림하기(반올림, 올림, 버림) • 수의 범위(이상, 이하, 초과, 미만)	• 평면도형의 둘레와 넓이 • 무게와 넓이의 여러 가지 단위 • 원주율과 원의 넓이 • 겉넓이와 부피
규칙성	• 규칙 찾기	• 규칙 찾기 • 규칙과 대응	• 비와 비율 • 비례식과 비례배분 • 정비례와 반비례
확률과 통계	• 분류하기 • 표 만들기 • 그래프 그리기	• 자료의 정리 • 막대그래프와 꺾은선그래프	• 가능성과 평균 • 자료의 표현 • 비율그래프(띠그래프, 원그래프)

출처: 교육과학기술부(2011a). 수학과 교육과정. 서울: 교육과학기술부, 부분 발췌함.

표 2-3 공통교육과정 중학교 수학과의 내용 체계

학교급 / 학년군 / 영역	중학교 1-3학년군		
수와 연산	• 소인수분해 • 최대공약수, 최소공배수 • 정수와 유리수의 개념, 대소 관계, 사칙계산	• 순환소수 • 유리수와 순환소수의 관계	• 제곱근의 뜻과 성질 • 무리수 • 실수의 대소 관계 • 근호를 포함한 식의 사칙계산
문자와 식	• 문자의 사용 • 식의 값 • 일차식의 덧셈과 뺄셈 • 일차방정식	• 지수법칙 • 다항식의 덧셈과 뺄셈 • 다항식의 곱셈과 곱셈 공식 • 다항식의 나눗셈 • 등식의 변형 • 연립일차방정식 • 부등식의 성질과 일차부등식 • 연립일차부등식	• 인수분해 • 이차방정식
기하	• 점, 선, 면, 각 • 점, 직선, 평면 사이의 위치 관계 • 평행선의 성질 • 삼각형의 작도 • 삼각형의 합동 조건 • 다각형의 성질 • 부채꼴에서 중심각과 호의 관계 • 부채꼴에서 호의 길이와 넓이 • 다면체, 회전체의 성질 • 입체도형의 겉넓이와 부피	• 이등변삼각형의 성질 • 삼각형의 외심, 내심 • 사각형의 성질 • 닮은 도형의 성질 • 삼각형의 닮음조건 • 평행선 사이에 있는 선분의 길이와 비 • 닮은 도형의 성질 활용	• 피타고라스 정리 • 삼각비 • 원의 현, 접선에 대한 성질 • 원주각의 성질

(계속)

함수	• 함수의 개념 • 순서쌍과 좌표 • 함수의 그래프	• 일차함수의 의미와 그래프 • 일차함수의 활용 • 일차함수와 일차방정식의 관계	• 이차함수의 의미 • 이차함수의 그래프의 성질
확률과 통계	• 줄기와 잎 그림, 도수분포표, 히스토그램, 도수분포다각형 • 도수분포표에서의 평균 • 상대도수의 분포	• 경우의 수 • 확률의 뜻과 기본 성질 • 확률의 계산	• 중앙값, 최빈값, 평균 • 분산, 표준편차

출처: 교육과학기술부(2011a). 수학과 교육과정. 서울: 교육과학기술부, 부분 발췌함.

2. 영역별 수학과 교육과정 내용 및 교수적합화의 실제

1) 수와 연산

공통교육과정 초등학교 '수와 연산' 영역의 성취 기준은 다음과 같다.

---

① 0과 네 자리 이하의 수, 10,000 이상의 큰 수를 이해하고, 자연수의 사칙계산 원리를 이해하고, 그 계산을 할 수 있다.

② 분수와 소수의 의미를 이해하고, 분수와 소수의 사칙계산 원리를 이해하여 그 계산을 할 수 있다.

③ 약수와 배수의 의미를 이해하고, 이를 활용할 수 있다.

또한 중학교 '수와 연산' 영역 및 '문자와 식' 영역의 성취 기준은 다음과 같다.

(가) 수와 연산

① 자연수를 소인수분해하고, 이를 이용하여 최대공약수와 최소공배수의 성질을 이해하고 활용할 수 있다.

② 정수와 유리수의 개념, 대소 관계, 사칙계산의 원리를 이해하고 그 계산을 할 수 있다.

③ 유리수와 순환소수의 관계를 이해한다.

④ 무리수의 개념, 실수의 대소 관계를 이해하고, 근호를 포함한 식의 사칙계산을 할 수 있다.

(나) 문자와 식

① 다양한 상황을 문자를 사용한 식으로 간단히 나타내고, 다항식의 사칙계산을 할 수 있다.

② 일차방정식, 일차부등식, 연립일차방정식, 연립일차부등식, 이차방정식을 풀고, 이를 활용하여 여러 가지 문제를 해결할 수 있다.

장애학생을 포함한 모든 학생에게 이와 같은 성취 기준을 습득할 수 있도록 하는 것이 바람직하겠지만, 모든 수준의 교육과정 조절을 실시하여도 실제로는 장애학생의 능력과 개별적 특성에 따라 그것이 불가능하다고 인정되는 장애학생에게는 교육과정의 내용을 수정하여 주어야 한다. 내용을 수정하는 경우에도 가급적 장애학생이 일반교육과정을 경험할 수 있도록 함으로써 장애학생이 일반학급에 통합되어 있는 경우, 다른 일반 학생과 같은 내용을 적용받고 있다는 생각을 할 수 있게 통합 수업에서 다루고 있는 수학적 개념의 기초적 지식을 가질 수 있도록, 또 같은 수학 용어를 학습할 수 있도록 우선적으로 고려하여야 한다.

우리나라에서는 앞서 제기한 성취 기준을 습득할 수 없는 장애학생에 대한 최소한의 대안적 교육과정으로서 특수교육 교육과정을 편성하고 있으

며, 특수교육 교육과정에서 제시하고 있는 '수와 연산' 영역의 내용 체계는
〈표 2-4〉와 같다.

표 2-4 특수교육 교육과정의 '수와 연산' 영역 내용 체계

학교급 / 학년군 / 영역	초등학교			중학교	고등학교
	1-2학년	3-4학년	5-6학년	1-3학년군	1-3학년군
수와 연산	• 변별하기 • 짝짓기 • 순서짓기 • 구체물 가르기와 모으기 • 화폐의 종류	• 개수 세기 • 개수 비교하기 • 한 자리의 수 • 9 이하의 수 가르기와 모으기 • 덧셈식과 뺄셈식 • 합이 9 이하인 덧셈 • 피감수가 9 이하인 뺄셈 • 화폐의 액면가	• 두 자리의 수 • 세 자리의 수 • 합이 10인 덧셈 • 피감수가 10인 뺄셈 • 받아올림이 없는 두 자리 수 덧셈 • 받아내림이 없는 두 자리 수 뺄셈 • 받아올림이 있는 두 자리 수 덧셈 • 받아내림이 있는 두 자리 수 뺄셈 • 화폐의 교환	• 네 자리의 수 • 다섯 자리 이상의 수 • 분수의 이해 • 받아올림이 없는 세 자리 수 덧셈 • 받아내림이 없는 세 자리 수 뺄셈 • 받아올림이 있는 세 자리 수 덧셈 • 받아내림이 있는 세 자리 수 뺄셈 • 곱셈의 이해 • 화폐의 계산	• 소수의 이해 • 정수의 이해 • 나눗셈의 이해 • 자연수의 혼합 계산 • 화폐의 활용

출처: 교육과학기술부(2011a). **특수교육 교육과정**. 서울: 교육과학기술부, 부분 발췌함.

장애학생에게 '수와 연산' 영역을 지도함에 있어서 염두에 두어야 하는
몇 가지 중요한 사항을 제시하면 다음과 같다(Browder & Spooner, 2011).
첫째, '수와 연산' 영역에 있어서는 일대일 대응을 통한 수 세기와 수의
합성과 분해 등 수와 연산의 기초 기술(building block skills)을 우선적으로 지도
해야한다. 이러한 기초 기술은 모든 수학 학습에 결정적인 역할을 하는 수
학적 문식(numeracy)의 핵심을 형성하고 있다. 예를 들어, 대수 방정식 해결
또는 직사각형의 면적 계산 등에 수와 연산에 대한 지식이 활용된다.
둘째, 중도의 장애학생에게는 흔히 초등학교 저학년 이후에도 지속적으

로 수 문식에 대한 교수가 요구될 수 있으며, 고등학생이 되어서도 여전히 수를 정확히 세거나 합을 구하는 연습이 필요할 수 있다. 따라서 이러한 기초적인 수 문식 기술들을 연령 및 학년에 적합한 활동과 동시적으로 지도해야 할 필요성이 있다. 예를 들어, 대수 방정식을 완성하는 활동을 할 때 구체물을 직접 세어 보는 활동을 하게 하는 것이 있다.

〈표 2-5〉는 몇 가지 중요한 초기 수 문식 기술을 나열한 것이다. 이상적으로는 이러한 기술들을 이른 학년에 습득하고 이러한 기술들에 기초하여

표 2-5 초기 수 문식 기술

수의 즉지	• 세지 않고 집합의 양을 알기, 점점 더 큰 집합의 수를 한눈에 알게 하기
수 세기	• 단순 세기 • 움직일 수 있는 물건의 수 세기 • 고정되어 있는 물건의 수 세기 • 여러 가지 다양한 형태의 물건 세기 • 한 숫자로부터 계속 세기 • 묶어 세기(예: 5씩) • 묶음 세기(4개짜리 5 묶음씩)
비교하기	• 일대일 대응 • 어떤 집합이 더 큰가(작은가/같은가)? • 순서상의 첫 번째, 두 번째 알기 • 작은 것에서 큰 것으로 순서대로 나열하기 • 서수(예: 셋째) • 추정하기
덧셈과 뺄셈	• 교사가 제시한 두 집합의 모든 사물을 더해서 세기 • 문제를 풀기 위해 사물의 수 모두 세기 • N + 1(하나 더 큰 수) • 5 + □ = 7에서 이어 세어 피가수 구하기 • 위의 문제에서 뺄셈(분해)으로 2 구하기
자릿값	• 10의 묶음을 만들어 몇 개인지 알기 • 두 자리 숫자에서 1과 10의 자리의 수 알기

출처: Browder, D. M., & Spooner, F. (2011). *Teacing students with moderate and severe disabilities*. New York: The Guilford Press, p. 183의 표를 부분 발췌함.

다른 수학 내용을 획득해야 하지만, 실제로는 다른 기술들과 동시에 가르쳐 주어야 한다.

셋째, 효과적인 대수 수업 전략(Maccini & Hughes, 2000)은 배경 지식 (사전 기술, 전략, 정의)의 복습, 문제 표현과 해결에 관한 명시적 수업, 자기 모니터링 절차에 관한 명시적 수업, 문제의 해결책을 찾고 해결 과정의 보조 장치(aid)로 사용할 도해 조직자와 구체적 조작물의 사용을 필요로 한다. 이 러한 전략들은 Maccini와 Hughes(2000)가 초등학교 학습장애아동에게 계 산 및 문제해결 기술을 가르쳤던 선행연구들에서 사용한 것이다. 특히 그들 은 학생이 문제를 해결하는 단계를 기억하는 데 도움이 되도록 기억장치를 개발하였는데, 그것이 Search, Translate, Answer, and Review(STAR)다.

그들은 도해 조직자와 구체적 조작물들을 제공하였을 때 학생들이 구체 적 조작물(Concrete level)에서 사물의 그림(Representational level, semi-concrete level) 으로, 마지막으로 숫자와 연산기호를 사용하여 추상적인 표현(Abstract level, symbolic level)을 사용하는 것으로 진행하면서 문제해결의 과정을 묘사하였다 고 하였다. 학생들은 기억 장치(STAR)와 CRA(Concrete-Representational-Abstract) 접근법을 사용하여 계산의 정확성, 문장제 문제의 해결, 전략의 정확한 사 용, CRA 계열에 따라 독립적으로 학습 활동을 하는 능력을 증진시켰다.

Witzel, Smith와 Brownell(2001)은 장애학생에게 대수를 가르치기 위 한 최고의 교육적 실천에 관한 또 다른 토론을 통하여 CRA 계열의 수업을 하는 것이 대수 방정식의 구성요소들을 묘사하는 효과적인 도구라고 하였 다. 그들은 "x를 구하라."와 같은 기초 대수 과정에 대한 더 나은 이해를 위 해서는 미지량도 계열에 제시되어야 한다고 하였다.

대수는 중도장애를 지닌 학생에게 특별히 접근이 어려운 수학의 영역인 것처럼 보일 수도 있다. 중도장애학생이 이러한 기술들을 습득하기 위해서 는 같은 연산을 여러 번 반복하는 체계적인 수업을 필요로 할 수 있다.

Jimenez 등(2008)은 중등도의 발달장애를 지닌 고등학생들에게 9단계

의 대수 과제 분석을 사용하여 기능적인 과제를 해결하도록 하였다. 학생들
은 수학 방정식을 성공적으로 완성할 수 있었고, 그 방정식을 해결하기 위
해 구체적 조작물을 사용하는 며칠간의 체계적 수업을 통하여 x를 구할 수
있었다. 〈표 2-6〉은 Jimenez 등(2008)이 한 과제분석을 보여 주고 있다.

표 2-6 Jimenez 등(2008)의 대수 과제 분석

번호	교사	학생
1	이야기 중심의 문제와 문제 진술을 읽는다.	문제 진술을 확인한다.
2	학생에게 첫 번째 사실을 확인하도록 요구한다. (모르는 양이면 x를 사용한다.)	첫 번째 사실을 확인한다. (모르는 양이면 x를 사용한다.)
3	두 번째 사실을 확인하도록 요구한다. (모르는 양이면 x를 사용한다.)	두 번째 사실을 확인한다. (모르는 양이면 x를 사용한다.)
4	마지막 사실을 확인하도록 요구한다.	마지막 사실을 확인한다.
5	학생에게 첫 번째 사실을 초록색 마커로 표시할 기회를 제공한다.	첫 번째 사실을 초록색 마커로 표시한다.
6	마지막 사실을 빨간색 마커로 표시할 기회를 제공한다.	마지막 사실을 빨간색 마커로 표시한다.
7	학생에게 문제를 풀기 위해 필요한 연산이 무엇인지 알아볼 기회를 준다.	문제를 풀기 위해 필요한 연산을 규명한다.
8	학생에게 수직선을 사용하여 초록색 마커로 표시한 부분과 빨간색 마커로 표시한 부분 사이를 셀 기회를 준다.	수직선을 사용하여 초록색 마커로 표시한 부분과 빨간색 마커로 표시한 부분 사이를 세어 본다.
9	학생에게 수학 문제의 해답을 언급할 기회를 준다. ("$4+x=7$, $x=3$")	수학 문제의 답을 제시한다. ("$x=3$")
10	문제를 다시 한 번 말해 주고 이야기 중심의 문제에 대한 답을 다시 한 번 언급하도록 요구한다. ("철수는 피자를 사기 위해 얼마를 썼지?")	이야기 중심의 문제에 대한 답을 다시 한 번 제시한다. ("철수는 피자를 사는 데 3만 원을 썼어요.")

출처: Browder, D. M., & Spooner, F. (2011). *Teacing students with moderate and severe disabili-ties*. New York: The Guilford Press, p. 187의 표를 수정 게재함.

2) 도형

공통교육과정 초등학교 '도형' 영역의 성취 기준은 다음과 같다.

① 기본적인 입체도형의 모양과 평면도형의 모양을 찾을 수 있다.
② 주어진 도형으로 여러 가지 모양을 만들거나 쌓기나무를 이용하여 입체
　도형을 만드는 활동, 평면도형을 밀고 뒤집고 돌리는 활동을 통해 공간
　감각을 기른다.
③ 기본적인 평면도형과 구성 요소를 알고, 그 성질을 이해한다.
④ 기본적인 입체도형과 구성 요소를 알고, 그 성질을 이해한다.
⑤ 도형의 합동과 대칭의 의미를 이해하고, 그 성질을 이해한다.

또한 중학교 '기하' 영역의 성취 기준은 다음과 같다.

① 평면도형과 입체도형의 성질을 이해한다.
② 이등변삼각형의 성질, 삼각형의 외심과 내심의 성질, 사각형의 성질을
　이해하고 설명할 수 있다.
③ 도형의 닮음의 성질을 이해하고, 이를 활용하여 여러 가지 문제를 해결
　할 수 있다.
④ 피타고라스 정리, 삼각비, 원의 성질을 이해하고, 이를 활용하여 여러 가
　지 문제를 해결할 수 있다.

　교육과정의 교수적 조절을 충분히 해 주어도 이와 같은 성취 기준을 성취
하기가 불가능한 것으로 평가된 장애학생에게는 교육과정을 수정하여 주어

야 한다. 앞서 제기한 성취 기준을 습득할 수 없는 장애학생에 대한 대안적 교육과정인 특수교육 교육과정에서 제시하고 있는 '도형' 영역의 내용 체계는 〈표 2-7〉과 같다.

표 2-7 특수교육 교육과정의 '도형' 영역 내용 체계

학교급 학년군 영역	초등학교			중학교	고등학교
	1-2학년	3-4학년	5-6학년	1-3학년군	1-3학년군
도형	• 공간의 이해 • 여러 가지 모양	• 입체도형의 모양 • 평면도형의 모양	• 평면도형과 그 구성요소 • 도형의 기초 • 평면도형의 이동	• 원의 구성요소 • 여러 가지 삼각형 • 여러 가지 사각형	• 다각형의 이해 • 직육면체와 정육면체 • 입체도형의 공간 감각

출처: 교육과학기술부(2011a). 특수교육 교육과정. 서울: 교육과학기술부, 부분 발췌함.

장애학생에게 '도형' 영역을 지도함에 있어서 염두에 두어야 하는 중요한 사항을 한 가지 제시하면 다음과 같다.

어린 아동은 흔히 기초 도형을 비교하고 명명하는 활동을 하게 되는데, 이러한 기술은 공간적 이해를 구성하는 것으로 초등학교 저학년 과정에서 중시된다. 그러나 이러한 기술은 고학년 학생에게는 가장 중요하게 가르쳐야 되는 기술이 아니다. 오히려 기하에 있어서 학령기에 필수적으로 알아야 하는 기술은 문제를 해결하기 위해서 좌표면을 사용하는 것이다.

좌표면은 공간적 조직의 틀로서 공간적-기하학적 사고의 기초가 된다. 공간적-기하학적 사고는 지도를 사용하여 2차원적 공간에서의 위치를 이해하는 능력으로서 격자무늬와 좌표를 이해해야 발달하는 기술이다. 나아가 격자 구조, 평면 및 지도를 사용한 2차원적 공간의 이해는 학생이 현재의 문제를 해결하기 위해서 이전의 감각적 경험을 연결하도록 시도하는 공간적 구조화의 발달을 지원한다. 이러한 현실적인 맥락에 대한 표상(예: 동

네 지도)을 제공하는 것이 그들의 주변 환경을 이해하는 구조를 제공하면서
도 학생의 초기 단계의 기하학적 사고를 북돋는 것으로 나타났다.

어린 아동에게 좌표면을 소개하기 위해 자주 사용되어 온 한 가지 활동은
Investigation Geo-Logo 소프트웨어를 사용하는 것으로, 여기서 학생은
좌표점, 각도 및 방향을 입력하여 거북이의 이동을 조정할 수 있다. LOGO
프로그래밍에 관한 국내의 문헌으로는 김종훈 등(2010)과 전영국 등(2006)
의 저서가 있다. 비록 LOGO 프로그래밍을 장애학생에 적용한 사례는 많지
않지만, 개별 아동에 따라서는 매우 효과적인 교육 수단이 될 수 있다.

3) 측정

공통교육과정 초등학교 '측정' 영역의 성취 기준은 다음과 같다.

> ① 양의 크기를 비교하고, 시간, 길이, 들이, 무게, 각도를 알고 측정할 수
>   있다.
> ② 평면도형의 둘레와 넓이를 이해하고, 직사각형, 정사각형, 평행사변형,
>   삼각형, 사다리꼴, 마름모의 둘레와 넓이를 구할 수 있다.
> ③ 입체도형의 겉넓이와 부피를 이해하고, 직육면체와 정육면체의 겉넓이
>   와 부피를 구할 수 있다.
> ④ 원주율을 알고 원의 넓이, 원기둥의 겉넓이와 부피를 구할 수 있다.
> ⑤ 양에 대한 어림과 측정을 통해 양감을 기른다.

중학교 수학 교육과정에는 측정 영역이 별도로 존재하지 않고, '기하' 등
의 영역에 통합된다.

교육과정의 조절을 충분히 해 주었음에도 불구하고 이와 같은 성취기준

을 성취하기가 불가능한 것으로 평가된 장애학생에게는 교육과정을 수정하여 주어야 하며, 앞서 제기한 성취 기준을 습득할 수 없는 장애학생에 대한 대안적 교육과정인 특수교육 교육과정에서 제시하고 있는 '측정' 영역의 내용 체계는 다음 〈표 2-8〉과 같다.

표 2-8 특수교육 교육과정의 '측정' 영역 내용 체계

영역 \ 학교급·학년군	초등학교			중학교	고등학교
	1-2학년	3-4학년	5-6학년	1-3학년군	1-3학년군
측정	• 측정 가능한 속성 탐색 • 비교하기 • 일과 시간	• 양의 비교 • 임의 측정 단위 • 시각과 시간	• 길이 • 시간 • 달력	• 길이 • 무게 • 들이	• 각도 • 평면도형의 둘레 • 평면도형의 넓이

출처: 교육과학기술부(2011a). **특수교육 교육과정.** 서울: 교육과학기술부, 부분 발췌함.

'측정' 영역은 중도의 장애를 지닌 학생에게 특별한 중요성을 가지는 수학의 영역이다. 측정이란 환경에서 발견되는 속성들(길이, 무게, 가치, 시간 등)에 숫자적인 값을 할당하는 수학의 한 영역으로서, 측정 기술은 그러한 특성을 평가하기 위한 도구의 사용을 포함하기 때문에 이 영역은 구체적 조작물을 사용하여 가장 잘 학습된다.

측정 기술은 일상생활 기술로서 많이 활용된다. 학생은 택배 보낼 물건이나 자신의 몸무게를 재기 위하여 저울을 사용할 수도 있고, 학습 활동 또는 미술 프로젝트를 계획하면서, 또는 재료를 측정하기 위해 자를 사용할 수도 있다. 측정에는 화폐 사용과 시간 말하기도 포함된다. 사실, 측정 영역은 일상생활의 기능적 수학에 특히 관련이 깊다. 따라서 이 영역과 관련하여 기능적 수학을 어떻게 지도해야 하는지 알아보고자 하며, 여기서는 기능적 수학에 대한 것으로 화폐 관리 및 다른 관련된 기능적 수학 기술들을 어떻게 지도해야 하는지에 관하여 살펴본다(Browder & Spooner, 2011).

(1) 화폐 관리

발달장애인에게 화폐의 사용을 지도한 대부분의 연구는 돈을 계산하는 법과 돈을 쓰는 법을 가르치는 데 집중하였다(Browder & Grasso, 1999).

① 계산과 구매

발달장애학생은 갖고 싶은 물건을 사기 위해 돈 쓰는 법을 학습하는 데에 고도로 동기화될 수 있다.

계산과 구매는 화폐 관리와 기능적 수학에 있어서 교수의 훌륭한 출발점이 된다.

학생에게 수를 세거나 화폐를 인지하는 기술이 없을지라도, 필요한 양의 돈을 미리 선택해 줌으로써 이러한 기술 결함을 조정하여 물건 사기를 가르칠 수 있다. 그러한 조정은 학습자가 나이가 있거나(예: 성인) 물건을 얻기 위해서는 돈이 필요하다는 개념을 학습할 필요성이 있을 때 최적의 접근 방법이 된다.

보조자(교사 또는 실무원)는 학생의 지갑에 물건을 사기 위해 필요한 정확한 양의 돈을 넣어 둠으로써 돈을 세지 못하는 장애학생을 도울 수 있다.

학생에게 지갑을 사용하는 소근육 운동 기술이 부족하다면, 돈을 주머니에 넣어 주거나 물건을 살 때 전달해 줄 수 있다.

이러한 계산과 구매 기술의 첫 단계에서 학생은 단지 원하는 물건을 얻으려면 돈을 내야 한다는 것을 학습하도록 하는 것이다.

② 하나 더 기법

쓰여 있는 가격보다 '하나 더' 높은 금액을 점원에게 주게 하는 기법으로 '하나 더 기법(Next-dollar Strategy)'을 가르치기 위해서는 교실 상황에서 플래시카드 훈련을 먼저 시작할 수 있다. 또는 수직선을 사용하여 가격보다 하나 더 큰 수를 학생이 찾도록 도와줄 수 있다.

학생이 일단 하나 더 기법을 습득하면 혼합된 화폐의 사용을 익힐 수도 있다. 하나 더 기법을 학생이 적용할 수 있도록 가르치는 가장 좋은 방법은 지역사회 중심 교수를 통해서 가르치는 것이다.

매일 지역사회 상황에서 가르치는 것은 거의 가능하지 않으므로 물건 사기의 교실 시뮬레이션을 만들 필요가 있다.

③ 현금 카드

큰 액수의 물건을 사기 위해서는 현금(체크) 카드의 사용법을 알아야 한다. 중도의 장애를 지닌 사람은 옷이나 음식과 같은 물건을 주기적으로 구입하기 위해 현금 카드의 사용법을 배우는 것이 도움이 될 수 있다.

현금 카드는 ATM으로 현금을 찾거나 미용실에서 대가를 지불하거나, 영화표를 사는 등 일상생활 속에서 다양하게 사용할 수 있다.

④ 동전 계산

일반교육에서는 동전의 인식과 계산을 첫 번째 화폐 기술로서 학습하곤 한다. 현대사회의 경제에서는 많은 물건이 1,000원 이상이기 때문에 동전으로 구입할 수 있는 것은 그렇게 많지 않다.

자동판매기마저도 지폐를 사용해야 한다. 이러한 경제적 현실을 고려할 때 발달장애학생에게 동전 계산이라는 복잡한 기술을 가르치는 것은 바람직한 시간 투자가 아니다.

그러나 학생이 하나 더 기법과 같은 화폐 사용 기술을 이미 습득했다면, 동전 계산 기술의 습득은 화폐 사용의 융통성과 독립성을 향상시킨다. 예를 들어, 학생이 점원으로서 일하게 될 때 필요한 기술을 획득할 수 있다.

⑤ 돈의 등가 변별하기

돈을 최대한 잘 활용하기 위해서는 돈을 상호 교환적으로 사용할 수 있어야 한다. 예를 들어, 12,360원짜리 물건을 사고자 한다면, 만 원권 2장, 오천 원권 3장, 만 원권 1장과 오천 원권 1장, 만 원권 1장과 천 원권 3장, 만 원권 1장과 천 원권 2장과 400원 등 다양하게 지급할 수 있다.

하지만 모든 학생이 이렇게 복잡한 수준의 것들을 습득할 수는 없으므로 하나 더 전략을 사용하여 효과적으로 구매하도록 할 수 있을 것이다.

하지만 화폐 사용 방법과 동전 계산 방법을 습득한 학생은 화폐 계산과 구매에서 한 걸음 더 나아가 돈의 등가를 학습하는 혜택을 가질 수 있을 것이고, 이러한 학습은 교환법칙을 이해함으로써 가능해질 수 있다.

⑥ 정확한 금액 사용하기

점원의 입장에서 일반적으로 사람들이 거래하는 것을 보면, 대부분의 사람이 물건을 살 때 정확한 금액을 내는 경우는 거의 없다는 것을 알 수 있다. 즉, 물건을 살 때 정확한 금액을 사용할 수 없어도 학생은 충분히 독립적일 수 있다.

정확한 금액을 사용하는 경우는 돈에 세심한 주의를 기울이는 사람이거나 잔돈이 쌓이는 것을 피하고 싶은 사람일 때의 2가지 이유뿐이다. 하지만 중도장애를 지닌 사람은 돈에 여유가 없을 수도 있고, 점심값을 치르는 데에도 가진 돈에 세심한 주의를 기울여야만 할 수도 있다.

따라서 동전과 지폐의 사용법을 익히고 화폐의 등가에 대하여 어느 정도 이해한다면 정확한 금액을 계산하는 법을 학습할 수 있을 것이다. 또한 정확한 금액의 계산 기술은 그 사람이 상점의 점원으로 일하는 데 관심이 있다면 직업 기술이 될 수도 있다.

⑦ 기록 유지

여기에서 설명하는 기술들은 주로 물건 사기에 초점을 맞추고 있지만, 구매를 계획하거나 밖에 나가기 전에 돈을 얼마나 가지고 있는지를 알도록 가르치기 위하여 활용될 수도 있다. 이러한 화폐 기술은 지도하고 있는 화폐 전략과 대응되어야 한다. 예를 들어, 가지고 있는 돈의 양을 세기 위하여 하나 더 기법을 사용할 수도 있다. 지지자(예: 교사 또는 부모)가 돈을 천 원짜리로 바꾸어 줌으로써 이것을 촉진할 수 있다. 가지고 있는 돈의 양을 세는 것은 예산 관리라는 그다음의 화폐 관리 기법을 향한 첫 단계다. 가지고 있는 돈을 세는 것 외에 예산 관리를 시작하는 두 번째 단계는 돈의 사용 기록을 유지하는 것이다. 각각의 거래 이후에, 또는 매일의 일과 후에 공책에 쓴 돈의 양을 기록하거나 마이크로소프트 엑셀 같은 컴퓨터 소프트웨어를 사용하여 관리할 수 있다. 아무리 작은 액수라도 구매 내역을 기록함으로써 자신의 돈이 어떻게 쓰이고 있는지를 인식할 수 있다. 구매 내역을 기록하기 위해서는 숫자를 쓰거나 타이핑하는 기술이 필요하다.

중증장애를 지닌 사람은 돈을 사용하는 방법을 아는 것뿐만 아니라 자신의 개인 재정을 통제할 수 있기 위하여 예산 관리하는 법을 알아야 한다. 계산 기술을 거의 필요로 하지 않으면서도 예산 관리를 가르칠 수 있는 가장 간단한 방법은 그 사람에게 소비 습관을 지도하는 것이다. 예를 들어, 어린 아동에게 점심 식사, 학교에서 쓸 연필, 장난감 등을 사거나 저축을 하기 위한 돈이 든 주머니 안에 화폐 공책을 넣어 주는 것이다. 소비 습관 접근을 통하여 그 아동은 점심값으로 매일 사전에 정해진 양의 돈을 소비하는 것을 학습할 수 있다. 월요일에는 그 아동에게 연필 살 돈을 주고, 한 달에 한 번씩은 허락을 받은 후에 작은 장난감을 살 수 있게 한다.

예산 관리를 지도하는 또 다른 방법은 계획된 구매를 지도하는 것이다. 구매를 계획하면서 개인은 상점의 광고지를 사용하고 계산기나 수직선을 사용하여 자신이 원하는 물건을 살 수 있는지를 결정할 수 있다. 계획적인 구매의 지도를 시작할 수 있는 한 가지 단순한 방법은 학생이 한 번에 한 가지씩의 구매를 계획하도록 하는 것이다. 예를 들어, 할인매장이나 슈퍼마켓의 광고지를 사용할 수 있다.

비교 쇼핑을 통해서도 예산 관리를 격려할 수 있다. 비교 쇼핑을 하려면 학생은 두 개의 가격 중에 어느 것이 더 싼 것인지를 알 수 있어야 한다.

저축하기는 많은 사람에게 어려운 화폐 관리 기술이다. 발달장애인은 이러한 종류의 화폐 관리가 가진 목적을 이해하기 위해서 구체적인 저축 목표를 세워야만 한다.

⑧ 금융(은행 업무) 기술

대부분의 사람은 모든 재정적인 거래를 현금으로 하기보다는 은행을 통해 관리한다. 중도장애인 또한 예금과 출금 같은 금융 기술을 학습할 수 있다. 요즘은 은행의 창구에서 입출금을 하기보다는 ATM을 더 많이 사용하므로 ATM 사용 기술도 학습하도록 할 수 있다.

(2) 시간 관리

기능적 수학에서 두 번째로 중요한 영역은 시간 관리다. 화폐 관리를 위해서는 단지 물건을 사는 것 이상의 많은 것을 알아야 하는 것처럼, 시간 관리 역시 시간을 아는 것 이상의 것들을 요구한다. 달력 등을 활용하여 미리 계획을 세울 수 있어야 하고, 매일의 스케줄을 계획하고 지키며, 정시에 계획된 활동을 할 수 있도록 언제 이동할 것인지를 결정할 수 있어야 한다. 이러한 시간 관리 기술을 습득하기 위해서는 시계와 달력을 읽는 법뿐만 아니라 사전에 계획하는 법을 알아야 한다. 시간 관리 기술의 계열은 〈표 2-9〉와 같으며, 이를 어린 아동이나 중도의 장애를 가진 학생에게 가르치기 위한 전략의 예는 〈표 2-10〉과 같다(Browder & Spooner, 2011).

표 2-9	시간관리 교수를 위한 교육과정 계열

기 술
• 다음에 무엇을 할지 알기 위해 그림 및 사물 사용하기
• 시계 바늘의 위치를 사용하여 언제 이동해야 하는지 알기
• 시계 바늘 또는 디지털 시계를 사용하여 하루의 계획 따르기
• 달력을 사용하여 스케줄 만들기
• 디지털 시계를 사용하여 하루 동안의 정확한 시간 따라가기
• 일, 월, 년 읽기, 달력을 사용하여 활동 계획하기
• 아날로그 시계를 사용하여 시간 알기

출처: Browder, D. M., & Spooner, F. (2011). *Teacing students with moderate and severe disabilities*. New York: The Guilford Press, p. 196의 표를 부분 발췌함.

표 2-10	그림 및 사물 시간표 예시

어떤 사람은 숫자의 시계나 그림을 읽을 수 없지만 그림 또는 사물을 사용하여 하루의 스케줄을 관리하는 법을 배울 수 있다. 그림 시간표를 사용하려면, 그 학생이 각각의 활동을 수행하는 것을 사진으로 찍거나 그림으로 그려서 사용할 수 있다. 사물 시간표를 사용하려면, 교사가 활동과 관련 있는 사물을 선택할 수 있다(예: 수영을 하기 위한 수영모자). 또는 활동의 상징적인 물체들(예: 외식을 상징하는 감자튀김 냉장고 자석 또는 수학 시간을 나타내는 컴퓨터 모양 자석)을 선택할 수도 있다. 각각의 활동을 하기 직전에 교사는 학생에게 그 활동에 대한 사물 또는 그림을 선택하게 한다.

출처: http://Simplifythechaos.com/tag/tactile-schedule

4) 규칙성

공통교육과정 초등학교 '규칙성' 영역의 성취 기준은 다음과 같다.

---

① 물체, 무늬, 수의 배열에서 규칙을 찾고, 규칙에 따라 물체, 무늬, 수를 배열할 수 있다.

② 다양한 변화 규칙과 대응표에서 대응 규칙을 찾아 설명하고 수나 식으로 표현할 수 있다.

③ 비, 비율, 비례식, 비례배분, 정비례와 반비례 관계를 이해하고, 이를 활용할 수 있다.

또한 규칙성을 x와 y의 관계로 일반화하여 표현한 것이라고 할 수 있는 함수에 대한 중학교 '함수' 영역의 성취 기준은 다음과 같다.

---

① 함수의 개념을 이해하고, 함수를 그래프로 나타내며, 여러 가지 문제를 해결할 수 있다.

② 일차함수의 의미와 그 그래프의 성질을 이해하고, 여러 가지 문제를 해결할 수 있다.

③ 이차함수의 의미와 그 그래프의 성질을 이해할 수 있다.

교육과정의 충분한 조절을 해 주어도 이와 같은 성취 기준을 성취하기가 불가능한 것으로 평가된 장애학생들에게는 교육과정을 수정해 주어야 하며, 앞서 제기한 성취 기준을 습득할 수 없는 장애학생에 대한 대안적 교육과정인 특수교육 교육과정에서 제시하고 있는 '규칙성' 영역의 내용 체계는

다음 〈표 2-11〉과 같다.

표 2-11 특수교육 교육과정의 '규칙성' 영역 내용 체계

학교급 학년군 영역	초등학교			중학교	고등학교
	1-2학년	3-4학년	5-6학년	1-3학년군	1-3학년군
규칙성	• 규칙 찾기	• 규칙 찾기	• 규칙 찾기 • 규칙적인 무늬 만들기	• 규칙과 대응	• 비와 비율

출처: 교육과학기술부(2011a). 특수교육 교육과정. 서울: 교육과학기술부. 부분 발췌함.

5) 확률과 통계

공통교육과정 초등학교 '확률과 통계(자료 분석)' 영역의 성취 기준은 다음과 같다.

---

① 사물들을 기준에 따라 분류할 수 있다.

② 자료를 목적에 맞게 표, 그림그래프, 막대그래프, 꺾은선그래프, 비율그래프로 나타내고, 그 특성을 비교할 수 있다.

③ 사건이 일어날 가능성을 수로 표현할 수 있다.

④ 평균의 의미를 이해하고, 주어진 자료의 평균을 구할 수 있으며, 이를 활용할 수 있다.

또한 중학교 '확률과 통계' 영역의 성취 기준은 다음과 같다.

① 줄기와 잎 그림, 도수분포표, 히스토그램, 도수분포다각형, 상대도수를 이해한다.

② 확률의 의미를 이해하고, 그 계산을 할 수 있다.

③ 중앙값, 최빈값, 평균, 분산, 표준편차의 의미를 이해하고, 이를 구할 수 있다.

교육과정을 조절해 주어도 이와 같은 성취 기준을 성취하기가 불가능한 것으로 평가된 장애학생에게는 교육과정을 수정해 주어야 하며, 앞서 제기한 성취 기준을 습득할 수 없는 장애학생에 대한 대안적 교육과정인 특수교육 교육과정의 '확률과 통계' 영역의 내용 체계는 〈표 2-12〉와 같다.

표 2-12 특수교육 교육과정의 '확률과 통계' 영역 내용 체계

학교급 학년군 영역	초등학교			중학교	고등학교
	1-2학년	3-4학년	5-6학년	1-3학년군	1-3학년군
확률과 통계	• 분류하기	• 분류하기 • 표와 그래프	• 자료의 정리	• 가능성 • 자료의 표현과 해석	• 비율그래프

출처: 교육과학기술부(2011a). 특수교육 교육과정. 서울: 교육과학기술부, 부분 발췌함.

'확률과 통계'에 있어서 장애학생에게 가장 중요한 핵심 사항을 제시하면 다음과 같다. 자료 분석의 영역에서 그래프는 중요한 구성요소다. 그래프를 이해한다는 것은 지각적 지식과 개념적 지식 사이의 간격을 연결하는 수학 학습에서의 '결정적 시기(critical moments)'의 하나로서 수학 문헌에 기술되어 왔다(Leinhardt, Zalslavsky, & Stein, 1990). 예를 들어, 그래프는 학생이 요인들 사이의 관계를 볼 수 있도록 돕는다(예: 햄버거보다 피자를 좋아하는 학생의 수). 나아가, 그래프는 교육과정에 나오는 추상적인 개념들에 관한 학생

의 추론을 지원하는 데 도움이 된다.

　NCTM은 수학 교육과정에서의 자료 분석과 그래프 기술의 중요성을 바탕으로, 그래프의 사용을 통한 '표현' 또는 '물리적 · 사회적 · 수학적 현상을 모델링하고 해석하는 능력'을 학령기에 개발해야 할 과정 기술로 포함하였다(NCTM, 2000).

 참고문헌

교육과학기술부(2011a). 수학과 교육과정. 서울: 교육과학기술부.

교육과학기술부(2011b). 특수교육 교육과정. 서울: 교육과학기술부.

김종훈, 김태훈, 문현국(2010). 생각을 키우는 LOGO 프로그래밍. 서울: 학지사.

전영국, 김진영, 김정섭, 조인성, 허영현(2006). 머리가 좋아지는 LOGO 프로그래밍. 서울: 교우사.

Best, S. J., Heller, K. W., & Bigge, J. L. (2010). *Teaching individuals with physical or multiple disabilities* (6th ed.). Upper Saddle River, NJ: Pearson Education.

Browder, D. M., & Grasso, E. (1999). Teaching money skills to individuals with mental retardation: A research review with practical applications. *Remedial and Special Education, 20*, 297–308.

Browder, D. M., & Spooner, F. (2011). *Teaching students with moderate and severe disabilities.* New York: The Guilford Press.

Jimenez, B. A., Browder, D. M., & Courtade, G. R. (2008). Teaching an algebraic equation to high school students with moderate developmental disabilities. *Education and Training in Developmental Disabilities, 43*, 266–274.

Leinhardt, G., Zalslavsky, O., & Stein, M. K. (1990). Functions, graphs, and graphing: Tasks, learning, and teaching. *Review of Educational Research,*

60, 1-64.

Maccini, P, & Hughes, C. A. (2000). The impact of the legal system on educational programming for young children with autism spectrum disorder. *Journal of Autism and Developmental Disorders, 32*, 495-508.

National Counicil of Teachers of Mathematics. (2000). *Principles and standards for school mathematics.* Reston, VA: Author.

Witzel, B., Smith, S. W., & Brownell, M. T. (2001). How can I help students with learning disabilities in algebra? *Intervention in School and Clinic, 37*, 101-104.

Wright, D. B. (2005). Nine Types of Curriculum Adaptations. *Teaching and learning trainings* (http://www.pent.ca.gov/acc/ninetypes-sample. pdf).

제3장

수학 학습 평가

'교육평가'는 교육활동의 결과를 일정한 평가 기준에 따라서 설정하는 과정으로 하나하나의 교육활동에서 교육목표가 얼마나 달성되었는지를 파악하고, 앞으로 교육계획을 수립하는 데 도움이 되는 자료를 얻는 각종 활동으로 정의할 수 있다(김호권, 1998).

이런 교육평가의 활동에는 학습자 평가, 교육활동 평가, 교육과정 평가, 교사평가, 학교평가, 학교 환경평가, 교육체제 평가 등 다양한 요소가 포함된다. 이 중 학습자 평가는 일반적으로 교육활동의 최종 목표가 학습자 개인의 성장과 발달에 있기 때문에 평가대상 중 가장 중요시되는데, 그 영역으로는 학력평가, 지능평가, 적성평가, 성격평가, 신체평가 등이 있다.

그리고 학습자 평가 영역 중 학생의 학습을 평가하는 학력평가는 효과적인 교수를 투입하기 위한 시작점이자 목표점이 되기 때문에 교수-학습과정에서 중요하게 다루어져 왔다(Russell, O'Dwyer, & Miranda, 2009). 교사는 학생의 학습을 평가하는 활동을 통하여 학생이 가지고 있는 학습 내용에 대한 선행지식의 정도를 파악하고 이에 대응하는 적절한 교수를 실시할 수 있다. 결국 교사는 학습평가 활동을 통해 학생이 어떤 부분을 숙달하지 못했는지 확인하고 학생의 필요에 부합하도록 다양한 교수 계획을 수립하게 된다(Fuchs, Fuchs, Hosp, & Hamlett, 2003).

이 장에서는 수학 교수-학습과정의 기초가 되는 수학 학습 평가 활동을 살펴본다. 즉, 수학교육과 특수교육에 있어서의 평가의 방향, 교육과정에서 제시하고 있는 평가의 내용, 수학 학습 평가의 유형과 방법, 그리고 특수교육 요구 아동을 위한 수학평가의 수정을 알아본다. 마지막으로, 특수교육 요구 아동을 위해 수행평가를 수정하는 구체적인 절차의 예시를 제시한다.

1. 평가의 방향

1) 수학교육

수학교육에서 평가는 수학에 대한 학습을 유도해야 하며, 교사와 학생 모두에게 유용한 정보를 제공해야 한다. 평가가 수학 교수-학습과정에 통합될 때 모든 학생을 위한 수학 학습에서 중요한 역할을 담당할 수 있다. 수학 학습에서 평가에 대한 관심과 관점에 변화가 나타난 것은 NCTM(1989) 규준집에서 교육과정과 평가에 대한 방향이 제시되면서부터로 볼 수 있다. NCTM(1995)은 수학과 평가의 여러 가지 목적을 다음과 같이 4가지 범주로 나누어 제시하였다.

첫째, 학습목표에 대한 학생의 진전도를 지속적으로 점검한다. 먼저 학생에 대한 높은 기대 수준을 설정한 후, 목표로의 진전에 대한 증거를 수집하여 학생과 교사 모두에게 피드백을 제공해야 한다. 이때의 피드백은 각 학생의 수학적 성장을 촉진하기 위해 활용한다. 학생의 진전에 대한 점검은 지속적으로 이루어져야 하며, 평가의 결과는 각 학생에게 중요한 진단적인 피드백을 충분히 제공해야 한다.

둘째, 학습지도에 대한 판단을 내린다. 교사는 수업을 개선하기 위해서 학생들의 수학적 이해에 대한 정보를 사용하는데, 그렇게 함으로써 수업을 더욱 향상시킬 수 있다. 교사는 학생들이 알고 있고, 할 수 있는 수학이 무엇인지를 가장 잘 알고 있는 평가자다.

셋째, 특정 시점에서의 학생의 수학 성취에 가치를 부여한다. 일정한 시간 간격을 두고 수집한 각 학생의 증거 자료가 특정한 형식으로 요약 및 보고되는데, 선택된 증거는 계획적인 것이어야 하며, 보고는 학생의 성취도를 공개하는 것이기 때문에 그 성취도가 목표의 어느 위치에 도달하였는가를 입증하는 형식을 갖추어야 한다. 이런 평가는 학생 간의 상대평가가 아닌 절대평가 기준에 의해 이루어져야 한다.

넷째, 프로그램의 가치를 판단한다. 학생의 성취 증거는 다른 자료와 함께 학습지도 프로그램이 모든 학생에게 수학에 대한 높은 기대치를 충족할 수 있도록 도움을 주는지 판단을 내리는 데 사용된다. 그 결과를 사용하여 프로그램이 더욱 잘 기능되도록 수정할 수 있다(강옥기, 2006).

NCTM(2000)은 이후 수학에 있어서 평가는 수학 학습을 뒷받침해야 하며, 교사와 학생 모두에게 유용한 정보를 제공해야만 한다는 입장에서 〈표 3-1〉과 같은 수학 평가에서의 강조점을 다시 제시하였다.

표 3-1 NCTM이 제시하는 수학 평가에서의 강조점

강조되는 측면	약화되는 측면
학생의 전반적인 수학적 힘을 평가한다.	학생의 특정한 사실에 대한 지식과 독립적인 기능만을 평가한다.
미리 정해진 기준에 의하여 학생의 실행을 비교한다.	다른 학생들의 실행과 학생의 실행을 비교한다.
교사를 지지하고 그들이 가지고 있는 정보로 판단하는 것에 대하여 신념을 제공한다.	'교사가 검증한' 평가 체제로 설계한다.
평가 과정이 공개적 · 참여적 · 역동적이다.	평가 과정이 암묵적 · 배타적 · 고정적이다.

학생에게 전반적인 수학적 힘을 보여 줄 수 있는 기회를 다양하게 제공한다.	학생에게 자신의 수학적 지식을 보여 줄 수 있는 기회를 한 가지 방법으로 제한한다.
무엇을 어떻게 평가할 것인가에 대한 공유된 비전을 개발한다.	개별적인 평가를 개발한다.
평가의 결과가 모든 학생이 자신의 잠재력을 발휘할 수 있는 기회를 가지도록 한다.	평가를 통하여 수학을 학습할 수 있는 기회를 제한하거나 선정하기 위하여 사용한다.
교육과정 및 수업과 부합하는 평가를 한다.	교육과정 및 수업과는 독립적인 것으로 평가를 취급한다.
다양한 자료에 근거하여 판단하는 것에 기초한다.	제한적이거나 단일의 자료에 근거하여 판단하는 것에 기초한다.
학생을 평가과정의 능동적인 참여자로 본다.	학생을 평가의 대상으로 본다.
평가를 지속적이고 반복적으로 실시해야 하는 것으로 본다.	평가를 간헐적이고 결론적으로 실시해야 하는 것으로 본다.
평가의 결과에 부합하는 수학 학습과 관련되는 사항을 모두 가지고 있다.	평가의 결과에 부합하는 몇몇의 사항만을 가지고 있다.
학생이 수학에 대하여 알고 있는 것이나 생각하는 방법을 평가한다.	학생이 수학에 대하여 알지 못하는 부분을 평가한다.
평가는 수업의 일부로 통합한다.	평가는 단지 점수를 주기 위하여 정답의 개수를 세는 것에 불과하다.
수학의 폭넓은 영역에 초점을 두고, 수학에 대한 총체적인 관점에서 평가한다.	내용과 행동의 이원분류방식에 의하여 조직된 다수의 특정 기능에 초점을 둔다.
수학적 아이디어를 적용해야 하는 문제상황을 개발한다.	한두 가지의 기능을 요구하는 문장제 문제나 연습문제를 사용한다.
지필시험, 구두시험, 시연 등 다양한 평가 방법을 사용한다.	주로 지필시험만을 사용한다.
평가에 계산기, 컴퓨터, 조작 자료를 사용한다.	평가과정에서 계산기, 컴퓨터, 조작 자료의 사용을 금지한다.
수업의 평가는 수업의 결과, 과정, 교수에 관한 정보들을 체계적으로 수집하여 한다.	수업의 평가는 학생의 시험 결과만으로 한다.
표준화된 성취도 검사는 수업결과를 나타내는 여러 지표 중의 하나로 사용한다.	표준화된 성취도 검사는 수업결과를 나타내는 유일한 지표로 사용한다.

출처: 고상숙 외(2012). **수학교육평가론**. 서울: 경문사, pp. 2-3.

NCTM을 비롯하여 최근에 수학 학습 평가에서 강조하고 있는 내용은 '과정 중시' '수업과 평가의 통합' '맥락적인 개방형 문제 사용' '다양한 평가 유형 사용' '평가에서 테크놀로지의 활용' 등으로 정리할 수 있다.

2) 특수교육

특수교육 현장에서는 앞서 언급한 수학교육 평가의 기본 방향을 바탕으로 특수교육이라는 독특성을 평가에 반영한다. 특수교육 평가 시 반영해야 하는 4가지 주요한 실제적 준거는 중재 유용도, 사회적 타당도, 수렴적 평가, 동의 타당도로 정리할 수 있다(Neisworth & Bagnato, 1996). 각 준거의 내용은 다음과 같다.

① 중재 유용도: 평가는 특수교육에 유용해야 한다. 이는 평가에 대한 주요 쟁점 중 하나인 평가 정보 및 교수 간의 연계와 관련이 있다. 평가는 지능검사와 같이 포괄적 내용을 담기보다는 과제에 대한 주의집중, 부모와 아동의 상호작용 등 중재에 유용한 특정한 성격을 반영하여야 하고, 평가는 변화하는 특성이나 기능을 확인할 수 있어야 하며, 교수 전략의 선정에도 도움을 줄 수 있어야 한다.

② 사회적 타당도: 평가는 가치 있고 사회에서 수용 가능한 것이어야 한다. 사회적 타당도가 있는 평가는 사회적으로 가치 있고 적절한 것으로 판단되는 교육 목적과 교육목표를 기초로 이루어져야 한다. 사용되는 평가 도구 및 방법은 수요자, 즉 부모, 교사, 아동이 동의·수용할 수 있어야 하며 사회적으로 유의미한 변화를 찾아낼 수 있어야 한다.

③ 수렴적 평가: 평가는 광범위한 정보에 입각한 증거를 수집하기 위해 다양한 평가 출처, 여러 번의 회기, 도구, 영역 및 상황으로부터 얻은 정보를 결합하여 이루어져야 한다. 아동에 관한 의사결정은 한 가지

방법으로 수집한 정보에만 기초하여 이루어질 수 없기 때문에 평가 시 여러 유형의 자료와 접근 방법(예: 규준참조검사, 준거참조검사, 교육과정 중심평가, 생태학적 검사 등)의 통합이 강조된다. 또한 아동이 한 가지 문제를 나타낼지라도 발달은 상호작용하므로 모든 발달 영역을 평가해야 하며, 적격성 판정뿐 아니라 프로그램 계획을 위해서도 모든 영역에서의 강점과 약점을 평가해야 한다. 더불어 아동의 발달 및 행동은 상황적이기 때문에 평가는 다양한 생태학적·맥락적 정보, 특히 가족 구성원으로부터의 정보를 수집해야 한다. 이러한 기능적 평가는 상황에서의 아동의 행동에 초점을 둘 뿐 아니라 아동의 물리적·사회적 환경적 특성도 평가할 수 있다. 기능적 평가는 정보 제공자의 판단(평정척도, 체크리스트, 면담), 직접 관찰, 가능한 변인의 실험적 조작, 사실적 평가 등을 포함한다.

④ 동의 타당도: 평가에 기초한 결정은 팀 구성원의 동의를 통해 이루어져야 한다는 것이다. 검사가 의사결정을 하는 것이 아니라 사람들이 의사결정을 해야 한다. 한 명의 전문가가 개인적으로 다양한 도구, 출처, 상황 및 회기에 걸쳐 체계적으로 정보를 수집할 것이라고 기대하는 것은 합리적이지 않으며, 팀에 의한 노력으로 동의 타당도의 준거를 충족시키는 것이 바람직하다. 이를 위해서는 평가 정보와 관점이 공유되어야 하며, 협력하여 의사결정을 하는 것이 중요하다.

이와 같은 특수교육 평가의 기본 원칙들은 교육현장에서 특수교육 요구 아동의 수학 학습 평가에도 늘 반영되어야 한다. 이를 통해 우리가 얻게 되는 수학 학습 평가의 기능은 다음과 같다.

첫째, 현재의 특수교육 요구 아동의 수학 학습 수준을 정확히 파악함으로써 효율적인 수학 교수-학습 활동을 전개할 수 있다.

둘째, 특수교육 요구 아동의 수학에 대한 외적 학습동기를 향상시키고,

학습 결과의 확인 과정을 통해 학습 의욕을 촉진할 수 있다.

셋째, 특수교육 요구 아동의 자기평가 기능을 향상시켜 내적 학습동기를 향상시키므로 자율적인 학습 주체성을 형성하도록 할 수 있다.

넷째, 수학 학습 평가를 통해 획득한 학생 정보를 적절한 교육적 배치를 위한 기초자료로 활용할 수 있다.

다섯째, 수학 학습 평가의 결과가 준거수준에 미달할 때에는 그 원인을 파악하고 적절한 사후 교육적 조치를 취하여 수학 학습에 대한 책무성을 강화하고, 질 관리 체제를 구축할 수 있다.

여섯째, 수학 학습 평가는 평가 자체로 그치는 것이 아니라, 그 자료에 기초하여 수학 교수방법 및 학습지도 방안을 개선할 수도 있도록 한다.

2. 우리나라 수학 교육과정에서의 평가

1) 초등학교 교육과정에서의 평가

교육과학기술부(2011a)는 수학 학습 평가에 대한 세계적인 변화 동향을 반영하여 초등학교 교육과정 수학과 평가의 내용을 다음과 같이 제시하였다.

6. 평가

　　가. 수학 학습의 평가는 학생의 인지적 영역과 정의적 영역에 대한 유용한 정보를 제공하고, 학생 개개인의 수학 학습과 전인적인 성장을 돕고 교사의 수업 방법을 개선하는 데 활용되어야 한다.

　　나. 수학 학습의 평가에서는 학생의 인지 발달단계를 고려하고, 교육과정에 제시된 내용의 수준과 범위를 준수한다.

다. 수업의 전개 국면에 따라 진단평가, 형성평가, 총괄평가 등을 적절히 실시하되, 지속적인 평가를 통하여 다양한 정보를 수집하고 수업에 활용한다.

라. 수학 학습의 평가에서는 선택형 위주의 평가를 지양하고 서술형 평가, 관찰, 면담, 자기평가 등의 다양한 평가방법을 활용하여 수학 학습에 대한 종합적인 평가가 이루어질 수 있게 한다.

마. 인지적 영역에 대한 평가에서는 학생의 수학적 사고력 신장을 위하여 결과뿐만 아니라 과정도 중시하여 평가하되, 수학의 교수－학습에서 전반적으로 요구되는 다음 사항을 강조한다.

(1) 수학의 기본적인 개념, 원리, 법칙을 이해하고 적용하는 능력

(2) 수학의 용어와 기호를 정확하게 사용하고 표현하는 능력

(3) 수학적 지식과 기능을 활용하여 추론하는 능력

(4) 다양한 상황에서 발생하는 여러 가지 문제를 수학적으로 사고하여 해결하는 능력

(5) 생활 주변 현상, 사회 현상, 자연 현상 등의 여러 가지 현상을 수학적으로 관찰 · 분석 · 조직하는 능력

(6) 수학적 사고 과정과 결과를 합리적으로 의사소통하는 능력

(7) 수학적 지식과 기능을 바탕으로 창의적으로 사고하는 능력

바. 정의적 영역에 대한 평가에서는 학생의 수학에 대한 긍정적 태도를 신장시키기 위하여 수학 및 수학 학습에 대한 관심, 흥미, 자신감, 가치 인식 등의 정도를 파악한다.

사. 수학 학습의 평가에서는 평가하는 학습 내용과 방법에 따라 학생에게 계산기, 컴퓨터, 교육용 소프트웨어 등의 공학적 도구와 다양한 교구 를 이용할 수 있는 기회를 제공한다.

출처: 교육과학기술부(2011a). 수학과 교육과정. 서울: 교육과학기술부.

이와 같이 수학교육에서의 평가는 인지적 영역과 정의적 영역에 대한 학생 개개인의 유용한 정보를 제공하여 그들의 수학 학습과 전인적 성장을 도모해야 한다. 또한 창의·인성 중심 21세기 지식기반 사회의 핵심 역량인 창의적 사고 능력, 문제해결 능력, 추론 능력, 의사소통 능력의 신장에 필요한 수학적·창의적 사고 과정을 포함해야 한다(전민선, 2014).

2) 특수교육 교육과정에서의 평가

교육과학기술부(2011b)에서는 이러한 수학과 평가의 일반적인 내용을 바탕으로 특수교육 요구 아동의 특성을 반영하여 특수교육 교육과정 수학과 교육과정에 다음과 같이 수학과 평가에 대한 내용을 제시하고 있다.

---

5. 평가

가. 평가 계획
1) 수학 학습 평가의 성취수준은 교육과정에 제시된 내용의 수준과 범위를 준수하여 학생의 수학능력을 타당하고 객관적으로 평가할 수 있도록 계획한다.
2) 수학 학습의 평가는 학생의 인지적 영역, 정의적 영역, 기능적 영역을 종합적으로 균형 있게 평가하도록 계획한다.
3) 수학 학습의 평가는 수업 전개 과정에 따라 진단평가, 형성평가, 총괄평가가 이루어지도록 하며, 지속적인 평가를 통하여 다양한 정보를 수집하고 수업에 활용하도록 계획한다.
4) 수학 학습의 평가는 학생의 인지적 영역, 정의적 영역, 기능적 영역에 대한 유용한 정보를 제공하여 개개인의 수학 학습과 전인적인 성장을 돕고 교사의 수업활동과 수업 방법을 개선하는 데 활용되도록 하는

데, 평가 계획을 수립할 때는 다음 사항에 유의한다.

(1) 학습의 과정과 결과를 모두 중시하여 지속적인 수행평가가 이루어
지도록 한다.

(2) 교수－학습과정과 평가를 연계하여 평가하도록 한다.

(3) 기능적 수학 활용의 실제성을 고려하여 다양한 평가 상황을 설정
하고, 영역을 통합하여 평가하도록 한다.

(4) 학생의 능력뿐만 아니라 교수－학습방법과 자료, 평가 도구 등에
대해서도 평가하도록 한다.

나. 평가 목표와 내용

1) 수학 학습 평가 목표는 교육과정에 제시된 성취기준을 종합적으로 고
려하여 설정한다.

2) 인지적 영역에 대한 평가에서는 학생의 수학적 사고력 신장을 위하여
결과뿐만 아니라 과정도 중시하여 평가하되, 수학의 교수－학습에서
전반적으로 요구되는 다음 사항을 강조한다.

(1) 수학의 기본적인 개념, 원리, 법칙을 이해하고 적용하는 능력

(2) 수학의 용어와 기호를 정확하게 사용하고 표현하는 능력

(3) 수학적 지식과 기능을 활용하여 타당하게 추론하는 능력

(4) 다양한 상황에서 발생하는 여러 가지 문제를 수학적으로 사고하여
해결하는 능력

(5) 생활 주변 현상, 사회 현상, 자연 현상 등의 여러 가지 현상을 수학
적으로 관찰 · 분석 · 조직하는 능력

(6) 수학적 사고 과정과 결과를 합리적으로 의사소통하는 능력

(7) 수학적 지식과 기능을 바탕으로 창의적으로 사고하는 능력

3) 정의적 영역에 대한 평가에서는 학생의 수학에 대한 긍정적 태도를 신
장시키기 위하여 학생의 수학에 대한 바람직한 가치관이나 수학 학습
에 대한 관심, 흥미, 자신감 등의 정도를 파악한다.

4) 기능적 영역에 대한 평가는 지식, 기능, 맥락의 측면에서 구체화하고

있는 내용을 결합하여 수행 정도를 파악한다.

다. 평가방법

1) 평가 목표와 내용, 평가 상황에 따라 필요한 경우에는 평가방법을 통합하여 활용한다.

2) 수학 학습 평가는 평가 목표·내용·방법에 따라 계산기, 컴퓨터와 같은 공학적 도구와 다양한 교구를 이용할 수 있는 기회를 제공한다.

3) 수학 학습 평가는 인지적 영역, 정의적 영역, 기능적 영역이 골고루 반영될 수 있도록 평가방법을 다양화하여 활용한다.

4) 교사의 학생 평가 외에 학생의 자기평가, 학생과 학생 간의 상호평가를 적극적으로 활용한다.

5) 수학 학습 평가는 선택형 위주의 평가를 지양하고 관찰, 평정척도, 면담, 수학 학습일지, 포트폴리오, 자기평가 등의 다양한 평가방법을 활용하여 수학 학습에 대한 종합적인 평가가 이루어지도록 한다.

라. 평가 결과의 활용

1) 수학 학습의 평가 결과는 학생의 성취 수준, 교수-학습방법, 교수-학습자료, 평가 도구를 개선하고 판단하는 교육적 의사결정에 활용한다.

2) 수학 학습의 평가 결과는 학생 간 비교보다는 학생 내 향상 정도를 보여 주고 의사소통하는 목적으로 활용한다.

3) 수학 학습의 평가 결과는 학생의 전인적 성장, 진로 지도 및 개별화교육계획 수립과 운영을 위해 학생과 학부모 면담 등에 활용한다.

출처: 교육과학기술부(2011b). **특수교육 교육과정**. 서울: 교육과학기술부.

　특수교육 교육과정 중 기본교육과정은 특수교육 대상 학생 중 공통교육과정과 선택교육과정에 참여하기 곤란한 학생을 위해 적용하는 교육과정이라고 규정되어 있다. 기본교육과정 수학과에서는 수학의 기본 지식 및 기능의 습득과 이의 활용 근거를 학생들의 실생활에 두고 있고, 이러한 수학적 지식과 기능을 실생활에서 나타나는 여러 가지 문제를 해결하는 데 활용하는 능력과 태도를 기르는 데 두고 있다. 따라서 기본교육과정에서의 수학과 교육과정은 특수교육 대상 학생의 수학적 지식 및 기능의 습득과 실생활에서 이의 기능적인 활용 능력을 기르는 데 중점을 둔다. 그리고 기본교육과정의 평가는 평가계획, 평가의 목표와 내용, 평가방법, 평가결과의 활용 등으로 평가의 구성요소를 다양화함으로써 일반교육과정에 비해 평가의 중요성과 실행 방안을 더 구체화했다는 것을 알 수 있다.

3. 수학 학습 평가의 유형과 방법

수학 학습 평가는 평가하고자하는 속성에 따라서는 수학적 지식(개념적 지식과 절차적 지식) 평가, 문제해결력 평가, 수학적 의사소통 능력 평가, 수학적 성향 평가, 수학적 힘 평가, 수행평가로 구분할 수 있고, 평가하는 방법에 따라서는 전통적인 평가, 관찰평가, 면담평가, 포트폴리오 평가, 학습일지(저널) 평가로 구분할 수 있다(강옥기, 2006, pp. 181-232).

1) 평가 속성에 따른 구분

(1) 개념적 지식과 절차적 지식의 평가

개념적 지식의 평가는 개념을 나타내는 용어, 기호, 정의를 바르게 기억하고 있는지를 평가하며 개념을 적절한 상황에서 사용할 수 있는지도 평가한다. 또 개념과 다른 개념 간의 관계성 파악도 개념적 지식의 평가에서 중요한 요소다. 개념 간의 관계로 이루어진 수학적 일반성, 즉 수학적 법칙이나 원리가 성립하는 것을 추론하고 증명할 수 있는 능력의 평가도 개념적 지식의 평가에서 중요한 한 요소다. 용어나 기호의 사용에 대한 평가는 그것을 적절한 상황에서 사용할 수 있는지 평가하기 위하여 선다형 또는 단답형 지필검사를 사용할 수 있으며, 개념 간의 관계 및 수학적 일반성의 증명 능력을 평가하기 위해서는 서술식 지필검사를 유용하게 사용할 수 있다.

절차적 지식의 평가는 수학적 법칙이나 알고리즘을 단순히 암기하고 처리하는 기계적 처리 기능뿐만 아니라 그 절차의 타당성을 이해하고 있는지도 평가하여야 한다. 즉, 어떤 절차를 수행한 결과만을 보고 평가할 것이 아니라 절차의 처리 과정을 분석하고 오류의 배경을 파악할 수 있어야 한다. 절차적 지식의 평가를 위해서는 지필검사, 관찰, 면담, 계산기나 컴퓨터의 활용 등 다양한 방법을 사용할 수 있다.

(2) 문제해결력 평가

문제해결력은 수학적 힘의 중요한 한 요소다. 문제해결력이란 문제, 특히 비정형 문제를 이해하고 적절한 계획을 수립하여 바른 풀이를 구하며, 그 결과의 타당성을 확인하고 확장 및 일반화하는 능력을 의미한다. 문제해결력의 발전적인 의미는 주어진 문제의 해결 능력뿐만 아니라 주어진 상황에서 적절한 문제를 구성하는 능력도 포함한다. 문제 구성 능력을 중요하게 취급하는 이유는 주어진 작업환경을 개선하고 생산력을 올리기 위해서는 수동적인 자세로 지시된 일만 수행할 것이 아니라, 능동적으로 창의성을 발휘하여 생산성을 높이기 위해 개선할 점을 찾고 이를 해결하려고 하는 능력을 중요하게 생각하기 때문이다.

문제해결력을 평가하기 위해서는 서술형 필답검사 방법을 주로 사용한다. 서술형 필답검사는 풀이의 과정과 결과를 평가하기에 적절하다. 필답시험 결과를 평가하는 방법에는 분석적 평가방법과 총체적 평가방법이 있다. 분석적 평가방법이란 문제해결의 과정을 몇 개의 단계로 나눈 다음 각 단계를 3~4개의 수준으로 나누어 점수를 부여한 후 평가하는 방법이다. 총체적 평가방법이란 풀이 전체를 몇 개의 수준으로 나누고 각 수준에 도달하기 위한 구체적인 기준을 마련한 다음 학생의 풀이가 어느 수준에 속하는가를 평가하는 방법이다.

(3) 수학적 의사소통 능력 평가

수학적 의사소통 능력은 오늘날 수학적 지식의 중요한 한 요소다. 수학적 지식을 발전시키고 활용하기 위해서는 탐구하고, 토론하고, 서술하고, 실제로 해 보는 활동이 필요하다. 수학적 지식은 수학에 대해 읽고, 쓰고, 말하고, 듣는 활동을 통하여 성취된다. 이와 같은 활동을 통하여 수학적 정보를 이해하고 전달하는 것을 수학적 의사소통이라고 한다. 수학적 의사소통이 수학교육의 중요한 부분으로 강조되는 이유는 다음과 같다. 앞으로의 사회는 정보사회로서 수학적 내용이나 표현 방법을 내포하는 복잡하고도 많은 정보가 넘쳐날 것이다. 이러한 정보들을 쉽게 접하고 바르게 해석할 수 있어야 하며, 다른 사람에게 정확하게 전달할 수도 있어야 한다. 그뿐만 아니라 앞으로는 더욱 복잡하고 많은 문제를 신속하게 판단하고 처리하여야 하기 때문에 혼자서 해결하고 결정하기보다는 여러 사람이 같이 해결하고 결정하는 것이 더욱 효과적이다. 한 과제를 여러 사람이 공동으로 해결하기 위해서는 상호 간에 정확하고 신속한 의사소통이 절대적으로 필요하다. 학생이 이러한 사회적 변화에 적응할 수 있도록 하기 위해서 수학교육은 의사소통 능력의 신장을 강조해야 한다.

(4) 수학적 성향 평가

수학을 학습한다는 것은 수학적 개념이나 절차를 학습하고 그것을 응용하는 수준을 넘어서서 수학에 대한 바른 성향을 갖게 하며, 상황을 보는 데 수학을 강력한 방법으로 생각할 수 있게 하는 것이다. 수학적 성향이란 수학에 대한 단순한 태도뿐만 아니라 수학을 긍정적인 방법으로 생각하고 행하는 것을 포함한다. 학생의 수학적 성향은 학생이 수학적 과제에 접근하는 방법에 따라서 명백하게 나타난다. 예를 들면, 자신감을 갖고 있는지, 대안을 찾고자 하는 의지나 인내력, 흥미 등을 갖고 있는지, 또는 자기 자신의 사고를 반성하는 경향은 어떠한지 등에 따라 수학적 성향이 나타난다.

수학적 성향에 대한 정보는 학생이 토론에 참여하는 정도, 문제를 해결하기 위한 시도, 개인적으로 또는 소집단에서 다양한 과제를 수행하는 것 등을 비형식적으로 관찰함으로써 가장 잘 파악할 수 있다. 태도 파악을 위한 설문검사와 같은 형식으로는 학생의 성향 이면에 깔려 있는 신념을 바르게 파악하는 데 한계가 있다.

수학적 성향을 구성하는 요소에는 다음과 같은 것이 있다.

- 문제해결을 위해, 수학적 아이디어를 교환하기 위해, 추론하기 위해 수학을 사용하는 데 있어서의 자신감
- 수학적 아이디어를 탐구하고 문제해결시 대안적 방법을 찾는 데 있어서의 유연한 사고
- 수학적 과제 해결을 지속하려는 의지
- 수학을 하는 데 대한 흥미, 호기심, 창의성
- 자기 자신의 사고와 수행에 대해 통찰하고 반성하는 경향
- 다른 교과와 일상생활에 수학을 응용할 수 있다는 가치 인식
- 우리 문화에서의 수학의 역할과 도구로서 그리고 언어로서의 수학의 가치 인식

(5) 수학적 힘 평가

수학적 힘이란 비전형적인 문제나 실생활 문제를 해결하기 위해 다양한 수학적 방법을 효과적으로 사용하는 능력과 수학에 대한 긍정적 성향을 갖춘 것을 뜻한다. 즉, 수학적 힘은 문제해결력, 추론 능력, 수학적 의사소통

능력, 수학적 개념의 통합 능력, 수학적 성향 등을 포함한다. 수학적 힘을 평가하기 위해서는 문제해결력, 추론 능력, 의사소통 능력, 개념의 통합 능력을 종합적으로 필요로 하는 과제를 제시하고 이를 소집단별로 또는 개인별로 해결하는 과정을 관찰·기록·분석하여야 한다. 이와 같은 평가 활동은 관찰기록지, 체크리스트, 서술평가 지침(분석적 평가 지침, 총체적 평가 지침) 등의 사용을 필요로 한다. 수학적 힘의 평가에서는 다음 능력들과 이들을 통합하는 능력을 평가하여야 한다.

- 수학과 외에 다른 교과목에 있는 문제들을 해결하기 위하여 수학적 지식을 응용하는 능력
- 아이디어를 교환하기 위하여 수학적 아이디어를 사용할 수 있는 능력
- 추론하고 해석할 수 있는 능력
- 개념과 절차에 대한 지식과 이를 이해하는 능력
- 수학에 대한 성향
- 수학의 본질에 대한 이해

(6) 수행평가

수행이란 물리적 활동의 완성 또는 어떤 의미 있는 산출을 이루어 내거나 그것에 도달하게 하는 것으로, 과제에 참여하는 동안 학생의 지식과 판단을 드러나게 한다. 수행기준이란 교육과정에 기반한 수행에 대해 판단하기 위한 것으로, 예상되는 수행의 질에 대한 진술이다. 수행기준의 집합은 교육과정이나 내용 기준이 성취되었음을 보여 줄 것으로 예상되는 수행의 질과 증거의 본질을 포함한다. 이 정의에 따르면, 수행평가란 과제를 해결하기 위해 자기의 지식과 판단 능력을 사용하여 물리적 활동을 완성하거나 의미 있는 산출을 이끌어 내는 능력을 평가하는 것이다.

2) 평가방법에 따른 구분

(1) 전통적인 평가

전통적인 평가에서는 평가도구로서 필답검사 도구를 주로 사용한다. 필답검사는 종이와 연필을 사용하여 평가하는 방법으로서 일반적으로 가장 많이 사용하는 평가방법이다. 필답검사 도구를 사용하면 많은 학생을 일시에 평가할 수 있고 평가 작업을 간단히 처리할 수 있으며 결과가 객관적이다. 수학과에서 주로 사용하는 필답검사의 세부적인 유형으로는 다지선다형, 단답형, 서술형, 논술형 등이 있다.

① 다지선다형: 다지선다형 검사는 한 문제에 대해 정답과 오답을 몇 개 (보통 4~5개) 제시하고, 그중에서 정답을 고르게 하는 방법이다. 일반적으로 정답은 한 개 있지만, 능력을 더욱 정확하게 평가하기 위해서는 정답이 2개 이상이거나 없을 수도 있다. 오답지를 만들 경우에는 학생이 범하기 쉬운 오류 유형을 조사하고 그 유형에 따른 오답을 제시함으로써 학생의 성취도는 물론 오류를 파악하고 교정해 줄 수 있다.

② 단답형: 단답형 검사는 문제의 정답을 직접 기록하게 하는 평가방법이다. 이 평가방법은 수학적 용어나 기호의 이해능력 및 문제해결의 결과를 알아보는 데 적합한 형식이다. 다지선다형보다는 정답을 맞히는 요행을 줄일 수 있지만, 문제해결의 과정을 파악하기에는 부적절하다.

③ 서술형: 서술형 평가는 학생의 문제해결 과정을 평가하기 위한 것으로서, 풀이의 과정을 몇 단계로 나누어 부분점수를 부여하는 평가방법이다. 이 평가는 학생이 문제를 해결하는 과정 중 잘 이해하고 있는 부분과 오류를 범하고 있는 부분을 파악하기가 용이하며 그에 따른 피드백을 주기에 적절하다. 그러나 선다형 평가에 비하여 평가의 과정이 다소 복잡하고 학생의 다양한 풀이 방법에 대한 교사의 폭넓은 지식과

경험을 필요로 하며, 평가의 과정에 많은 시간을 요구한다.

④ 논술형: 논술형 평가는 수학의 전반에 대하여 또는 특정한 주제에 대하여 학생이 이해하고 있는 개념을 진술하게 하며, 그것이 어떤 분야에서 어떻게 사용되고 어떻게 발생하여 어떤 방향으로 발전할 것인가를 기술하게 한다. 이것은 수학에 대한 바른 이해와 가치관 등의 수학적 성향을 이해하는 데 도움이 되는 평가의 한 방법이다.

(2) 관찰평가

교사는 매일 학생을 지도하면서 유익한 정보를 알게 된다. 체계적인 계획을 수립하여 학생을 관찰할수록 더 많은 정보를 모을 수 있고 수집된 정보를 체계적으로 관리할 수 있게 됨으로써 학생에게 적절한 피드백을 줄 수 있으며, 학생의 학습활동에 대한 학부모 면담에 중요한 자료를 얻을 수 있다.

관찰활동은 그 목적에 따라 며칠만에 끝날 수도 있고, 한 학기 동안 계속될 수도 있다. 단기간의 관찰은 특별한 개념이나 기능을 파악하는 데 적절하고, 장기간의 관찰은 문제해결 능력이나 의사소통 기능과 같은 수학적 힘의 다양한 측면이 어떻게 발전하고 있는가를 파악하는 데 적절하다.

수행능력 평가를 위해서 관찰을 할 경우 한 시간 안에 모든 학생을 다 관찰하려고 해서는 안 된다. 단 한 번의 관찰로 기록한 자료는 어떤 목적에도 적절하지 않다. 자료를 수집하는 형식과 방법은 교사의 방식이나 습관의 영향을 받을 수 있으며, 관찰의 방법도 그 목적에 따라 달라져야 하므로 수행능력 평가를 위한 관찰은 다양한 방법으로 장시간에 걸쳐 이루어져야 한다.

(3) 면담평가

학생이 어떤 문제를 해결할 때 순간적으로 쉽게 해결하는 경우가 있는가 하면, 상당한 시행착오를 거쳐 해결하는 경우도 있다. 이와 같은 문제해결의 차이점은 지필검사로는 파악하기 어렵다. 또한 학생이 오답을 하였을 경우 왜 그와 같은 오류를 범하였는지도 지필검사나 관찰만으로는 파악하기 어렵지만, 면담을 통하여 비로소 알 수 있는 경우가 많다. 그러므로 한 가지 능력을 평가하기 위해서는 다양한 출처로부터 정보를 찾고 다양한 평가방법으로 평가하여야 비로소 정확한 평가가 가능하다.

면담평가란 학생이 행한 특정한 학습 과정에 대하여 왜 그렇게 생각했는지를 질문함으로써, 또는 특수한 개념에 대하여 어떻게 생각하고 있는지, 왜 그렇게 생각하는지에 대해 면담을 함으로써 학생의 이해 정도와 사고방법을 평가하는 방법이다.

교사는 면담평가를 하는 동안 필요한 경우 학생에게 도움을 주거나 자극을 주거나, 안내를 할 수 있다. 교사의 도움 없이 성공적으로 해결하는 학생에게는 높은 등급을 부여하는 등, 학생의 반응 수준에 따라 적절한 등급을 부여할 수 있다. 또 교사는 학생의 강점, 기능, 흥미에 관심을 가질 수 있다.

(4) 포트폴리오 평가

포트폴리오는 학생의 다양한 장점을 보여 주기 위해 구안되어야 한다. 전통적인 평가에 따르면, 수학적 능력이 없다고 생각되는 학생이라도 장점은 있을 수 있다. 어떤 학생은 형식적인 시험을 치르는 것에 대한 두려움 때문에 실력을 발휘할 수 없을 수도 있고, 어떤 학생은 시험을 보기 위해 더 많은 시간이 필요할 수도 있으며, 손으로 조작하는 활동이나 프로젝트형 과제를 잘하는 학생도 있을 수 있다. 어떤 학생은 수학적 개념을 말로 더 잘 설명할 수도 있다. 수학적 능력을 발휘하는 데에 있어서 이와 같은 개인차 때문에 여러 가지 평가가 필요한 것이다. 포트폴리오는 이 자료들을 수집하고 이에 가치를 부여할 뿐만 아니라 평가의 합법적인 근거로 사용하기 위한 구조를 제공한다. 포트폴리오의 사용을 통해 모든 학생은 자기의 특기를 보여 줄 수 있고, 수학에서 무엇이 중요하며 왜 중요한가를 배울 수도 있다.

포트폴리오는 교사가 수업을 개선하기 위해 알아야 할 필요가 있는 학생의 수학적 약점·강점에 관한 중요한 정보를 제공하고 서로 다른 학습 방식을 인지하며, 문화적 영향을 덜 받고 덜 편향된 평가를 할 수 있게 한다. 그리고 포트폴리오는 학생 능력에 대한 풍부하고도 종합적인 상을 제공함으로써 학생이 상급 과정을 택하거나 진로를 결정하는 데 중요한 역할을 한다.

(5) 학습일지(저널) 평가

많은 교사가 학생으로 하여금 수업한 내용을 공책에 기록하게 한다. 학생은 그 기록을 보고 그날 공부한 것을 가정에서 복습하고 연습문제 풀이 등의 숙제를 하며, 시험 때가 되면 이것을 중심으로 시험 범위를 복습하여 시험 준비를 한다. 학습일지는 공책 이상의 효과를 발휘한다. 학습일지란 학생이 학습한 수학의 내용과 수학 또는 수학 학습에 대한 자신의 태도나 느낌 등을 진술하게 기록한 것이다. 학습일지는 학생의 지식뿐만 아니라 학생의 사고 방법을 평가하는 데도 사용될 수 있다. 학생이 공부하고 있는 수학에 대한 느낌, 태도, 어려운 영역, 흥미 있는 영역 등을 기록하게 한다. 나아가 문제해결 능력을 평가하고 문제해결 전략 사용에 대한 반성을 기록하게 함으로써 자기평가 자료로 사용할 수도 있다. 학습일지는 그들이 이해한 또는 이해하지 못한 수학적 개념에 대하여, 또는 그들이 할 수 있는 기능과 할 수 없는 기능에 대하여 기록하게 함으로써 메타인지의 발달을 점검하는 데 사용할 수 있다.

4. 특수교육 요구 아동을 위한 수학 학습 평가의 수정

수학 학습 평가는 평가하고자 하는 속성이나 평가하는 방법에 따라 다양하게 구분될 수 있으나, 이런 수학 학습 평가를 특수교육 요구 아동 대상으로 실시하기 위해서는 다양한 평가 수정 방안 등이 필요하다. 평가 적합화

(evaluation adaptation)는 통합학급에서 특수교육 요구 아동의 교육과정적 통합을 위해 실시할 수 있는 교수적 조절(instructional accommodation)의 한 과정으로 (정주영, 신현기, 2001), 특수교육 요구 아동에게 공정하고 타당한 평가를 제공할 수 있도록 교사가 제공하는 일련의 지원이다(신현기, 2004). 특수교육 요구 아동의 학업성취를 평가하는 방법은 일반적으로 표준평가, 표준평가의 수정, 대안평가 등으로 구분된다.

표준평가는 특수교육 요구 아동을 평가하는 데 일반학생에게 적용하는 것과 동일한 평가를 적용하는 것이며, 표준평가의 수정은 표준평가를 그대로 적용하기 어려운 특수교육 요구 아동을 위하여 표준평가를 수정하는 것을 의미한다. 그리고 대안평가는 표준평가의 수정으로도 적절한 평가를 실시하기 어려운 특수교육 요구 아동을 위하여 표준평가를 대체하는 평가를 실행하는 것을 말한다.

1) 표준평가

특수교육 요구 아동은 장애 유형의 차이뿐만 아니라 인지적 · 신체적 · 정의적 측면에서도 다양한 개인차를 가지고 있다. 이런 차이에도 불구하고 특수교육 요구 아동 중에는 일반학생에게 적용하는 것과 동일한 평가 내용이나 방법으로 평가할 수 있는 학생이 있다. 예를 들어, 청각장애나 지체장애 아동 가운데 일반적인 평가를 적용받는 데 어려움이 없는 학생은 일반학생과 마찬가지로 표준평가를 통하여 평가를 받을 수 있다(강종구, 2009). 이러한 표준평가는 평가의 신뢰도나 타당도가 높아 또래 간 객관적인 학업성취 수준의 비교가 용이하다는 이점이 있다. 그러나 특수교육 요구 아동은 다양한 특성을 지니고 있기 때문에 모든 특수교육 요구 아동이 표준평가를 사용하여 평가를 받기는 사실상 어렵다. 실제 장애로 인하여 인지적 · 신체적 어려움을 가지는 특수교육 요구 아동의 경우 표준평가를 그대로 적용하기 어려운 경우가 많다(Browder et al., 2003). 예를 들어, 저시력 학생의 경우 표준평가를 그대로 적용할 경우 적절하게 평가받기 어려우므로 평가 문항의 활자 크기를 확대하는 등의 수정을 필요로 한다.

2) 표준평가의 수정

표준평가를 수정하는 것은 평가의 본질을 바꾸지 않고 특수교육 요구 아동을 일반교육의 평가에 참여하도록 허락하기 위하여 이루어지는 평가 자료나 절차의 변경을 의미한다(정동영, 2007). 이러한 평가의 수정은 특수교육 요구 아동의 능력을 측정할 때 발생하는 외부 장애물을 제거하여 특수교육 요구 아동의 능력을 정확하게 측정하는 것을 목적으로 한다.

특수교육 요구 아동이 표준평가를 통하여 평가를 받을 때 평가내용이나 평가방법에서 어려움을 경험하는 경우, 그들이 알기 쉽게 평가내용을 바꾸거나 시험 시간을 연장하는 등의 수정을 해 주는 것이 특수교육 요구 아동이 평가받는 데 도움이 될 수 있다(정주영, 2001).

이와 같은 특수교육 요구 아동을 위한 평가 수정 방법은 장애 유형, 장애 정도, 개별 학생의 요구에 따라 달리 선택되어야 한다. 그래서 특수교육 요구 아동을 위한 평가 수정 방법은 다양한 쟁점을 가지고 있다. 이런 주요 쟁점들에는 평가 수정의 공정성, 평가 수정의 주체, 평가 수정의 방법 선택 등과 같은 일반적인 쟁점과 평가도구의 타당도와 신뢰도 등과 같은 심리측정학적 쟁점 등이 있다(Rieck & Dugger-Wadsworth, 2005; Jayanthi, Epstein, Polloway, & Bursuck, 1996). 따라서 교사는 이러한 평가 수정의 쟁점을 충분히 고려하여 특수교육현장에서 평가를 실시하여야 한다.

이렇게 다양한 쟁점을 지닌 평가 수정의 방법에는 수정 내용에 따라 평가 환경의 수정, 평가도구의 수정, 평가방법의 수정 등이 있다(정동영, 2007).

(1) 평가환경의 수정

평가환경의 수정은 평가의 계획, 시간 또는 평가의 장소, 상황 등을 변화시키는 것을 의미하며, 평가공간의 수정과 평가시간의 수정으로 구분할 수 있다. 평가공간의 수정은 평가가 이루어지는 장소를 변화시키는 것을 의미하며 독립된 교실 제공, 특별 자리 배치, 학생의 가정에서 평가 실시, 특수학급에서 평가 실시 등의 방법을 사용한다. 평가시간의 수정은 평가의 회기 또는 시간을 변화시키는 것을 의미하며, 시간 연장, 회기 연장, 휴식 시간 변경, 학생에게 효과적인 시간에 평가 실시 등의 방법을 사용한다.

(2) 평가도구의 수정

평가도구의 수정은 평가에 사용되는 장비 또는 자료, 보조 인력 등을 변화시키는 것을 의미하며, 평가자료의 수정과 보조 인력의 지원으로 구분할 수 있다. 평가자료의 수정은 평가에 사용되는 장비 또는 자료를 변화시키는 것을 의미하며, 시험지의 확대, 점역, 녹음, 증폭 장비, 계산기, 템플릿 · 모눈종이, 오디오 및 비디오 등의 방법을 사용한다. 보조 인력의 지원은 특수교육 요구 아동의 평가 상황에서 보조 인력을 제공하는 것을 의미하며, 수화통역사, 대필자, 점역사, 속기사 제공 등의 방법을 사용한다.

(3) 평가방법의 수정

평가방법의 수정은 평가 문항을 제시하는 방법, 학생이 응답하는 방법 등을 변경하는 것을 의미하며, 제시방법의 수정, 응답방법의 수정으로 구분할 수 있다. 제시방법의 수정은 학생에게 제시되는 평가문항의 제시 양식을 변경하는 것을 의미하며, 지시 해석해 주기, 소리 내어 읽어 주기, 핵심어 강조하기, 시각적 단서 제공하기, 지시사항 분명히 하기 등의 방법을 사용한다. 응답방법의 수정은 학생이 반응하는 방법을 변경하는 것을 의미하며 손으로 답 지적하기, 보기 이용하기, 구술하기, 수화로 답하기, 컴퓨터로 답하기, 시험지에 답 쓰기, 철자 점검기 이용하기 등의 방법을 사용한다.

3) 대안평가

일반학생에게 사용하는 평가를 수정하여 적용하기 어려운 특수교육 요구 아동에 대해서는 대안평가를 실행할 수 있다. 특수교육 요구 아동에게 대안평가를 적용할 경우 교사가 특수교육 요구 아동의 능력 및 수행에 대하여 기대를 가지도록 도울 수 있고(Browder et al., 2003b), 학생의 성취수준에 대한 올바른 정보를 얻도록 할 수 있는 등 특수교육 요구 아동의 지원을 위한 실제적인 토대를 제공한다(강종구, 2009). 특수교육 요구 아동은 자신이 가지고 있는 다양한 장애 특성에 따라 다양한 대안평가의 활용을 요구할 수 있다. Thurlow 등(2005)은 대안평가의 유형을 '수준을 벗어난 평가(out-of level testing)' '평가의 부분 참여' 및 '대안적인 수행 표준에 의한 평가'로 구분하고 있다. 수준을 벗어난 평가는 학생의 현재 학년보다 낮은 수준의 평가를 이용하는 방법이며, 평가의 부분 참여는 학년 수준 평가의 전체 대신 일부에만 특수교육 요구 아동이 참여하도록 하는 평가방법이다. 마지막으로, 대안적인 수행 표준에 의한 평가는 학년 수준의 수행 표준을 수정하는 평가방법이다. 이러한 대안평가의 방법에는 포트폴리오 평가, 수행평가, 체크리스트, 구조화된 · 비구조화된 상황에서의 관찰 등이 있다.

5. 특수교육 요구 아동을 위한 수행평가 수정 수행 절차

이 절에서는 수학교육현장에서 가장 많이 활용하고 있는 수행평가를 중심으로, 통합된 특수교육 요구 아동이 평가에 참여할 수 있도록 교사 간 협력을 통한 평가 수정 실행 과정과 특수교육 요구 아동의 특성 및 수준에 맞게 제시할 수 있는 척도안 수정의 유형을 제시하고자 한다(강경숙, 이나영, 2006, pp. 250-256).

수행평가 수정의 실행 과정은 일반교사와 특수교사의 협력의 장이 되어야 한다. Elliott 등(1998)에 따르면, 평가 수정 시 가장 중요한 것은 일반교사와 특수교사의 협력이다. 또한 평가의 수정은 일반교육과정의 틀 속에서 이루어져야 하며, 특수교육 요구 아동을 위한 효율적인 교육과정 수정과 평가 수정을 포함한 모든 계획 수립을 위해 학교행정가의 중재가 필요하다는 연구도 있다(Destefano et al., 2001). 일반적으로 새 학년이 시작되는 3월 중 모든 학교의 교사는 1년간 실시할 수행평가 계획서를 제출하는데, 이 과정에서 특수교사가 일반학급에 통합된 특수교육 요구 아동의 교육과정 내용을 일반교사와 함께 의논하면서 자연스럽게 특수교육 요구 아동의 교육적 통합을 모색할 수 있다는 점이 평가 수정을 통한 교사협력의 가능성을 보여 준다.

특수교육 요구 아동을 담당하고 있는 일반교사가 특수교육 요구 아동의 인지적·정의적 수행 수준을 확실하게 평가할 수 있는 적절하고 비차별적인 평가도구나 평가방법의 사용 능력을 갖추는 것은 중요하다. 정주영과 신현기(2002)의 연구에서 대다수의 교사는 평가 구성, 평가 운영, 점수 부여상의 조절과 같은 모든 유형의 전략이 통합교실의 특수교육 요구 아동에게 도움이 될 것이라고 응답하였으며, 현재 교실 여건에 비추어 볼 때 실행 가능할 것으로 보고 있다. 평가는 교사가 제공하는 교수 프로그램의 효과와 이익을 점검하고 새로운 교수적 지원을 제공하기 위한 기초를 제공하는 동시에, 학생의 향상 정도와 유형을 확인하고 학생이 학습에 능동적으로 참여할 수 있도록 동기를 부여한다. 교사는 학생의 다양한 능력과 성취 수준을 점검하기 위해 여러 가지 평가방법을 사용하고자 노력한다.

특수교육 요구 아동이 수행평가에 참여할 수 있도록 일반교사와 특수교사가 상호 간 협력을 통해 실행할 수 있는 수행평가 수정을 위한 단계별 실행 과정은 〈표 3-2〉와 같다.

표 3-2 협력을 통한 수행평가 수정 실행 과정

1단계	협력-척도안 수정	일반교사와 특수교사는 협력하여 척도안을 수정한다.
2단계	교수-학습 활동 실시	일반교사: 수업시간에 학생의 수행평가 목표에 따른 교수-학습 활동을 실시한다. 특수교사: 통합학급 수업시간의 내용을 파악하고 수업 준비물을 비롯하여 수업시간 참여를 촉진한다.
3단계	척도안에 따른 수행평가	일반교사는 1단계에서 결정된 척도안의 내용에 따라 정해진 시기에 평가한다. 평가결과 및 전체 내용과 향후 지도에 대하여 일반교사와 특수교사가 협의한다.

1) 1단계: 협력-척도안 수정

척도안 수정의 유형은 특수교육 요구 아동의 유형 및 수준에 따라 구분된다. 유형 1은 평가내용과 점수척도를 거의 수정하지 않고 참여를 촉진하는 것만으로도 응할 수 있는 시청각 장애를 중심으로 이루어지며, 유형 2는 평가내용은 동일하되 점수척도는 수정해야 하는 경도장애를 중심으로 이루어진다. 그리고 유형 3은 특수교육 요구 아동의 특성 및 수준에 따른 평가내용의 수정과 더불어 점수척도를 수정한 내용으로 이루어진다.

〈유형 1〉 일반학생과 동일한 평가내용과 점수 배점을 적용할 것인가?
특수교육 요구 아동의 강점을 파악하였을 때 일반학생과 동일한 수준의 평가를 받을 수 있다면 척도안의 이 형태를 수정하지 않고 실시한다.

〈유형 2〉 일반학생과 동일한 평가내용에 점수 배점 방법만 바꿀 것인가?
대부분의 특수교육 요구 아동에게 일반학생과 동일한 평가기준을 적용하거나 평가 방식을 사용했을 때 과제의 성공 가능성이 낮아지는 것은 당연하다. 일반적으로 특수교육 요구 아동은 자신이 지닌 장애로 인해 평가방식이나 내용의 수정 또는 조절이 없는 경우 자신의 능력을 온전하게 표현할 수 없다(정주영, 2001). 따라서 장애의 정도를 고려하였을 때 일반학생과 동일한 평가내용을 배우고 나타낼 수는 있지만 완성도가 평균에 못 미칠 경우, 평가내용은 동일하나 점수배점 방법은 바꾸는 경우를 고려할 수 있다. 이때는 특수교육 요구 아동과 일반학생이 동일하거나 적어도 유사한 기준으로 평가받는 것을 원칙으로 하며, 이것이 가능하지 않을 경우에만 서로 다른 준거에 따라 평가하도록 수정하여야 한다(정주영, 2001).

〈유형 3〉 일반학생에 비하여 평가내용과 점수 배점 방법을 모두 바꿀 것인가?

특수교육 요구 아동의 강점과 평가내용의 난이도를 고려하였을 때 성과를 달성하기가 매우 어렵다면 평가내용과 점수 배점 방법을 모두 바꿀 수 있으나, 이때에도 가능한 한 일반학생과 비슷한 평가내용의 범주를 따르도록 한다(박승희, 2003). 또한 수행평가의 내용은 반드시 일반교육과정의 내용과 결합되어 있어야 한다(Browder et al., 2004).

2) 2단계: 교수-학습 활동 실시

교실의 모든 학생을 위한 평가도구를 개발하여 교수-학습 활동 실행 과정에서 이를 실시하고 사용한 내용을 다룬 연구가 있다(Alexandrin, 2003). 한 초등학교 교사는 학급의 특수교육 요구 아동이 수업시간에도 교실의 구성원으로서의 소속감을 갖고 학업성취도를 높일 수 있도록 하기 위해 수정된 평가도구를 작성하였다. 교사는 수정된 평가도구의 양식에 따라 매일 자신이 담당한 학생들을 비형식적으로 관찰하였으며, 평가 항목에 포함되어 있는 학업적·비학업적 기술, 학생의 수업 태도, 학생의 문제해결 능력, 교

사의 요구사항에 대한 학생의 해결 수준 파악도, 학생의 개념 수준 파악도
를 기록하였다. 교사는 정형화된 평가도구를 통해서 특수교육 요구 아동에
대한 보다 많은 정보와 학생의 학습 성취도를 높일 수 있는 결정적인 동기
부여의 방법을 얻어 냈다. 또한 개별적 욕구에 맞게 작성된 평가도구를 잘
사용함으로써 학생은 학업성취력을 보다 높일 수 있었으며, 학습에 대한 동
기가 고취된 것으로 조사되었다. 더욱이 이 학생의 경우 수준에 맞는 적절
한 평가를 통해 자존감(self-esteem) 또한 향상되었음이 나타났다.

더불어 수정된 수행평가의 한 방법으로서 포트폴리오가 특수교육 요구
아동의 통합 교실 수업에서 효과적이었다는 연구가 있다(Salend, 1998). 교
사가 본시 교수-학습을 진행하기 전에 평가척도안을 개발하고 수업에서
기대되는 성과들을 예상하는 것은 모든 학생에게 매우 중요하다. 왜냐하면
명확한 기준을 제공하는 평가표는 본시 수업에서 학생의 수행 정도 및 교육
적 목적과 매 순간 관계지어질 수 있기 때문이다(Hall & Salmon, 2003).

수정된 평가도구를 교육과정에서 실천하는 과정에서도 일반교사와 특수
교사는 정기적인 협의 과정을 가져야 한다. 일반교사는 이 협의 과정을 통
해 평가를 위하여 교육과정에서 나타난 새로운 사실들을 전할 수 있고, 특
수교사는 특수교육 요구 아동의 변화된 개별적 욕구에 대한 이해를 높일 수
있으며 최선의 교육과정의 성과를 얻기 위해 협력할 수 있다.

3) 3단계: 척도안에 따른 수행평가

교육과정이 실행된 후 개발된 척도안에 따라 실제적으로 수행평가를 실
행한다. 잘 만들어진 척도안은 수업의 성공도를 높여 준다(Whittaker et al.,
2001). 따라서 척도안에서 제시되는 목표는 모든 학생에게 적절히 도전적이
어야 한다. 평가도구는 상황에 따라 수정 가능한 융통성이 있어야 하고, 모
든 학생의 배움을 위해 다양한 제시 방법이 사용되어야 한다. 이러한 평가도

구는 교수 효과를 최고로 이끌 수 있으며 교사의 본시 수업에 직접적인 도움을 주고 학생 개개인에 대한 옳은 정보를 제공한다(Hitchcock et al., 2002).

　얼마나 많은 특수교육 요구 아동이 일반교육과정 규준에 따른 평가에 참여하고 있는지 조사한 연구에 따르면, 평가의 내용 및 영역은 일반교육과정에서 벗어나서는 안 된다(Gronna et al., 1998). 하지만 대체로 특수학급 교사는 일반교육과정에 대한 이해가 충분하지 못하며, 이는 특수학급에서의 교육과정이나 교수 자료에 그대로 반영되어 통합학급의 수업에 대한 적절한 교수적 지원을 제공하지 못하는 것으로 나타난다(강경숙 외, 2004). 교사의 교육과정에 대한 정확한 지각과 이해가 학생의 교육성과와 긴밀한 관계가 있음을 고려하면(Kampfer et al., 2001), 평가를 통해 제시되는 성과와 정보에 대해 특수교사와 일반교사가 충분히 의논해야 함을 알 수 있다. 예를 들어, 과학 과목에서 실험평가를 하는 데 있어서 특수교사와 일반교사가 교육과정에 대한 정확한 이해에 따른 협력을 한 결과, 그들이 선택한 집단 활동의 방법을 통해 특수교육 요구 아동의 학업성취도가 향상되었음이 보고되었다(Pomplun, 1996).

　이 과정에서는 더 나은 교육과정적 통합의 개선을 위해 평가의 결과, 학생의 학업성취도 및 교육과정에서 발생한 새로운 정보, 그리고 다음 수업의 방향에 대한 내용이 다시 협의되어야 한다. 다시 말하면, 일반교사는 1단계에서 결정된 척도안의 내용에 따라 정해진 시기에 수행평가를 실시하고, 평가결과 및 전체 내용과 향후 지도에 대해 특수교사와 협의를 거쳐 수행평가의 수정을 지속해야 한다.

참고문헌

강경숙, 김진숙, 정해진, 황윤한(2004). 특수교육 교육과정 국제동향 분석. 아산: 국립특수
　　교육원.

강경숙, 이나영(2006). 장애학생의 교육과정적 통합을 위한 수행평가 수정 실행과정
　　모색. 특수교육저널: 이론과 실천, 7(2), 237-263.

강옥기(2006). 수학과 학습지도와 평가론. 서울: 경문사.

강종구(2009). 대안평가의 특성 및 효용성에 대한 탐구. 시각장애연구, 25(4), 127-
　　146.

고상숙, 고호경, 박만구, 한혜숙, 홍예윤(2012). 수학교육평가론. 서울: 경문사.

교육과학기술부(2011a). 수학과 교육과정. 서울: 교육과학기술부.

교육과학기술부(2011b). 특수교육 교육과정. 서울: 교육과학기술부.

김호권(1998). 현대교수이론. 서울: 교육출판사.

박승희(2003). 한국 장애학생 통합교육. 파주: 교육과학사.

신현기(2004). 통합교육 교수적합화. 서울: 학지사.

전민선(2014). 초등학교 5학년 수학평가를 위한 개방형 문항의 개발. 경인교육대학교
　　대학원 석사학위 논문.

정동영(2007). 장애학생의 교육성과 제고를 위한 평가전략. 정신지체연구, 9(4), 135-
　　159.

정주영(2001). 통합환경에서 장애학생을 위한 평가의 적합화: 초등학교를 중심으로. 특
　　수교육학연구, 36(2), 105-126.

정주영, 신현기(2001). 초등학교 통합교실의 장애학생을 위한 평가적합화에 대한 교사
　　인식. 교육과정평가연구, 4(1), 143-159.

정주영, 신현기(2002). 통합교실의 발달지체 초등학생을 위한 평가적합화에 대한 일반
　　교사의 지각. 정서·학습장애연구, 18(1), 247-268.

Alexandrin, J. R. (2003). Using continuous, constructive, classroom evalua-
　　tions. *Teaching Exceptional Children, 36*(1), 52-57.

Browder, D., Flowers, C., Ahlgrim-Delzell, L., Karvonen, M., Spooner, F., &
　　Algozzine, R. (2004). The alignment of alternate assessment content

with academic and functional curricula. *Journal of Special Education, 37*(4), 211-223.

Browder, D. M., Spooner, F., Algozzine, R., Ahlgrim-Delzell, L., Flowers, C., & Karvonen, M. (2003). What we know and need to know about alternate assessment. *Exceptional Children, 70*(1), 45-61.

Destefano, L., Shriner, J. G., & Lloyd, C. A. (2001). Teacher decision making in participation of students with disabilities in large-scale assessment. *Exceptional Children, 68*(1), 7-22.

Elliott, S. N., Kratochwill, T. R., & Schulte, A. G. (1998). The assessment accommodation checklist. *Teaching Exceptional Children, 4*(2), 10-14.

Fuchs, L. S., Fuchs, D., Hosp, M. K., & Hamlett, C. L. (2003). The potential for diagnostic analysis within curriculum-based measurement. *Assessment for Effective Intervention, 28*(3-4), 13-22.

Gronna, S. S., Jenkins, A. A., & Chin-Chance, S. A. (1998). Who are we assessing? Determining state-wide participation rates for students with disabilities. *Exceptional Children, 64*(3), 407-418.

Hall, E. W., & Salmon, S. J., (2003). Chocolate chip cookies and rubrics, helping students understand rubrics in inclusive settings. *Teaching Exceptional Children, 35*(4), 8-11.

Hitchcock, C., Meyer, A., Rose, D., & Jackson, R. (2002). Providing new access to the general curriculum. *Teaching Exceptional Children, 35*(2), 8-17.

Jayanthi, M., Epstein, M. H., Polloway, E. A., & Bursuck, W. D. (1996). A national survey of general education teachers' perceptions of testing adaptations. *Journal of Special Education, 30*(1), 99-115.

Kampfer, S. H., Kleinert, H. L., & Kearns, J. F. (2001). Teachers' perceptions of one state's alternate assessment: Implications for practice and preparation. *Exceptional Children, 67*(3), 361-374.

National Council of Teachers of Mathematics. (1989). *Curriculum and evaluation standards for school mathematics.* Reston, VA: NCTM.

National Council of Teachers of Mathematics. (1995). *Assessment standards for school mathematics.* Reston, VA: NCTM.

National Council of Teachers of Mathematics. (2000). *Principals and stan-dards for school mathematics.* Reston, VA: NCTM.

Neisworth, J. T., & Bagnato, S. J. (1996). Assessment in early intervention: Emerging themes and practices. In S. Odom & M. McLean (Eds.), *Early intervention/early childhood special education:Recommended practices* (pp. 23-58). Austin, TX: Pro-Ed.

Pomplun, M.(1996). Cooperative groups: Alternative assessment for students with disabilities? *Journal of Special Education, 30*(1), 1-17.

Rieck, W. A., & Wadsworth, D. E. (November, 2005). Assessment accommo-dations: Helping students with exceptional learning needs. *Intervention in School and Clinic. 41*(2), 105-109.

Russell, M., O'Dwyer, L. M., & Miranda, H. (2009). Diagnosing students' misconceptions in algebra: Results from an experimental pilot study. *Behavior Research Methods, 41*(2), 414-424.

Salend, S. J. (1998). Using portfolios to assess student performance. *Teaching Exceptional Children, 4*(2), 36-43.

Thurlow, M. L., Lazarus, S. S., Thompson, S. J., & Blount-Morse, A. (2005). State policies on assessment participation and accommodations for students with disabilities. *Journal of Special Education, 38*(4), 232-240.

Whittaker, C. R., Salend, S. J., & Duhaney, D. (2001). Creating instructional rubrics for inclusive classrooms. *Teaching Exceptional Children, 34*(2), 8-13.

제4장

교수 접근 방식

　그동안 각 교과영역에서는 장애아동에게 효과적인 교육을 제공하기 위한 많은 노력이 이루어져 왔다. 그러나 장애아동은 개인차가 심하기 때문에 이들 모두에게 공통으로 적용될 수 있는 교육방법 및 전략을 찾는다는 것은 사실상 불가능하다고 할 수 있다. 따라서 효과적인 교육방법 및 전략을 찾기에 앞서 해당 아동의 특성과 사전지식 및 경험의 수준, 가르치고자 하는 교과 혹은 영역의 특성 등을 고려하고, 이러한 특성이 사용하고자 하는 방법이나 전략과 맞는지 등에 대해 깊이 있게 고민해 보는 것이 필요하다. 아울러 단 한 가지 방법이나 전략만을 고집할 것이 아니라 경우에 따라 다양한 방법을 적용하는 유연한 사고 또한 요구된다.

　사회를 구성하는 여러 가지 현상에는 각 시대별로 그 시대를 대표하는 흐름이 있고, 이 흐름들을 관통하는 하나의 거대한 담론이 있게 마련이다. 그리고 각 사회현상은 해당 시대의 흐름에 직간접적으로 영향을 주고받는다. 교육 또한 예외가 아니어서 그동안 많은 사람이 생각하는 지식의 정체와 그 지식을 습득하는 방법을 기반으로 교육의 목적 및 목표, 교수방법, 교수매체, 평가 등이 결정되고 실행되어 왔다. 이 장에서는 이 흐름을 크게 행동주

의, 인지주의 그리고 구성주의로 나누어 각각의 입장에서의 장애학생의 수
학교육을 위한 교수 접근 방식을 간략하게 알아보고, 수학을 어떻게 가르칠
것인지 고찰하고자 한다.

1. 교수-학습 접근 방식

1) 행동주의적 접근 방식

자극과 반응의 결합을 행동 습득의 기본으로 생각하는 행동주의는 일차
적으로 인간의 인지작용을 배제한다. 물론 이들이 인지 자체를 부정하는 것
은 아니지만, 결국 인간의 인지는 관찰할 수 없는 것이므로 연구의 대상이
될 수 없다는 입장을 견지하고 있다. 이후 행동 습득 과정에 인지의 기능을
고려하는 움직임이 나타나기는 했으나, 이 역시 행동주의라는 틀 내에서 이
루어진 것으로 인지를 그 자체로 인정하고 수용했다고 하기보다는 자극, 반
응 그리고 강화 등으로 요약되는 행동 습득의 기본 공식에 부수적으로 인지
를 활용했을 뿐이다. 예를 들어, 행동주의 심리학자인 Tolman은 인지과정
및 개인차를 인정하는 등 인지론적 학습이론을 전개하였지만 결국 관찰 가
능한 자극 및 외현적 반응을 분석함으로써 마무리를 짓는 등 행동주의 자체
를 부정하지는 않았다(김영채 역, 2001).

지식의 습득 또한 하나의 행동으로 바라보는 입장에서 인간이 지니고 있
는 고유한 기능인 인지를 배제한다는 것은 결국 교수-학습과정에서 학습
자의 입장을 철저하게 수동적인 것으로 전제하게 한다. 그리고 인간이 보이
는 행동을 자극과 반응이라는 지극히 단순한 단위들의 결합으로 보는 것은
모든 과제는 그 과제를 구성하는 기초 단위로 나누어 분석할 수 있다는 환
원주의적(reductionistic) 사고를 바탕으로 한다. 따라서 인간의 외부에 이미 존

재하고 있는 지식은 교사에 의해 아동에게로 '전달'되고 더 작은 단위로 분절될 수 있는 대상인 것이다.

교사는 아동에게 효율적 · 효과적으로 지식을 전달할 책임을 갖고, 아동은 교사가 전달한 지식을 수용한다. 때때로 아동의 능동성을 요구하기도 하지만, 이러한 능동성은 자극에 주의를 더 기울이고, 연습하며, 완전하게 습득된 지식을 시연하는 것에 국한된다(Duffy & Jonassen, 1992).

행동주의 접근 방식에서는 아동의 의사와는 관계없이 교사가 수업의 목표를 일방적으로 설정하고, 수업내용 또한 수업 전에 미리 구조화 · 순서화 · 체계화하며(강인애, 1997a), 학습목표를 달성하기 위해 외재적 보상을 통한 강화와 즉각적인 피드백을 강조한다. 결과적으로 교사는 수업 장면에서 유일한 권위자가 되어 수업을 주도하며, 아동은 학습자라고 하기보다는 피교육자, 즉 교육의 객체가 될 뿐이다.

교수-학습과정에서 학습의 주체라고 할 수 있는 인간의, 학습과 밀접한 관련이 있는 인지를 배제한다는 약점에도 불구하고 행동주의를 기반으로 하는 교수-학습이론은 아직까지도 교육현장에서 널리 적용되고 있다. 이는 교사가 주도하여 아동에게 수업내용을 구체적으로 설명하고 피드백을 제공하는 행동주의적 수업은 새로운 지식을 습득하는 데 있어 촉구와 모델 그리고 구체적인 교수를 필요로 하는 아동들에게 효과적일 수 있기 때문이다. 행동주의 교수-학습이론을 적극적으로 반영하고 있는 교수 접근 방식으로는 '직접교수(direct instruction)'를 들 수 있다(〈글상자 4-1〉 참조).

글상자 4-1 **직접교수의 특성**

• 교사 주도	• 수행에 대한 분명한 기대	• 체계적인 촉구
• 구조화된 연습	• 성취에 대한 모니터링	• 강화 및 교정적 피드백

출처: Jones, E. D., Wilson, R., & Bhojwani, S. (1998). Mathematics instruction for secondary students with learning disabilities. In D. P Rivera (Ed.), *Mathematics education for students with learning disabilities: Theory to practice*. Austin, TX: Pro-ed.

2) 인지주의적 접근 방식

행동주의적 관점은 현재까지도 교육에 많은 영향을 미치고 있다. 그러나 교수–학습과정의 대상이자 주체인 학습자의 역할을 무시했다는 측면에서 행동주의적 기법 및 절차는 한계를 지닐 수밖에 없다. 이러한 한계와 경험적 증거 그리고 이에 대한 비판 등은 교수–학습과정을 바라보는 새로운 접근 방식을 요구하게 되었고, 그 대안으로 제시된 것이 바로 인지주의다.

인지주의에서의 학습은 인지구조의 변화를 의미한다. 행동주의에서와는 달리, 인지주의에서는 사람은 누구나 태어나면서부터 복잡한 정보를 처리할 수 있는 능력을 지니고 있는 존재다. 뿐만 아니라 사람은 정보를 적극적으로 처리하는 능동적인 존재로, 과제가 주어지면 정보를 조작하고 조정하면서 목표에 적합한 환경을 선정하고 탐색한다. 이러한 과정에서 사람은 이미 갖고 있는 정보와 새로운 정보 사이의 관계를 자신의 인지구조 속에서 파악하게 되고, 이때 비로소 학습이 발생한다. 그리고 발생된 학습은 기존의 인지구조를 확장하고 심화시키게 된다.

인지주의 교수–학습과정에서 교사의 역할은 행동주의에서와는 다른 형태를 띤다. 행동주의에서의 교사가 지식을 아동에게 효과적으로 전달하기 위해 노력한다면, 인지주의에서의 교사는 아동의 학습과정 및 인지과정에 심층적으로 접근함으로써 아동의 인지구조에 변화를 주고자 한다. 따라서 교사는 아동이 이미 지니고 있는 사전지식에 대해 알고 있어야 하며, 여기에 새로운 지식을 연결하고자 해야 한다. 이를 위해 학습내용은 아동의 수준에 적절하게 조직될 필요가 있다.

행동주의적 접근 방식과 달리 인지주의적 접근 방식에서는 학습과정에 있어 학습자의 동기 등 정의적인 요소 또한 주요 요인이라고 보고 있으므로, 교사는 여러 가지 활동을 통해 학습자의 적극적인 참여를 유도한다 (김종량, 1993; 이성진, 1998; Lerner, 2000). 특정 인지적 전략에 대한 힌트

를 주는 데 사용되는 기억술(mnemonic devices)(〈글상자 4-2〉 참조), 도해조직
자(graphic organizer), 자기점검(self-monitoring), 소리 내어 생각하기(thinking aloud)
(〈글상자 4-3〉 참조), 수학적 문제해결을 위한 인지·초인지 모형(cognitive-
metacognitive model) 등은 인지주의적 접근 방식을 채택하고 있는 교수-학습
방법의 예다.

글상자 4-2 **자릿값 찾기(FIND) 전략 예시**

문제 단계	58에는 10이 몇 개 있는가?		
1단계	세로줄을 찾는다. (Find the columns)	학생은 숫자 사이에 점을 찍는다.	5 ˙ 8
2단계	┳ 를 삽입한다. (Insert the ┳)	학생은 ┳ 를 그린다.	5 | 8
3단계	세로줄에 이름을 붙인다. (Name the columns)	학생은 십의 자리에는 10, 일의 자리에는 1이라고 이름을 붙인다.	10 | 1 5 | 8
4단계	답을 결정한다. (Determine the answer)	10 아래에 5가 있으므로 학생은 이제 58에는 10이 다섯 개 있음을 알게 된다.	

출처: Miller, S. P. (2002). *Validated Practice for teaching students with diverse needs and abilities*. Boston, MA: Allyn & Bacon, p. 166에서 수정 게재함.

글상자 4-3 소리 내어 생각하기

'소리 내어 생각하기' 시범 보이기

교사: "먼저 내가 문제를 소리 내어 읽어 줄 거야. 내게 5센트짜리 7개, 10센트짜리 3개, 25센트짜리 4개가 있다. 세금을 포함해서 1달러 5센트짜리 초코바 큰 것을 사려고 한다면 남은 돈은 모두 얼마일까?"

"좋아, 얘들아, 내가 이런 문제를 어떻게 푸는지 보여 줄게. 나는 문제를 풀면서 스스로 생각했던 모든 것을 큰 소리로 말할 거야. 이 문제를 풀기 위해 내게 필요한 첫 단계는 문제를 읽는 거야. (교사는 학급 전체를 대상으로 문제를 소리 내어 읽는다.) 음, 나는 내가 제일 먼저 알아야 할 것은 이 문제가 무엇을 묻고 있는지에 대한 것이라고 생각해. 문제는 '초코바를 산 다음에 남는 돈은 모두 얼마인가?'야. 이제 초코바를 살 만큼 충분한 돈이 있는지 알아보기 위해 내가 갖고 있는 돈이 모두 얼마인지 알 필요가 있어. 내가 갖고 있는 돈을 모두 더해 볼 거야. 5센트짜리가 7개이니까 35센트이고 (동전들을 그린 후 그 밑에 총액을 써 넣으면서) 이걸 적어 놔야. 10센트짜리 3개는 30센트이고 25센트짜리 4개는 1달러야."

"이 모든 것을 더하면(교사는 1단위, 10단위 그리고 100단위가 제 자리에 있는지 그리고 달러 표시와 소수점이 적절하게 인용되었는지 확인하면서 모든 숫자를 어떻게 더하는지 칠판이나 OHP에 시범을 보인다.), 1달러 65센트야. 문제에서 초코바의 값이 1달러 5센트라고 했으니까 그만큼을 주머니에 있는 1달러 65센트에서 꺼내야. (이 과정 또한 칠판을 이용하여 시범 보인다.) 초코바를 샀더니 60센트가 남았어. 답을 검사해 봐야 해. 60센트를 1달러 5센트에 더해야지. (교사는 남은 돈에다 초코바의 값을 더함으로써 답을 검증하는 방법을 보여 준다.) 1달러 65센트네. 그러니까 내 답은 정답이야."

출처: 신현기, 김영표, 이병혁 역(2009). **통합교육 효율화를 위한 장애아동 수학지도 방법**[*Teaching inclusive mathematics to special learners, K–6*]. J. A. Sliva 저. 서울: 시그마프레스. (원저는 2003년에 출판), p. 136.

3) 구성주의적 접근 방식

인지주의적 접근 방식이 행동주의적 접근 방식에 반발하여 나타났다는 것이 곧 인지주의와 행동주의가 모든 면에서 정반대의 입장을 취하고 있다는 것을 의미하는 것은 아니다. 행동주의와 인지주의 교수-학습관은 근본적으로 객관주의 인식론에 근거하고 있다.

객관주의에서의 지식은 다른 사람에 의해 만들어져 외부에 존재하는 것으로, 객관적이며 절대적인 것이다. 소수의 전문가가 지식을 '발명'하고 실험 등의 경험적 자료로 이를 확인한다. 지식이 완성된 형태로 제시되는 것이니만큼 고정불변이고 절대적이다. 또한 실험 등을 통해 경험적으로 입증된 만큼 객관적이다. 객관주의자들 역시 사람의 개인적 해석을 통한 이해를 부인하지는 않지만, 이러한 개인적인 이해나 해석은 부분적이고 편파적인 것으로 귀결될 뿐이라고 주장한다. 객관주의적 관점에서 대다수의 사람은 학자 등의 권위자가 발명한 지식을 학습하게 되고, 교사는 특정 지식을 전달하는 역할을 하게 된다. 따라서 교육자의 관심은 자연스럽게 어떠한 지식을 얼마나 효과적으로 학습자에게 전달하는가에 모아진다(강인애, 1997b; 이병혁, 2005; Duffy & Jonassen, 1992). 이러한 점을 고려할 때 교수-학습 과정에서의 인지주의적 접근 방식과 행동주의적 접근 방식은 방법론에 있어서는 확실한 차이를 보여 주고 있으나, 기본 전제에 있어서는 일정 부분을 공유하고 있는 체제들이라고 할 수 있다.

그동안 구성주의는 '문제 중심 학습(problem-based learning)'(〈글상자 4-4〉 참조), '인지적 도제(cognitive apprenticeship)' '정착수업(anchored instruction)' 등의 여

글상자 4-4 문제 중심 학습

학습자 중심의 교육환경으로 학습자로 하여금 어떤 문제나 과제의 해결책이나 자신의 입장을 전개, 제시, 설명, 더 나아가서 변호할 수 있게 한다는 목표를 지니고 있다. 기존의 학습목표와는 다르게 더 포괄적이고 광범위한 학습목표를 제시하여 다양한 내용과 수준의 결과물을 산출할 수 있게 한다. 문제 중심 학습의 주요 특성은 다음과 같다.

• 관련 분야에 실제로 존재하는 복잡하고 비구조적인 문제들을 풀어 가게 하며, 결과뿐 아니라 해결과정 자체에도 초점을 둔다.
• 학습자 중심으로 평가의 단계에서까지도 학습자가 자신의 견해를 반영하게 한다.
• 자율적 학습이며 협동학습이다. 과제는 집단에 주어지며 이는 다시 구성원들에게 배분되고, 집단 구성원들은 맡은 부분을 자율적으로 학습한 뒤 다시 모여 정리한다.

출처: 강인애(1997b). 왜 구성주의인가?: 정보화시대와 학습자중심 교육 환경. 서울: 문음사, pp. 222-229.

러 가지 교수-학습 모형을 통해 교육에 적용되어 긍정적인 성과를 보고해 왔다. 구성주의는 우리가 그동안 지니고 있었던 지식에 대한 관점에 근본적인 의문을 제기한다. 구성주의에서의 지식은 인식 주체 자신의 활동을 바탕으로 구성되는 것이라는 측면에서 주관적이고, 개개인의 인지구조를 바탕으로 하는 만큼 상대적이다. 모든 사람은 능력에 관계없이 지식을 구성해 낼 수 있고, 따라서 동일한 현상에 대해서도 각자 다른 지식을 가질 수 있다. 이러한 관점에서 구성주의의 개념을 다음과 같이 정리해 볼 수 있다(박영배, 1996; 최명숙, 2001; Shotter, 1995).

첫째, 구성주의에서는 절대적인 실재를 논의하는 것이 무의미하다.

둘째, 지식은 수동적으로 주입받는 것이 아니라 인식 주체의 능동적 활동에 의해 구성되는 것이다. 구성주의는 활동에 초점을 두고 있으며, 의미를 발견하는 것보다는 의미를 구성해 가는 것을 더 중요하게 생각한다.

셋째, 인지는 이미 존재하고 있는 객관적인 지식을 발견하는 데 소용되는 것이 아니라 인식주체의 경험세계를 조직하는 데 활용된다.

넷째, 지식은 맥락 안에서 구성되며, 따라서 그것이 구성된 맥락과 밀접한 관계를 지닌다.

다섯째, 구성된 지식은 개인적인 것이지만 타인과의 상호작용을 통해 해당 집단 구성원들 간에 어느 정도 합의된 지식의 구성이 가능해진다.

구성주의에서는 수업 진행 과정에서 아동이 스스로 자신의 흥미, 관심 및 수준을 고려하여 수업목표를 설정하고, 수업 또한 아동의 활동을 중심으로 이루어진다. 능동적인 학습자로서의 아동은 적극적인 활동을 통해 스스로 지식을 구성해 간다. 아동은 자신의 경험을 바탕으로 반성(reflection)을 통해 지식을 습득하고, 아울러 의사소통과 협상 등을 통해 지식을 공유하고 수정해 나아간다. 결국 학습이란 사실이나 관계가 누적되는 것이 아니라 발명의 과정으로(Fosnot, 1989), 아동 개개인의 능동적인 과정인 동시에 아동들 사이의 사회적 상호작용 과정이기도 하다. 그리고 교사는 이 과정에서 아동에게 지식을 전달하는 것이 아닌, 안내하고 도움을 주는 역할을 한다.

　학습에 있어 아동 개개인의 인지구조를 존중하고 활용하며, 아동을 교수-학습과정의 주체로 삼고, 교사의 역할은 안내와 도움에 집중된다는 측면에서 구성주의 교수-학습과정은 인지주의 교수-학습과정과 유사한 점을 보인다. 그러나 구성주의와 인지주의는 지식을 바라보는 관점이 다른데, 즉 구성주의에서는 외부에 존재하는 지식을 아동이 습득하는 것이 아니라 아동이 스스로 지식을 발명해 간다는 입장을 취하고 있다. 아울러 이 과정에서 아동들 사이의, 주로 언어를 활용한 상호작용이 핵심적인 요소로 자리 잡고 있다는 점 또한 인지주의와는 다르다(이병혁, 2005).

2. 수학을 어떻게 가르칠 것인가

1) '중요한 아이디어'를 중심으로 한 교수 설계

　'중요한 아이디어(big idea)'란 기본적인 수학지식이나 근원적인 의미들을 일컫는다(Harniss, Carnine, Silbert, & Dixon, 2002). 이러한 아이디어들은 대부분 간단한 것으로, 이해하기 어렵지 않다. 어떤 아이디어는 이를 모를 경우 문제해결 자체가 되지 않기도 하고, 어떤 아이디어는 몰라도 상관없다. 하지만 중요한 아이디어는 수학적 문제해결을 위한 강력한 도구로 이를 습득할 경우 효율적이고 효과적으로 문제를 해결할 수 있으며, 그만큼 오류가 감소한다(〈글상자 4-5〉 참조).

글상자 4-5 중요한 아이디어

1. 자릿값(place value): 수 체계에서 수의 연속체 중 어떤 숫자가 차지하고 있는 '자리'는 그 숫자에 대한 정보를 제공한다.
2. 확장된 기수법(expanded notation): 하나의 수는 그 구성단위로 환원할 수 있음을 인식한다. 예 $231 = 200 + 30 + 1$
3. 교환적 속성: 방정식에 놓인 숫자들의 순서는 결과에 영향을 주지 않으면서 바뀔 수 있다. 덧셈 및 곱셈은 교환적이지만 뺄셈과 나눗셈은 이에 해당되지 않는다.
4. 결합적 속성: 방정식에 놓인 숫자들의 배합은 결과에 영향을 주지 않으면서 바뀔 수 있다. 예 $a + (b + c) = (a + b) + c$
5. 분배적 속성: 여러 연산이 포함된 방정식에 놓인 숫자들은 배분될 수 있다.
   예 $a \times (b + c) = (a \times b) + (a \times c)$
6. 등가(equivalence): 등호의 왼쪽에 있는 양은 오른쪽에 있는 양과 같다.
7. 숫자의 조립율/해체율(rate of composition/decomposition of numbers): 수 감각의 한 가지 형태로, 때때로 '통일하기(unitizing)'로 일컬어지기도 한다. 십진법 체계에서 일련의 숫자들의 조립(혹은 해체)율은 10이다.

출처: Harniss, M. K., Carnine, D. W., Silbert, J., & Dixon, R. C. (2002). Effective strategies for teaching mathematics. In E. J. Kame'enui, D. W. Carnine, R. C. Dixon, D. C. Simmons, & M. D. Coyne (Eds.), *Effective teaching strategies that accommodate diverse learners* (2nd ed., pp. 125-126). Upper Saddle River, NJ: Merrill-Prentice Hall.

2) 아동이 이미 알고 있는 것과 연계한 교수

수학 발달에 대한 현대의 이론은 아동이 새로 습득한 지식을 기존의 것과 짝짓는다는 입장을 견지하고 있다. 수학과 관련된 능력들 중 일부는 타고나는 것으로 보이는데, 아동은 학교에 들어오기 전에 일반적으로 약간의 비형식적 지식을 갖게 되고 학교에 다니는 동안에도 학교 밖에서 일상생활을 통해 수학을 활용하고 경험한다. 형식적 교육을 받기 전에 수학에 대해 그들이 알고 있는 것의 대부분은 직관적이며, 종종 비형식적 수학지식이라고 불린다.

기존 수학교육의 오류는 교사와 아동 간의 사고수준의 괴리에서도 비롯된다. 교사는 아동의 비형식적 지식을 간과한 채 자신의 사고수준에서 이해하고 조직한 수학개념을 아동에게 부과한다. 그리고 아동은 이를 모방하고,

연습문제를 통해 반복하여 훈련하는 것으로 개념 습득을 시도한다(우정호, 2000). 결과적으로 아동은 자신의 인지구조에 맞지 않는 수학지식을 단순히 암기하는 수준에 그치게 된다. 수학교육에서의 이러한 문제점들을 극복하기 위해서 교사는 아동이 지니고 있는 비형식적 수학 지식 및 전략을 존중하고 이를 파악하여 적절한 문제 상황을 제시해야 한다.

3) 일반화 고려

아동은 수업을 통해 배운 것을 언제 어디서든 자유롭게 활용할 수 있어야 한다. 특수교육의 대상이 되는 아동 또한 수업시간에 배운 것을 다른 수업시간에 혹은 통합학급에서, 그리고 가정을 포함한 지역사회의 일상생활에서 유창하게 구사할 수 있어야 한다.

일반화(generalization)는 학습한 것을 다른 상황으로(상황 일반화, setting generalization), 그리고 다른 시간으로(시간 일반화, time generalization) 전이하는 것을 일컫는다. 하지만 장애아동 중 대다수에게 일반화는 자동적으로 일어나는 현상이 아니다. 많은 장애아동이 하나의 상황에서는 과제를 성공적으로 완수하지만 다른 상황에서는 성공하지 못하는 등 일반화에 어려움을 겪고 있다. 따라서 이들에게 일반화는 배워야 하는 것이다(Rosenberg, O'Shea, & O'shea, 2002; Sliva, 2003).

교사는 수업을 계획하면서 "① 학생들은 교수가 끝난 후에도 습득한 기술을 유지할 것인가?, ② 학생들은 특수학급에서 습득한 기술들을 통합학급에서도 사용할 것인가?, ③ 학생들은 습득한 기술들을 지역사회 및 직업 상황에서 사용할 것인가?"(Rosenberg et al., 2002) 등의 질문을 스스로에게 해 보아야 하며, 이러한 질문들을 바탕으로 아동의 일반화를 준비해야 한다. 일반화를 촉진하기 위해 교사는 다양한 시간과 다양한 상황에서 다양한 교재 및 교구 등으로 체계적인 지도를 하고 충분한 연습의 기회를 제공해야 한다(〈글상자 4-6〉 참조).

글상자 4-6 **유지 및 일반화 증진을 위한 지침**

유지 및 일반화를 증진시키기 위해 다음과 같은 지침을 권고한다.

1. 매일의 교수에 수많은 검토 기회를 집어넣어라.
2. 학생들을 주기적으로 다시 검사하여 습득된 것이 유지되고 있는지 결정하라. 만일 그렇지 않다면 핵심적인 기술들을 다시 가르치라.
3. 가장 적합한 실제 상황에서 가르치라. 예를 들어, 학생들을 자동차 정비소나 식료품점 혹은 볼링장에 데리고 가라.
4. 통합학급이나 직장에서 사용되는 것과 비슷한 교재들과 수업을 학급에서 활용하라.
5. 특수학급 바깥에서도 학생들의 수행을 향상시키기 위해 단서카드 및 기타 촉구 장비들(예: 적절한 행동을 보여 주는 그림 등)을 만들어라.
6. 교사의 통제를 서서히 없애고 학생의 책임을 늘리는 절차를 교수에 통합시키라. 예를 들어, 교사의 평가를 학생의 평가로 대체하거나 유형의 강화를 제거하라.

출처: Schloss, P. J., Schloss, M. A., & Schloss, C. N. (2007). *Instructional methods for secondary students with learning and behavior problems* (4th ed., p. 275). Boston, MA: Allyn & Bacon.

4) 아동 개개인의 알고리즘 존중

수학수업 과정에서 교사는 아동에게 개념을 제시하기보다 정의 및 특정 알고리즘을 직접 알려 주어 문제해결이란 단지 주어진 수치를 변수에 적용하기만 하면 되는 것처럼 인식시켜 버렸다. 결국 오늘날의 아동이 '수학을 안다(knowing mathematics)'고 말하는 것은 곧 교사가 질문을 했을 때 '정확한 규칙을 기억해서 적용하는 것'을 의미하며, '수학을 한다(doing mathematics)'는 것은 교사가 '제시한 규칙을 따르는 것'을 의미하는 것이 되었다(Lampert, 1990). 이러한 현실이 결과적으로 수학을 주어진 알고리즘을 반복해서 암기해야 하는 지루한 과정으로, 더 나아가서 단편적인 기술의 집합체로 전락시켰고, 몇몇 기술을 제외하면 졸업 후에 아무런 쓸모가 없는 것으로 인식하게 만들었다.

알고리즘(algorithm)은 일련의 문제를 해결하기 위한 정확하고 체계적인 방식을 말한다(Maurer, 1998). 즉, 알고리즘은 계산방법이며 문제해결에 이르는 절차인 것이다. 아동은 학교에 들어와서 처음으로 수학을 접하는 것이 아니다. 앞서 밝혔듯이 사람은 수학과 관련된 능력 중 일부를 타고나기도 하고 일상생활을 통해 수학을 경험하고 활용하기도 한다. 이러한 과정에서 아동은 자신만의 문제해결 방식을 갖게 될 수 있다. 하지만 학교에 들어와서 배우는 수학은 아동 고유의 독특한 문제해결 방식이 학교에서 제공하는 표준 알고리즘에 맞지 않으면 심지어 '틀렸다'고 말하며, 표준 알고리즘을 사용할 것을 종용하기도 한다. 결과적으로 수학은 알고리즘과 동일시되고, 단순한 기능의 숙달을 마치 수학을 하는 것처럼 생각하게 만들었다. 이에 따라 아동에게 수학이란 암기와 연습이라는 최소한의 활동을 통해 정의와 알고리즘을 익히면서 아동 자신이 아닌 교사가 만족하는 결과를 찾기 위해 노력하는 지루한 과정이 되어 버렸다.

비록 하나의 알고리즘만으로도 문제해결이 가능하기는 하지만, 대부분의 경우 어떤 문제를 해결하는 데 있어 단 한 가지 해결방식만 있는 것은 아니다. 따라서 교사는 표준 알고리즘에 맞지 않는다고 해서 아동의 문제해결 방식을 배제할 것이 아니라 해당 알고리즘의 지속적 사용 여부 등을 포함하여 아동의 문제해결 특성과 과정 및 결과를 토대로 그 고유의 문제해결 방식을 존중해 줄 필요가 있다.

5) 학습기술 지도

학습기술(study skills)은 아동이 스스로 학업성취를 이루어 가는 과정을 계획하고 설계하는 것과 관련된 일련의 기술로, 그 목표는 학습자를 자기주도적인 학습자로 만드는 것이다. 학습기술에는 노트 필기하기, 시험 치르기, 도서관 이용하기, 시간 관리하기, 행동 관리하기 등과 같은 다양한 기술이 포함되며(〈글상자 4-7〉 참조), 이러한 기술들은 아동이 독립적인 생활을 준비할 때 이들의 전반적인 성장에 기여한다. 학교와 가정에서 학습기술을 지속적으로 사용하는 것은 아동으로 하여금 더 책임감 있는 사람이 되게 하고 적절한 공부습관의 발달과 활용을 촉진한다(변영계, 강태용, 2003; Hoover, 1993).

글상자 4-7 학습기술의 하위 요소

1. 학습 장소와 공간을 조직하고, 시간을 관리하며 학습과 관련된 태도 및 동기를 관리하는 기술을 포함하는 자기관리 기술
2. 학습내용을 검토하고 시험 준비 상태를 점검하는 시험 준비, 시험 유형에 따른 시험 치기 방법, 그리고 시험불안의 원인과 그에 대한 대처 방안 등을 포함하는 시험 치르기 기술
3. 수업시간에 참여하여 강의 내용을 집중하여 경청하고, 중요한 내용을 필기하며, 수업 후에 그 내용을 복습하는 기술로서의 수업참여 기술
4. 수업시간과 가정학습 과제의 해결에 필요한 읽기 기술
5. 보고서 작성을 포함하는 쓰기 기술
6. 기억술을 포함하는 정보처리 기술
7. 연구방법과 자료 활용 방법 등을 포함하는 과제해결 기술

출처: 변영계, 강태용(2003). 학습기술: 공부를 잘하는 방법. 서울: 학지사, p. 52.

학습에 문제가 있는 학생은 종종 적절한 학습기술을 갖고 있지 못한 것으로 드러나고 있다. 특히 학습기술을 초등교육에서 다루지 않아 중등교육을 받는 학생에게 다양한 교육적 요구를 충족시킬 만큼 충분한 기술이 부족한 경우도 있다. Foley와 Epstein(1992)은 행동장애가 있는 중학생들을 대상으로 한 연구에서 시간을 잘 조직하는 능력을 갖춘 학생이 더 좋은 성적을 받을 가능성이 높음을 발견하였다. 따라서 특수교육 대상 아동에게 효과적인 학습기술을 가르치는 것은 이들의 학업에서의 성공을 위해 중요한 일이 될 것이다.

6) 의사소통의 촉진

사회집단으로서의 학교는 그 구성원에게 다양한 상호작용의 기회를 제공한다. 특히 수업상황에서는 주로 언어를 매개로 한 설명과 질문, 대답과 의견 제시 등의 상호작용이 이루어진다. 이러한 유형의 상호작용은 참여하는 개개인의 지식의 넓이와 깊이를 더해 주며, 언어가 본질적으로 사회적 구인이라는 점에서 구성원들 간의 합의된 지식 구성을 가능하게 해 준다.

언어를 매개로 한 상호작용을 학습에 적용한 예는 Socrates의 대화법, Vygotsky의 '근접발달영역(Zone of Proximal Development)' 그리고 Lakatos의 대화법 등으로, 이는 학교교육을 넘어서 언어가, 언어를 매개로 한 상호작용이 인간의 학습이나 인지 발달에 어떠한 영향을 줄 수 있는가를 보여 준다.

하지만 현재 일상적으로 볼 수 있는 수업장면에서의 의사소통은 대부분 교사가 주도하고, 주로 교사와 아동(들) 사이에서 이루어지며, 아동들 사이의 피드백은 찾아보기 힘들다. 교사가 질문하면 아동은 이에 대답하고, 교사가 다시 아동의 응답을 평가하여 결과가 긍정적일 경우 다음 문항이나 주제로 이동한다. 이러한 상황에서는 아동이 자신의 생각을 설명하고 정당화하며 다른 아동의 의견을 경청할 기회가 최소화된다. 또한 긍정적인 결과를 위해 아동은 자신의 이해와는 관계없이 교사가 바라는 답을 하려 한다. 결국 아동은 교수-학습과정에 주인의식을 가지고 적극적으로 참여하여 스스로에게 의미 있는 지식을 구성하기보다는 교사에 의해 정해진 내용을 교사가 원하는 방향으로 습득하는 데 더 많은 관심을 갖게 된다.

그동안 진정한 형태의 의사소통을 수업상황에서 구현하여 학급에서 이루어지는 의사소통을 의미 있는 '대화'의 수준으로 이끌기 위한 여러 가지 방법이 시도되어 왔으며, '교수적 대화(instructional conversation)'와 '반성적 담화(reflective discourse)'는 이러한 노력의 일환이라 볼 수 있다.

① 교수적 대화

비계설정의 개념에서 출발한 교수적 대화(박충일, 2000)는 교사와 아동 사이의 지속적인 토론으로 이루어진다. 아동에게 적절하고 의미 있는 개념이나 아이디어를 중심으로 교사와 아동 그리고 아동들끼리 집중적으로 대화하고, 이를 통해 아동은 지식을 구성해 간다(Gallimore & Tharp, 1990).

교수적 대화는 '교수'와 '대화'라는 상반된 개념을 하나의 실제 속에 담아 놓고 있다. 즉, 진정으로 가르치려 한다면 대화를 해야 하고, 진실한 대화는 곧 가르치는 것이다(Gallimore & Tharp, 1990). 교수적 대화의 교수적 요소와 대화적 요소 각각에는 그 의미를 충족시키기 위한 몇 가지 특성이 포함된다(〈표 4-1〉 참조).

교수적 대화가 효과적으로 실행되기 위해서는 우선 아동의 흥미와 적극적인 참여가 필수적이다. 하지만 교사의 역할 또한 중요하다. 교수적 대화를 이끌어 가는 사람으로서의 교사는 때로는 질문을 던지고, 때로는 촉구하며, 때로는 침묵을 지키는 등 다양한 상황에 맞는 다양한 전략을 구사할 필요가 있다(Goldenberg, 1992/1993). 그러나 무엇보다도 더 유능한 존재로서의 교사는 아동들 사이의 토론을 지속시키기 위해 적절하게 질문을 할 줄 알아야 한다. 예를 들어, 교수적 대화를 차용한 '반응적 질문하기(responsive questioning)'(Gallimore et al., 1986)는 아동의 응답은 때때로 예측할 수 없음을 전제로 한다. 따라서 이러한 응답을 이해의 차원으로 이끌기 위해 교사가 적절한 질문기법을 익혀 토론을 활성화할 것을 요구한다.

반응적 질문하기에서 제시하는 질문은 '경험(experience)-텍스트(text)-관계(relationship)'의 형태를 띠고 있다. 경험 질문은 과제를 시작하기 전에 과제와 관련된 경험을 상기시켜 주고, 과제와 관련된 경험을 쌓기 위해 아동의 경험을 확장하는 질문이다. 그리고 텍스트 질문은 텍스트를 바탕으로 구성되는, 구체적 사실부터 추론에 이르기까지의 다양한 질문을 일컫는다. 또한 관계 질문은 아동이 현재 지니고 있는 지식과 경험을 텍스트 정보와 연결하

표 4-1 교수적 대화의 특성

구분	내용
교수적 요소	• 주제의 초점: 교사는 토론의 초점을 맞추기 위한 출발점으로 사용하도록 주제나 아이디어를 선택하고, 해당 주제를 최적의 수준에서 탐색할 수 있도록 텍스트를 '나누는' 방법을 포함하여, 주제를 어떻게 전개할 것인지에 대한 전반적인 계획을 한다. • 배경지식 및 이와 관련된 도식의 활성화와 활용: 교사는 텍스트를 이해하는 데 필요한 적절한 배경지식 및 이와 관련된 도식들을 아동에게 제공한다. 이어지는 토론에서 배경지식과 도식들은 서로 엮어진다. • 직접적인 가르침: 필요할 경우, 교사는 기술이나 개념을 직접 가르친다. • 더 복잡한 언어 및 표현의 촉진: 교사는 확장 요구, 질문, 재진술 그리고 잠시 휴식 등 다양한 유도기술을 활용하여 더 확장된 형태의 아동의 기여를 이끌어 낸다. • 진술이나 입장의 근거 유도: 교사는 아동이 스스로의 주장이나 입장을 뒷받침하게 하기 위해 아동 자신의 텍스트, 그림 등을 이용하도록, 그리고 추론하도록 촉진한다. 교사는 아동이 당황하지 않도록 주의하면서, "어떻게 알았니?" "왜 그렇게 생각하지?" "그것이 어디에 있는지 보여 주렴." 등의 질문 및 요청을 이용하여 아동이 한 진술의 근거를 탐색한다.
대화적 요소	• '답이 이미 알려져 있는' 질문 덜 사용하기: 토론의 대부분은 하나 이상의 정답이 있는 질문과 대답을 중심으로 이루어진다. • 아동의 기여에 대한 반응: 초기 계획을 염두에 두고 토론의 초점과 일관성을 유지하면서 교사는 또한 아동의 진술과 그들이 제공하는 기회에 반응한다. • 연결된 담화: 토론은 다중적이고 상호작용적이며, 연결된 순서라는 특성을 지니고 있다. 이어지는 말은 이전의 말에 근거하고, 이전의 말을 확장한다. • 의욕적이지만 위협적이지 않은 분위기: 교사는 의욕적인 분위기가 긍정적인 정서적 풍토와 균형을 이루는 '근접발달영역'을 만든다. 평가자라고 하기보다는 협력자로서의 교사는 아동에게 의욕을 심어 주고 그들이 협상을 통해 텍스트의 의미를 구성할 수 있도록 허용하는 분위기를 만든다. • 순서를 스스로 선택할 수 있게 하는 것을 포함한 일반적 참여: 교사는 아동에게 일반적인 참여를 권장한다. 교사에게 말할 사람을 혼자서만 결정하지 않고 아동이 자원하도록 하며, 그렇지 않은 경우에는 발언 순서에 영향력을 행사하도록 권장한다.

출처: Goldenberg, C. (1992/1993). Instructional conversations: Promoting comprehension through discussion. *The reading teacher, 46*(4), 319.

도록 돕기 위한 질문이다. 교사는 이러한 형태의 질문들을 순차적으로 실행함으로써 아동의 정보처리 과정, 사고 및 아이디어의 표현을 인도하고 보조하며 조절하게 된다(한순미, 1999; Gallimore et al., 1986).

② 반성적 담화

반성적 담화는 일종의 집단 토론으로, 아동은 자신의 생각을 질문이나 의견의 형태로 표현하며, 현재 진행 중인 토론의 결과는 다음 단계의 토론 대상이 되어 더 정교한 지식의 구성을 가능하게 한다. 반성적 담화에서는 교사와 아동 개개인이 그리고 아동과 아동이 일련의 질문들을 계속해서 주고받으며, 이러한 과정에서 아동은 자신이 지니고 있는 믿음과 개념을 구체화하게 되고, 다른 아동의 생각을 이해하게 된다(Cobb, Boufi, McClain, & Whitenack, 1997; van Zee & Minstrell, 1997).

반성적 담화를 실행하기 위해서는 우선 교사 및 아동의 역할, 그리고 수업에 대한 새로운 시각이 전제되어야 하며, 이를 바탕으로 교사와 아동은 모두 새로운 형태의 의사소통 및 역할을 잘 이해하고 있어야 한다.

반성적 담화가 실행되는 교실에서 아동은 해당 맥락에 대한 유용한 지식을 이미 지니고 있고, 능동적으로 새로운 정보를 찾으려 하며, 해당 맥락 내에서 자신이 옳다고 생각하는 것을 결정할 수 있는 사람으로 스스로를 생각해야 한다. 교사 또한 더 이상은 교수-학습과정을 주도하는 사람이 아니라 아동을 안내하고 돕는 사람이어야 함을 인식해야 한다. 교사는 수업의 전체 과정을 총괄하며 아동의 반응을 이끌어 내고, 진전을 모니터링하며, 필요시 개입하되 지시가 아닌 안내를 제공해야 하는 책임을 갖게 된다. 반성적 담화의 성공적인 실행을 위해 교사가 해야 할 또 다른 일은 아동이 자신의 의견을 자유롭게 내보일 수 있도록 안전한 학급 환경을 조성하는 것이다. 교사는 아동(들)의 진술을 경청하고, 지나친 지도나 개입을 피하며, 중립적인 태도를 유지하여 아동의 답변에 대한 즉각적인 비평이나 평가를 자제하여야 한다. 이는 교사의 비평이나 평가는 아동에게 위협으로 작용하여 여전히 교사에게 의존한 학습을 하게끔 할 위험성이 있기 때문이다(van Zee & Minstrell, 1997). 그리고 수업의 과정은 교사와 아동이 수업을 주도할 책임을 서로 주고받는 동반자로서의 관계가 되도록 구조화되어야 한다.

수업이 시작되면 교사는 아동들에게 질문을 하고 아동(들)은 대답을 하게 된다. 이에 교사는 특정한 아동(들)의 진술을 바탕으로 더 구체적인 진술을 요구하는 또 다른 질문을 함으로써 토론과정을 주도할 책임을 아동에게 넘긴다. 이를 통해 해당 아동은 자신이 말한 것의 의미를 스스로에게 그리고 학급의 다른 구성원들에게 더 구체적으로 제시함으로써 문제 및 자신의 의견에 대해 다시 한 번 생각하게 되며, 학급의 다른 아동 또한 학습의 과정에 참여시키게 된다. 아동의 더 구체적인 진술에 뒤이어 교사는 토론과정에 대한 책임을 다시 넘겨받고 때때로 확인을 위한 질문을 하면서 아동의 진술은 요약하고 필요한 사항을 덧붙이기도 한다. 교사의 진술에 따라 아동은 다시

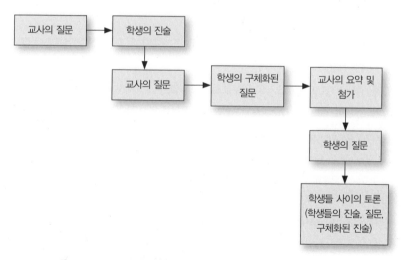

그림 4-1 반성적 담화의 기본 구조

출처: 이병혁(2005). 수학부진아동들의 수학수업 효율화를 위한 담화형태 적용과정 연구: 구성주의에 근거한 상호작용을 중심으로. 단국대학교 대학원 미간행 박사학위 논문, p. 33.

질문을 할 수 있게 되고, 이 질문은 다른 아동의 능동적인 참여를 가능하게 할 수 있다. 이 과정에서 아동은 질문과 의견, 설명과 정당화를 통해 자신의 의견을 표현하고 상대의 의견을 경청함으로써 하나의 개념을 이해하기 위해 노력하게 될 것이다(이병혁, 2011; [그림 4-1] 참조).

 참고문헌

강인애(1997a) 객관주의와 구성주의: 대립에서 대화로. **교육공학연구**, 13(1), 3-19.

강인애(1997b). **왜 구성주의인가?: 정보화시대와 학습자중심 교육 환경**. 서울: 문음사.

김영채 역(2001). **학습심리학**(제6판)[*An introduction to theories of learning* (6th ed.)]. B. R. Hergenhahn & M. H. Olson 공저. 서울: 박영사. (원저는 2001년에 출판).

김종량(1993). 수업체제개발 및 설계의 최근 동향과 과제: 행동주의 패러다임과 인주주의 패러다임의 비교. **교육공학연구**, 8(1), 3-17.

박영배(1996). 수학 교수-학습의 구성주의적 전개에 관한 연구. 서울대학교 대학원 박사학위 논문.

박충일(2000). 유아의 수평개념 발달을 위한 수업대화의 효과. **진주산업대논문집**, 39, 143-162.

변영계, 강태용(2003). **학습기술: 공부를 잘하는 방법**. 서울: 학지사.

신현기, 김영표, 이병혁 역(2009). **통합교육 효율화를 위한 장애아동 수학지도 방법**[*Teaching inclusive mathematics to special learners, K-6*]. J. A. Sliva 저. 서울: 시그마프레스. (원저는 2003년에 출판).

우정호(2000). **수학 학습-지도 원리와 방법**. 서울: 서울대학교출판부.

이병혁(2005). 수학부진아동들의 수학수업 효율화를 위한 담화형태 적용과정 연구: 구성주의에 근거한 상호작용을 중심으로. 단국대학교 대학원 박사학위 논문.

이병혁(2011). 반성적 담화를 통한 학습장애아동의 수학지도. **특수교육 요구 아동연구**, 25, 75-93.

이성진(1998). **교육심리학서설**(개정증보판). 서울: 교육과학사.

최명숙(2001). 구성주의에 대한 교사들의 인식과 수업에의 적용사례. **교육정보방송연구,** 7(1), 5-28.

최정임, 유화영 공역(2003). **구성주의와 교육공학**[*Constructivism and the technology of instruction: A conversation*]. T. M. Duffy & D. H. Jonassen 공편. 서울: 신호서적. (원저는 1992년에 출판).

한순미(1999). **비고츠키와 교육: 문화-역사적 접근.** 서울: 교육과학사.

Cobb, P., Boufi, A., McClain, K., & Whitenack, J. (1997). Reflective discourse and collective reflection. *Journal for Research in Mathematics Education, 28*(3), 258-277.

Foley, R. M., & Epstein, M. H. (1992). Correlates of the academic achievement of adolescents with behavioral disorders. *Behavioral Disorders, 18*(1), 9-17.

Fosnot, C. T. (1989). *Enquiring teachers, enquiring children: A constructivist approach for teaching.* New York: Teachers College Press.

Gallimore, R., Dalton, S., & Tharp, R. G. (1986). Self-regulation and interactive teaching: The effects of teaching conditions on teachers' cognitive activity. *The Elementary School Journal, 86*(5), 613-631.

Gallimore, R., & Tharp, R. G. (1990). Teaching mind in society: Teaching, schooling, and literate. In L. C. Moll (Ed.), *Vygotsky and education: Instructional implications and applications of sociohistorical psychology.* New York: Cambridge University Press.

Goldenberg, C. (1992/1993). Instructional conversations: Promoting comprehension through discussion. *The Reading Teacher, 46*(4), p. 319.

Harniss, M. K., Carnine, D. W., Silbert, J., & Dixon, R. C. (2002). Effective strategies for teaching mathematics. In E. J. Kame'enui, D. W. Carnine, R. C. Dixon, D. C. Simmons, & M. D. Coyne (Eds.), *Effective teaching strategies that accommodate diverse learners* (2nd ed.). Upper Saddle River, NJ: Merrill-Prentice Hall.

Hoover, J. (1993). Helping parents develop a home-based study skills program. *Intervention in School and Clinic, 28*(4), 238-245.

Jones, E. D., Wilson, R., & Bhojwani, S. (1998). Mathematics instruction for secondary students with learning disabilities. In D. P Rivera (Ed.), *Mathematics education for students with learning disabilities: Theory to practice*. Austin, TX: Pro-ed.

Lampert, M. (1990). When the problem is not the question and the solution is not answer: Mathematical knowing and teaching. *American Educational Research Journal, 27*(1), 29-63.

Lerner, J. (2000). *Learning disabilities: Theories, diagnosis, and teaching strategies* (8th ed.). Boston, MA: Allyn & Bacon.

Maurer, S. B. (1998). What is an algorithm? What is an answer? In L. J. Morrow & M. J. Kenney (Eds.), *The teaching and learning of algorithms in school mathematics: 1998 yearbook*. Reston, VA: National Council of Teachers of Mathematics.

Montague, M. (1992). The effects of cognitive and metacognitive strategy instruction on the mathematical problem solving of middle school students with learning disabilities. *Journal of Learning Disabilities, 25*(4), 230-248.

Rosenberg, M. J., O'Shea, L. J., & O'Shea, D. J. (2002). *Student teacher to master teacher: A practical guide for educating students with special needs*. Upper Saddle River, NJ: Merrill Prentice Hall.

Schloss, P. J., Schloss, M. A., & Schloss, C. N. (2007). *Instructional methods for secondary students with learning and behavior problems* (4th ed.). Boston, MA: Allyn & Bacon.

Shotter, J. (1995). In dialogue: Social constructionism and radical constructivism. In L. P. Steffe & J. Gale (Eds.), *Constructivism in education*. Hillsdale, NJ: Lawrence Erlbaum Associates.

van Zee, E., & Minstrell, J. (1997). Reflective discourse: Developing shared understandings in physics classroom. *International Journal of Science Education, 19*(2), 209-228.

2부

수학과 교수-학습의 실제

제5장

교수-학습 실제: 수

일반 유아의 수 발달을 다룬 연구들을 통해 발견할 수 있는 놀라운 사실이 몇 가지 있는데, 그것은 유아도 다수성(numorosity) 혹은 양에 대한 민감성을 타고 난다는 것이다. 생후 1주의 영아가 3개들이 한 묶음인 물건이 2개들이 한 묶음인 물건과 비교하여 양적인 차이가 있다는 것을 알고(Antelling & Keating, 1983), 생후 5개월 미만의 유아도 물건 하나를 빼거나 더하는 것이 집단에 영향을 미친다는 사실을 알고 있으며(Wynn, 1992), 생후 18개월의 유아는 서수 관계를 이해한다. 이처럼 아동은 아동이 속한 문화적 배경 속에서 수에 대한 경험을 통해서 수를 발달시켜 나간다. 즉, 수 발달은 수 개념을 형성하는 데 바탕이 되는 수 이전 개념에 대한 경험 축적의 결과라고 볼 수 있다. 학생의 수학교육은 언제나 '수'에서 그 장이 시작된다. 그만큼 '수'라고 하는 것이 개인이 독립적으로 살아가는 데 절대적이고 필수적인 요소이기 때문에 강조하고 있는 것으로 볼 수 있다. 이 장에서는 수 개념을 형성해 나가는 아동이 체험을 통해 습득해야 하는 수 이전의 개념들에 대해 살펴보고자 한다.

1. 수 관련 능력의 발달

아동발달에서 수 관련 능력에 관해 수행된 많은 연구는 풍부한 정보를 제공하고 있으며, 이를 기초로 수학 교수 영역은 상당한 발전을 도모해 왔다. 하지만 이러한 수 관련 기술의 고찰은 언제나 수 세기와 수 지식의 발달에 초점을 맞추고 있어 '수' 관련 지식에 제한적인 접근을 하고 있다. 이는 수학적 능력의 기초가 '수'이고, 수를 활용하여 아동이 살고 있는 세상에 무난하게 적응할 수 있기 때문이라는 생각에 기인한다. 하지만 이 '수'라는 것이 저절로 어느 날 뚝딱하고 형성되는 것이 아니라는 점에서 좀 더 체계적인 접근이 필요하다. 즉, 유아기의 인지적 성장과정에 대한 이해와 그 과정 중 유아의 수 이전 경험에 대한 이해가 필요하다. 여기서는 Piaget의 인지발달의 전조작기를 전 개념적 사고기(2~4세)와 직관적 사고기(4~7세)로 구분하여 살펴보고, 구체적 조작기(7~11세)의 수학적 개념 형성에 대하여 살펴봄으로써 수개념의 발달 과정의 이해를 돕고자 한다.

1) 전 개념적 사고기

이 단계의 아동은 주어진 대상에 대한 정확한 개념을 형성하지 못하고 있어 상황이 조금만 바뀌어도 동일한 대상이 아니라고 인식하는데, 이는 환경 내의 대상을 상징화하지 못하고 이를 내면화하는 과정에서 성숙한 개념을 발달시키지 못하기 때문이다. 이를 전개념적 사고단계라 하는데, 전 개념적 사고의 특징은 상징적 사고, 자기중심적 사고, 물활론적 사고 그리고 전환적 추론으로 구분할 수 있다. 이에 대해 구체적으로 살펴보면 다음과 같다.

첫째, 상징적 사고(symbolic thought)는 감각운동기 말기부터 형성된 인지적 성취 과정으로, 과거 자신의 행동이나 감각에 의존하던 인지과정을 정신적 표상, 지연 모방, 상징놀이로 발현하기 시작한다. 이와 같은 상징의 사용은 문제해결 속도를 증가시키고, 시행착오를 감소시키며, '지금-여기'의 한계를 벗어나 정신적으로 과거와 미래를 넘나들게 해 준다. 상징적 사고의 대표적인 결과는 가상놀이인데, 가상적인 사물이나 상황을 실제 사물이나 상황으로 상징화하는 놀이를 통해 현실과 환상의 공존 상태에 있도록 하는 단계로 볼 수 있다.

둘째, 자기중심적 사고(egocentric thought)는 다른 사람의 관점을 이해하지 못하는 데서 기인한다. 예를 들면, 유아가 자신의 왼손과 오른손은 구별하지만 맞은편에 서 있는 사람의 왼손과 오른손은 구별하지 못하는 경우가 그것이다. 유아가 이기적이어서 다른 사람의 입장을 배려하지 못하는 것이 아니라 다른 사람의 관점을 이해하지 못한다는 것이다. 유아가 가지는 자기중심적 사고를 보여 주는 가장 유명한 실험으로 Piaget와 Inhelder(1956)의 실험인 '세 산 실험(three mountains experiment)'이 있다([그림 5-1] 참조).

유아가 탁자 주변을 한 바퀴 돌고 난 다음 한 의자에는 인형을 앉히고 또 다른 의자에는 유아를 앉게 한다. 몇 개의 사진을 제시하고서 유아에게 자신이 본 것과 인형이 본 것을 나타내는 사진을 고르게 한 결과, 유아 자신이 본 것은 잘 골라냈지만 인형이 보았을 것으로 생각되는 사진으로는 자신이 본 것과 똑같은 사진을 골라내었다.

그림 5-1 세 산 실험

출처: 정옥분(2002). 아동발달의 이해. 서울: 학지사.

하지만 이 자기중심성에 대한 연구는 유아에게 좀 덜 복잡한 과제를 제시하거나 유아가 흥미로워하는 과제를 수행할 때는 자기중심적 사고를 덜 하고, 익숙하지 않은 상황에서는 자기중심적 사고가 두드러진다는 최근의 연구결과도 주목할 필요가 있다.

셋째, 물활론적 사고(animism)는 생명이 없는 사물에 생명과 감정을 부여하는 것이다. 즉, 가위로 종이를 자르면 종이가 아플 것이라 생각하고, 산 너머로 해가 지면 해가 화가 나서 산 뒤로 숨은 것이라 생각하는 것으로, 탁자에 부딪혀 넘어진 유아가 탁자를 손으로 치며 '때찌'라고 말하는 것도 이와 같은 사고를 하고 있기 때문이다. 이 사고는 4단계를 거치며 생물과 무생물을 분화해 나간다([그림 5-2] 참조).

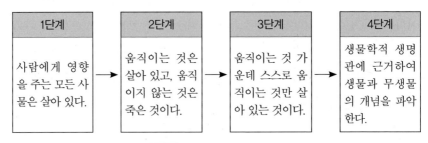

1단계	2단계	3단계	4단계
사람에게 영향을 주는 모든 사물은 살아 있다.	움직이는 것은 살아 있고, 움직이지 않는 것은 죽은 것이다.	움직이는 것 가운데 스스로 움직이는 것만 살아 있는 것이다.	생물학적 생명관에 근거하여 생물과 무생물의 개념을 파악한다.

그림 5-2 물활론적 사고의 단계

이와 같은 물활론적 사고는 친숙한 대상과 친숙하지 않은 대상으로 질문을 하였을 때, 자신에게 친숙한 사물들(예: 로봇, 블록, 공 등)에 대해서는 살아 있다고 생각하지 않는 것으로 나타났으며, 6~11세에는 연령이 증가함에 따라 물활론적 사고가 감소하였다가 11세를 기점으로 다시 증가하는 양상을 보이는 경우도 있는 것으로 나타났다.

넷째, 전환적 추론(transitive inference)은 원인과 결과 간의 관계를 추론하는 능력을 의미한다. 이때는 개별 사실을 총괄해서 일반 원리를 성립시키는 사고과정인 귀납적 추론이나 일반 원리를 바탕에 두고 특수 원리를 이끌어 내는 사고과정인 연역적 추론과 같은 성인의 추론 방법과는 달리, 하나의 특정 사건을 바탕으로 다른 사건을 추론하는 형태를 보인다. 예를 들어,

매일 자는 낮잠을 자지 않았기 때문에 아직 낮이라고 이야기하는 것, 자신이 동생을 미워한다는 사실과 동생이 아프다는 사실의 2가지를 자기가 동생을 미워해서 동생이 아프게 되었다는 인과관계로 연결시키는 것 등이다.

2) 직관적 사고기

전 개념적 사고는 점차 분화하여 어떤 사물을 볼 때 그 사물의 두드러진 속성을 바탕으로 한 직관적 사고를 하게 된다. 하지만 판단이 직관에 의존하기 때문에 전체와 부분의 관계를 정확히 파악하기 어렵고, 과제에 대한 이해나 처리 방식이 일관성이 없을 수 있다. 보존개념, 유목화 그리고 서열화 등은 이 발달과정에서 정교화되는데, 이에 대해 상세히 살펴보면 다음과 같다.

첫째, 보존개념은 어떤 대상이 모습은 바뀌어도 그 속성은 바뀌지 않고 그대로 유지된다는 것을 이해하는 능력이다. 보존개념을 획득하는 연령은 과제에 따라 다르게 나타나는데, 일반적으로 수에 대한 보존개념은 5~6세, 길이에 대한 보존개념은 6~7세, 무게 · 액체 · 질량 · 면적의 보존개념은 7~8세, 부피에 대한 보존개념은 11~12세에 이르러야 형성된다. 이처럼 전조작기 유아가 보존개념을 형성하는 시기가 서로 다르고 늦는 이유에 대해 Piaget는 다음과 같이 설명하고 있다.

먼저, 중심화 현상 때문이다. 이는 2개 이상의 차원을 동시에 고려하지 못한 채, 한 가지 차원에만 주의를 집중하는 것이다. 또한 이 단계의 아동이 지닌 지각적 특성으로 현상을 판단하는 직관적 사고 때문이다. 유아를 기준으로 보았을 때, 이들은 밑면이 넓고 높이가 낮은 잔에는 물이 적게 들어갈 것이라고 생각한다. 그리고 이때의 아동은 정지된 상태에만 주의를 집중하고 바뀌는 과정의 상태를 고려하지 못한다. 즉, 똑같은 양의 물을 어떤 잔에서 다른 잔으로 옮겨 놓았다는 것과 같은 상태 전환에 대해 고려하지 못한다. 다음으로, 이 단계의 아동은 비가역적 사고를 하기 때문이다. 이는 어떤 변화가 일어났을 때 이것을 원래 있었던 먼저의 상태로 되돌리는 능력의 부족을 의미한다. 즉, 물을 처음의 컵에 다시 부어 보면 물의 양이 똑같다는 사실을 유아가 이해하지 못한다는 의미다.

둘째, 유목화는 상위 유목과 하위 유목 간의 관계, 즉 전체와 부분의 관계를 이해하는 능력을 일컫는다. 빨간색 장미 10송이와 노란색 장미 5송이를 보여 주고 유아에게 "빨간색 장미가 많니, 장미가 많니?" 하고 물으면 유아는 빨간색 장미가 많다고 답을 한다. 이는 빨간색 장미(하위 유목)와 노란색 장미(하위 유목)가 모두 장미라고 하는 상위 유목에 속한다는 사실을 이해하지 못해 발생한다. 하지만 유아에게 좀 더 친숙한 꽃이나 동물을 과제로 사용하거나 질문 양식을 바꾸거나, 유목의 수를 5개 미만으로 하는 경우 유목화 과제를 수행해 내는 것으로 나타났다.

셋째, 서열화는 크기나 무게와 같은 특정한 기준에 따라 대상을 순서대로 배열할 수 있는 능력이다. 길이가 다른 여러 개의 막대를 주고 길이가 짧은 것부터 순서대로 나열하라는 과제에 3~4세 유아는 차례대로 나열하지 못하고, 5~6세 아동은 일부 순서대로 나열하기는 하나 전체적으로는 서열을 맞추지 못한다. 서열화의 개념은 구체적 조작기에 이르러서야 완전하게 획득하는 개념인데, 3~6세에 이르기까지 과제수행 시 사용하는 질문의 양식, 소재의 친숙도 그리고 다양한 경로의 시행착오를 통해 유아의 인지과정은 점차 정교화되어 나간다.

3) 구체적 조작기

아동은 직접 경험한 주체적인 세계에 한정되기 때문에 구체적 조작기라 일컫는다. 구체적 조작기의 아동은 조작의 순서가 전환될 수 있고, 조작 전 상황 특징이 회복될 수 있다는 것을 이해한다. 즉, 조작이란 주어진 정보를 특정한 목적을 위해 변형하거나 관련된 사고로 통합하는 정신적 활동을 의미하는 것으로, 이는 나중에 연산과정에 영향을 미치게 된다. 구체적 조작기 아동의 사고 특성은 보존개념, 조망수용 능력, 유목화, 서열화 개념 등을 습득하는 것으로 나타났다. 이에 대해 좀 더 구체적으로 알아보면 다음과 같다.

첫째, 보존개념은 물체의 외관상 변화가 있다 하더라도 이로부터 빼거나 더하지 않으면 그 물체의 양은 그대로 보존된다는 것을 판단하는 능력으로, 이 시기에 이러한 보존개념을 형성한다. 보존개념의 획득에는 가역성, 보상성, 동일성 개념 획득이 전제된다. 가역성은 어떠한 상태 변화가 일어났을 때 그 변화의 과정을 역으로 밟아 가면 다시 원상으로 복귀될 수 있다는 사실이다. 보상성은 높이의 감소가 폭이라는 차원으로 보상된다는 것이고, 동일성은 어떤 방법으로든 더하거나 빼지만 않으면 양은 똑같다는 것이다. 이 3가지 개념은 동시에 획득되는 것이 아니라 수평적 위계를 지니고 있어서 수, 길이, 양에 대한 보존개념이 가장 먼저 형성되고, 다음으로 무게에 대한 보존개념이, 그리고 부피에 대한 보존개념의 순서로 획득하게 된다.

둘째, 조망수용 능력은 아동이 자기중심적 사고에서 벗어나 타인의 입장이나 관점, 감정, 인지 등을 추론하고 이해할 수 있게 되는 능력을 의미한다.

셋째, 유목화는 물체를 공통의 속성에 따라 분류하고 특정한 대상이 특정한 유목에 속하도록 분류하는 능력을 말한다. 이 시기에는 물체를 한 가지 속성에 따라 분류하는 단순 유목화, 물체를 2가지 이상의 속성으로 분류하는 다중 유목화의 개념이나 상위 유목과 하위 유목 간의 관계를 이해하는 유목 포함 관계의 개념을 습득하게 된다.

넷째, 서열화 능력은 사물을 영역별로 차례대로 배열하는 능력으로, 유아기 때와는 달리 구체적 조작기에는 특정한 속성에 따라 유목으로 나누면서 동시에 거의 시행착오 없이 상호 관계를 파악하여 순서에 맞게 배열할 수 있게 된다. 이 시기의 아동은 단일 서열화뿐만 아니라 2가지 이상의 속성에 따라 대상을 비교·분석해서 순서대로 배열하는 다중 서열화도 가능하다. 서열화 개념은 수들 간의 관계를 이해하는 데 결정적인 역할을 하므로 산수를 배우기 위한 필수 개념이라 볼 수 있다.

2. 수 관련 능력의 평가

수를 이해하기 위해 분류 순서, 배열, 일대일 대응, 보존과 같은 개념은 꽤 중요한 자리를 차지한다. 형식적 검사 방법은 표준화된 도구를 활용하여 검사하는 방법으로 실제 수 이전 단계 학생들을 평가하기에는 부적절할 수 있다. 구체적인 문제해결 방법이나 효과적인 수업전략에 활용할 수 있는 정보를 얻기 위해서는 비형식적인 접근을 하는 것이 효과적이다.

1) 학습자 요구 평가

학생의 수학 수행 정도를 파악하기 위해서는 수 체계와 수적 표현의 이해, 그리고 문제해결 전략, 산수 조작의 실제 성취 정도 등 종합적인 평가가 제공될 수 있어야 한다. 김옥기와 유균화(1990)는 학생의 수학 능력 평가 시 학생의 전반적인 상징 의사소통 체계에 비추어 능력을 고려해야 한다고 하였다. 먼저, 수학적 결함이 학생의 상징 의사소통 기능의 전반적인 결함에 수반된 것인지 아닌지를 결정하고, 학생의 수학 문제를 분석하는 수단으로서 수학 능력의 구조를 평가하며, 학생이 지닌 언어, 기억, 추리 능력이 상호 관련된 정도와 그에 대한 학생의 강점 및 약점을 평가하는 것이 필요하다. 그리고 학생의 수학적 능력의 발달수준이 활동적(또는 구체적) 수준인지, 영상적 수준인지, 상징적 수준인지를 평가하는 것도 중요하다. 그리고 학생의 문제해결 전략을 조사하고 문제해결 능력을 향상시킬 수 있는 보완

기법으로 언어나 문자지원 방법을 모색하는 것도 방법이 될 수 있다. 마지막으로, 학생이 이전에 받았던 수학교육의 효과성, 수학학습에 대한 학생의 태도와 오리엔테이션을 결정하는 것도 필요하다.

2) 형식적 검사 방법

수학 능력을 형식적으로 평가할 때에는 학생의 수학 성취도를 전반적으로 조사할 수 있도록 고안된 규준참조검사와 준거참조검사를 고려해 볼 수 있다. 하지만 이와 같은 검사는 대부분 전반적인 수학 능력만을 측정해 주어 문제해결 과정을 통찰하거나 학생이 어려워하는 부분에 대한 구체적인 정보를 얻는 것은 어렵다. 표준화된 검사는 다른 학생의 수행 정도와 비교하여 학생의 상대적 위치를 판단할 수 있는 수단으로 사용할 수 있지만, 수업 목표를 알아보기 위한 오류 형태나 문제해결 전략을 결정하기에는 적절하지 않다.

준거참조검사는 규준참조검사와 달리 수학 기술과 수학 능력이 교과 목표에서 정하는 기준에 어느 정도 도달하고 있는지를 결정하는 데 활용할 수 있다. 준거참조검사의 검사 항목들은 수학 기술을 과제분석하여 정하게 된다. 이것은 수학 기술의 계열적인 순서에 따라서 표본을 뽑고, 대개는 특정 수업 목표와 연관을 지을 수 있다. 이러한 측면에서 측정 결과를 개별화교육 계획에 활용할 수 있고, 수학 기술 능력 면에서의 강점과 약점을 분석할 수 있으며, 평가 결과와 교육과정 내용을 연관 짓는 데 도움을 얻을 수 있다.

하지만 규준참조검사든 준거참조검사든 수 개념을 평가하는 영역부터 도구가 개발되어 있어 학생의 수 이전 개념을 평가하는 것이 쉽지만은 않다. 최근에는 발달장애학생 교육과정 프로그램으로 개발된 발달척도를 활용하여 수 이전 개념을 평가하기도 한다. 예를 들어, 아동 발달 척도(Korean Child Development Inventory: K-CDI, 김정미, 신희선, 2010)나 장애 영유아 캐롤라이나 교육과정 발달 척도(Carolina Curriculum for Preschoolers with Special needs, 김호연 등, 2008), 포테이지 아동발달 이정표(Portage Guide to Early Education, 강순구, 조윤경, 1989)를 활용하여 학생을 평가하고, 이 결과를 활용하여 개별화교육계획의 평가 자료로 활용하는 사례도 종종 발견할 수 있다.

표 5-1 장애 영유아 캐롤라이나 교육과정 발달 척도의 사정 기록표 및 발달 진전표 예시(0~3세)

> ### 장애 영유아 캐롤라이나 교육과정 발달 척도: 인지 영역
>
> 24~36개월의 발달수준을 위한 단계들을 포함하는 이전의 버전을 확대하여 0~36개월의 교육과정을 포함하여 재구성하였다. 가장 두드러진 변화는 인지 영역의 대상영속성 단계에 포함되었던 것을 '주의집중과 기억: 시각' '주의집중과 기억: 청각'으로 세분화한 점이다. 이러한 변화는 아동의 교육과정 체계와 관련성이 높으며, 기억과 운동 과제로 설명되는 대상영속성 과제의 특성에 대한 최근의 연구 결과를 반영하고 있다. 인지 영역의 소항목은, '집중력과 기억력: 시각/공간' '시지각: 블록과 퍼즐' '시지각: 짝 맞추기와 분류하기' '사물과 상징적 놀이의 기능적 사용' '문제해결과 추론' '수 개념'으로 구성되어 있다. 앞서 설명하였듯, 수 이전 개념은 수와 밀접한 관련을 가지고 있다고는 하지만 캐롤라이나 교육과정의 인지 영역에 있는 소영역과 같은 학습의 기초 능력을 바탕으로 하고 있음을 간과해서는 안 된다. 캐롤라이나 사정 기록표 및 발달 진전표의 예시는 다음과 같다.

5. 집중력과 기억력 : 시각/공간

연령 (개월)	교육과정 단계
집중력과 기억력 : 시각/공간	
0-3	a. 최소 3초간 시선을 고정시킨다.
	b. 사물을 수평으로 따라가며 응시한다(옆에서 옆으로).
	c. 사물을 수직으로 따라가며 응시한다(머리에서 배까지).
	d. 원을 따라 응시한다.
	e. 사물이나 사람이 사라진 곳을 계속해서 응시한다.
	f. 일상에서 자주 일어나는 일을 예측한다(예: 물소리를 듣고 목욕을 예측함).
3-6	g. 자신의 얼굴을 가리고 있는 천을 잡아당긴다.
	h. 주 양육자의 얼굴을 가리고 있는 천을 잡아당긴다.
	I. 덮개 밑에 일부분이 숨겨진 사물을 찾아낸다.
	j. 친숙한 율동에서 자주 나오는 특정 활동을 두세 차례 시도 후 예측한다.
6-9	k. 친숙한 게임에서 자주 나오는 특정 활동을 첫 번째 시도 후 예측한다.
	l. 덮개 밑에 완전히 가려진 사물을 찾아낸다.
	m. 두 개 중 하나의 덮개 밑에 가려진 놀잇감을 번갈아 찾아낸다.
	n. 세 개 중 하나의 덮개 밑에 가려진 놀잇감을 찾아낸다.

6-1. 시지각 : 블록과 퍼즐

연령 (개월)	교육과정 단계
12-15	a. 모양판에 큰 동그라미 모양의 물체를 맞추어 넣는다.
15-18	b. 모양판에 큰 사각형 모양의 물체를 맞추어 넣는다.
	c. 블록을 가지고 의자 모양을 모방하여 만든다.
	d. 모양판에 동그라미 모양과 사각형 모양의 블록을 동시에 맞추어 넣는다.

18-21	e. 모양판에 큰 삼각형 모양의 블록을 맞추어 넣는다.
	f. 모양판에 동그라미, 사각형, 삼각형 모양의 블록을 동시에 맞추어 넣는다.
21-24	g. 간단한 퍼즐을 맞춘다.
	h. 모양 조각을 넣을 수 있게 고안된 상자에 적절한 모양을 끼워 넣는다.
24-30	I. 위아래를 돌려 놓은 모양판에 동그라미, 사각형, 삼각형 모양을 맞추어 넣는다.
	j. 블록으로 기차 모양을 모방해서 만든다.
30-36	k. 두 조각의 퍼즐을 같이 맞춘다.
	l. 블록으로 집 모양을 만든다.
	m. 블록으로 다리 모양을 만든다.
	n. 서로 연결된 4~5개의 퍼즐 조각을 맞춘다.

6-2. 시지각 : 짝 맞추기와 분류하기

연령 (개월)	교육과정 단계
24-30	a. 크기에 따라 분류한다(큰 것과 작은 것).
	b. 기본적인 색깔을 맞춘다.
	c. 모양에 따라 분류한다.
30-36	d. 두 개의 특징에 따라 사물을 분류한다.

9. 수 개념

연령 (개월)	교육과정 단계
21-24	a. 원래 있던 양에 추가를 하면서 '더'에 대한 개념을 이해한다.
24-30	b. '하나만'을 선택한다.
	c. 사물을 세라고 했을 때, 최소한 3개까지 손가락으로 가리키며 올바른 순서로 센다.

	d. 한 개 또는 두 개의 사물에 대해 '몇 개인지'라는 질문에 올바르게 대답한다.
30-36	e. 두 개, 세 개의 사물을 선택하거나 준다.
	f. '모두' '없다' '아무 것도 없음'에 대한 지시를 따른다.

3) 비형식적 검사 방법

비형식적 검사에는 여러 가지 방법이 있는데, 그중 가장 많이 사용하는 방법이 관찰이나 면담 또는 질문을 통한 평가 방법이다. 그리고 한두 가지 특정한 수학 기술을 평가하기 위하여 교사가 고안하는 비형식적인 수학 기술 검사가 있다.

(1) 관찰평가

① 분류: 유사성 및 차별성과 같은 관계에 대한 것으로, 특정 성질에 따라 사물을 범주화하는 활동이다. 따라서 학생이 색깔, 그다음 크기, 형태 등에 따라 단추나 사물을 분류할 수 있는지를 살핀다. 5~7세 아동은 대부분 색깔, 형태, 크기, 질감 그리고 기능과 같은 성질을 토대로 비슷한 것과 다른 것으로 사물을 구분할 수 있으므로 이를 기준으로 삼을 수 있다.

② 순서: 수열화에 중요한 개념으로, 아동은 대부분 6~7세가 되어야 순서를 이해한다. 이 개념을 습득하기 이전에 순서가 가지는 위상적 관계를 이해해야 하는데, 학생이 물건을 셀 때 한 번에 하나씩 세는지를 살펴봄으로써 이 개념의 습득 여부를 확인할 수 있다. 만약 학생이 헤아린 물건을 되짚으며 물건의 개수를 센다면 아직은 위상적 관계를 이해하지 못하고 있는 것임을 의미한다. 이 관계를 평가하기 위해서는 1회의 평가보다는 다양한 장면에서 여러 차례 평가를 실시한 후 최종적으로 이해 여부를 판단하는 것이 바람직하다. 그리고 사물을 일

정한 순서로 보여 주고 학생에게 같은 순서로 동일한 사물을 배열하도록 하여 순서와 관계된 활동을 평가하는 방법이 있다. 순서와 관련된 활동으로는 일정한 패턴으로 블록 연결하기, 특정한 순서로 급식 줄 서기, 패턴 게임 완성하기 등이 있다.

③ **형태적 순서**: 연속적인 항목 간에는 양적 관계를 고려하지 않고 항목을 연결하지만 배열과 순서의 결합은 길이, 크기 혹은 색과 같은 성질의 변화를 토대로 항목을 순서화하는 것이다. 예를 들면, 가장 짧은 것에서 가장 긴 것의 순서대로 배열하는 과제를 제시했을 때, 앞 항목보다 조금 더 긴 항목을 연결하여 서로 다른 길이의 항목들을 자연스럽게 연결시킬 수 있어야 한다.

④ **일대일 대응**: 셈하기의 기초가 되는 것으로, 계산 기술을 습득하는 데 필수적인 요소다. 이는 특성의 유사성에 상관없이 하나의 묶음에 있는 한 개의 사물이 다른 묶음에 있는 한 개의 사물과 같은 수라는 것을 이해하는 것으로, 서로가 짝이 되고 남거나 모자라거나 하는 양적 이해를 함으로써 셈하기의 기초를 다지게 된다. 5~7세 정도가 되면 일대일 대응 개념을 습득한다. 처음 이를 평가하기 위해서는 같은 사물을 대응하게 하고, 후에는 다른 사물을 대응해 보라고 할 수 있다.

⑤ **보존개념**: 후에 수적 추론을 이해하는 데 필수적인 개념이다. 보존의 2가지 유형은 한 집합을 구성하는 사물의 양 또는 수가 공간적 배열에 상관없이 일정하게 남아 있는 것을 의미한다. 양의 보존은 똑같은 양의 물을 길고 좁은 유리컵과 낮고 넓은 유리컵에 붓거나 한 조각의 점토를 공이나 긴 두루마리로 만드는 활동을 통해 평가해 볼 수 있다. 또 다른 평가의 예로, 교사가 학생에게 7개의 접시와 숟가락을 고르게 하고 각 접시 위에 숟가락을 하나씩 놓게 한 후에 숟가락을 걷어 함께 모으고 숟가락과 접시의 개수가 같은지를 묻는 것이 있다. 이때 학생이 그렇다고 답하면 수에 대한 보존개념이 형성된 것으로 평가할 수 있다.

(2) 과제분석

과제분석은 학생의 학습 목표를 추려내는 데 필요하고, 수업을 계획할 때 효과적인 수업 계열을 세우는 데에도 도움이 된다. 과제분석은 학생의 수행 오류를 판별하는 수단이며, 복잡한 기술을 불연속적인 단위나 단계로 잘게 쪼개어 나가는 절차다. 일단 단계를 정하고 위계적인 계열로 배열하면 학생에게 계열화한 과제를 하나씩 제시한다. 그리고 오류를 분석한 결과를 보면서 복잡한 과제를 완수하기 위한 연속적인 수업 단계를 찾는다.

과제분석 평가의 절차는 목표 행동을 정하고, 적정 수준에 도달하기까지 불연속적이고 계열화된 단계들을 파악하며 학습과제를 작은 학습 단위로 쪼갤 때 지침이 된다. 과제분석의 계열성과 불연속성은 기술학습을 교육적 과제의 결합으로 보는 입장을 취한다. 비형식적 평가로 시행되는 과제분석은 학생의 문제를 보이는 그대로 특징짓거나 산수 계산 수행 능력 측면에만 그 판별 목적을 두어서는 안 되고, 학생의 수학 개념 이해에 기본적으로 부족한 부분이 무엇인지를 우선 살펴야 한다. 그러기 위해서는 학생의 수행 과정 또는 결과를 통한 체계적인 오류 유형의 파악이 필요하다. 오류분석을 통해 학습자가 보이는 오류가 단순한 실수인지 정신적 구조과정의 문제인지 파악할 수 있다.

4) 수행평가

수행은 실제 상황에서 학생이 수행한 과제를 처리하는 과정이나 그 결과를 의미한다. 수행평가는 학생 스스로 자신의 지식이나 기능을 나타낼 수 있도록 산출물을 만들어 내거나 행동으로 나타내거나, 해답을 스스로 만들어 내는 것을 측정하는 평가방법을 뜻한다. 수행평가는 학생 개개인의 발달을 지속적이고 종합적으로 평가할 수 있으며, 개인 단위뿐만 아니라 집단 단위로도 평가를 시도하여 학생 상호 간의 협력을 유도할 수 있다. 이 평가는 학생의 학습과정을 진단하고 개별 학습을 촉진하며, 인지 영역뿐만 아니라 정의적·운동적 영역 등 총체적인 평가를 중시하는 평가방법이다.

수행평가는 평가 내용과 방법이 학습자의 발달과 수준에 적합해야 하고, 실생활의 맥락에서 실시되어야 하며, 다양한 변인을 고려한 질적 접근방법에 의한 평가여야 한다. 또한 표준화 검사 도구를 활용하여 타당하고 신뢰성 있는 평가와 병행하여 활용함으로써 학생의 수행 능력에 대한 정확한 정보를 파악해야 한다. 수행평가의 방법은 준비도 검사, 관찰법, 평정척도 및 체크리스트, 작품 수집법 그리고 포트폴리오 등 다양하며, 신뢰로운 평가가 될 수 있도록 평가 항목 및 준거에 대한 충분한 사전 계획이 필요하다.

특히 포트폴리오는 학생의 성장과 발달, 능력과 성취 그리고 노력을 증명해 보일 목적으로 수집된 학습 전반에 대한 연속적인 기록의 총체를 의미한다. 포트폴리오는 기존의 결과 중심의 양적 평가의 문제점을 보완하고, 보다 폭넓은 평가에 유용하게 활용되고 있다. 또한 학생에게는 스스로 자신의 과제 수행의 결과를 보고 성찰할 수 있도록 기회를 제공하고, 교사에게는 평가과정에서 학생의 발전 상황에 대한 평가를 비롯하여 과정 중에 발생한 다양한 학생의 특성을 기록하여 앞으로의 발전 방향을 가늠해 보도록 하는 데도 유용하게 활용할 수 있는 강점을 지닌 평가방법이다. 이와 같은 평가에는 학생에 대한 평가뿐만 아니라 교사 및 프로그램에 대한 평가도 동시에 작용하고 있으므로 보다 치밀하고 객관적인 평가계획이 수립되어야 한다.

3. 수 교육과정

학습자를 둘러싼 환경과의 상호작용을 통하여 무엇을 배우게 될 것인가는 학습자 요인, 교육환경 요인 그리고 상호작용의 3가지 측면을 교사가 어떻게 준비하고 지원하는가에 따라 달라진다. 학생이 학습을 할 준비가 되었는지, 학생이 지닌 지각이나 기억 등에는 어려움이 없는지, 그리고 수학 학습과정에서 경험한 실패로 수학 학습에 대한 부정적인 태도를 보이고 있는 것은 아닌지 등의 태도 면과 인지적 · 언어적 측면에서의 학습 관련 요인을 두루 살펴 접근해야 한다. 학습자 요인을 탐구하는 것은 학생의 특성에 맞는 교수－학습방법을 찾기 위함하고, 학생의 현행 수행 수준을 고려하여 지도할 내용의 구조화, 과제의 난이도나 수업 전개 방식의 결정, 활용할 교재 · 교구 선정, 교실 분위기 구성 등의 요인을 고려하여 교육계획을 수립하기 위함이다. 수학의 교육 내용을 잘 전달하기 위해 교사가 다양한 방법을 제시하는 것, 학생이 알고 있는 것을 표현할 수 있게 여러 가지 접근을 시도하여 제공하는 것, 그리고 이들의 반응을 이끌어 내기 위한 교사의 발문이나 지원 등은 상호작용을 늘리기 위한 방법이 될 수 있다.

이처럼 다양한 학습 특성을 지닌 학생의 요구를 수용하고 지원하기 위해 기본교육과정의 수학과 내용 구성 및 범위에 대한 많은 논의가 있었다. 이에 공통교육과정의 시대적 변화와 통합교육의 요구를 수용하기 위해 특수학교 교육과정은 2011년 대대적인 변화를 맞이하였다. 즉, 2008년 개정 특수학교 기본교육과정의 수학과 내용 체계가 수, 연산, 도형, 측정, 표와 그래프의 5개 영역 3단계로 구성되어 있던 것에서 2011년 개정 교육과정 수학과 내용 체계는 '수와 연산' '도형' '측정' '규칙성' '확률과 통계'의 5개 영역으로 구분되었고, 영역별 내용의 난이도에 따라 5개 학년군으로 연속성 있게 구성되었다.

2011년 특수교육 교육과정이 2008년 교육과정과 비교하였을 때 변화된 내용을 살펴보면 다음과 같다. 먼저, 3단계의 단계형 교육과정이었던 교육과정을 5개 학년군으로 편성함으로써 중도 및 경도 장애학생이 학습할 수 있는 내용 범위를 확대했다(남윤석, 2012). 2008년 수학과 교육과정이 초등학교 1~2학년 수준의 내용 요소를 담고 있었다면, 2011년 개정 교육과정은 초등학교 3~4학년의 내용 요소를 담고 있고, 고등학교(1~3학년)의 '정수의 이해'는 공통교육과정 중학교 수준의 내용 요소를 포함하고 있다. 다음으로, 수학과 교육과정의 영역 구분을 공통교육과정에 준하여 변경하였다. 즉, 2008년 교육과정에서는 '수' 영역이 독립 영역으로 구분되었으나 2011년 교육과정에서는 공통교육과정의 영역 구분을 수용하여 '수와 연산' 영역으로 구분하고 있다. 마지막으로, 수학적인 내용에 맞게 일부 내용이 그 영역을 바꾸었는데, 화폐 영역이 대표적이다. 그동안 화폐는 '측정' 영역에 포함되었으나 2011년 특수교육 교육과정 기본교육과정에서는 '수와 연산' 영역으로 옮겨졌다(〈표 5-2〉 참조).

수학과의 수와 연산 영역을 지도하기 위해서는 다양한 방법적 접근이 필요하다. 특히 학생의 개별적 특성을 고려한 개별화 수업의 적용, 학생의 학습 특성을 고려한 구체물(concrete)-반구체물(semi-concrete)-추상적(abstract) 수준의 학습 계열을 통한 접근이 이루어져야 한다. 또한 다양한 방식의 수학적 의사소통 기회가 제공되어야 하는데, 교사-학생 간, 학생-학생 간 수학적 의사소통은 학습 내용을 이해하는 데 매우 중요하다. 교사의 입장에서 수학적 의사소통은 수학의 내용을 학생에게 전달하기 위해 필요하고, 학생 측면에서의 수학적 의사소통은 자신이 알고 있는 수학적 내용을 표현할 수 있어야 하기에 필요하다. 이때 상호 간 사용하는 용어는 수학의 기호나 언어와 같은 상징체계를 활용한 접근인데, 학생이 이 기회체계를 이해하지 못한다면 의사소통뿐만 아니라 학습도 이루어졌다고 보기 어렵기 때문에 학생의 학습 수준 및 특성에 맞는 접근이 필요하다.

Brunner는 학생의 수학적 개념 형성 및 의사소통 발달을 위해 동작적·영상적·상징적 표상모델을 제안하였다. 동작적(enactive) 표상은 실물을 가지고 행동하거나 조작활동을 하며 이해하는 것을 말하고, 영상적(iconic) 표상은 그림이나 도식 등의 영상을 활용하여 지식을 이해하는 것을 말한다. 상징적(symbolic) 표상은 기호나 문자식과 같은 논리적 명제의 해석으로 도출된 상징적 체계를 이해하는 것으로, 학생에 대한 인지 처리 및 발달과정에 대

표 5-2 수 영역 교육과정 내용 체계 비교표

2008년 개정 특수학교 기본교육과정		2011년 개정 특수교육 기본교육과정	
1단계	• 변별하기 • 분류하기 • 짝짓기 • 순서 짓기	초등학교 1-2학년	• 변별하기 • 분류하기 • 짝짓기 • 순서 짓기 • 구체물 가르기와 모으기
			• 화폐의 종류
2단계	• 개수 세기 • 개수 비교하기 • 수 1, 2, 3, 4, 5 알기 • 수 6, 7, 8, 9 알기 • 한 자리 수의 순서 알기 • 한 자리 수의 크기 비교하기	초등학교 3-4학년	• 개수 세기 • 개수 비교하기 • 한 자리의 수 • 9 이하의 수 가르기와 모으기
			• 화폐의 액면가
		초등학교 5-6학년	• 두 자리의 수 • 세 자리의 수
			• 화폐의 교환
3단계	• 19 이하의 두 자리 수 알기 • 50 이하의 두 자리 수 알기 • 51 이상 100이하의 수 알기 • 100 이상 1,000이하의 수 알기 • 두 자리 수의 크기 비교하기	중학교 1-3학년	• 네 자리의 수 • 다섯 자리 이상의 수 • 분수의 이해
			• 화폐의 계산
		고등학교 1-3학년	• 소수의 이해 • 정수의 이해
			• 화폐의 활용

한 충분한 이해를 바탕으로 하여 학생의 수준에 맞는 학습 요소를 지도하기 위한 노력을 기울여 나가야 할 것이다(남윤석, 2012; 재인용).

그리고 수를 지도하기 위해서는 학생의 학습 동기를 높일 수 있는 흥미로운 수업활동의 전개가 필요한데, 접근과정에 대해 Dienes는 자유놀이 – 게임 – 공통점 탐색 – 표현 – 상징화 – 형식화 단계로 수 지도를 할 것을 제안하였다. 즉, 학생 개개인의 흥미와 특성, 나이 등을 고려하여 적극적 · 능동적으로 수학 수업에 참여할 수 있는 놀이나 게임을 준비해서 내적 동기를 이끌어 내는 과정이 필요함을 주장하였다(남윤석, 2012 재인용). 이와 함께 생활중심의 학습활동 전개를 통해 실제 환경에서 해결해야 할 문제를 직접적으로 경험하도록 하는 것도 도움이 될 수 있다. 또한 '수'는 수학적 개념을 형성하고 활용의 기초가 되는 과정이므로 다양한 방법의 반복 및 보충 학습의 기회를 최대한 많이 제공하여 학생이 개념 및 기술을 숙달할 수 있도록 하고, 이를 다른 환경이나 과제에 일반화하여 쓰임새 있게 활용할 수 있도록 지원하는 과정이 필요하다. 이것을 지도하기 위한 다양한 교수-학습방법에 대한 논의는 이어지는 장들에서 다루고자 한다.

4. 수 교수-학습법

수에 대한 지도를 하기 위해서는 학생의 발달 정도 및 특성을 고려하여 수 이전 단계와 수 단계로 구분하여 접근하는 것이 바람직하다. 이 절에서는 수 이전 단계와 수 지도 단계 각각의 효과적인 교수법을 살펴보고자 한다.

1) 수 이전 단계의 교수-학습법

수 이전 단계의 수학적 개념을 익히기 위해서는 학생의 현행 수준을 파악해야 한다. 학생의 성공을 촉진하기 위하여 목표는 학생의 생활과 밀접한 관련이 있어야 하고, 학생과 교사가 함께 목표를 설정하게 되면 상호 기대 수준을 공유할 수 있어 동기 유발에 효율적으로 활용할 수 있으므로 교사가 목표를 제시할 때 학생이 왜 이것을 해야 하는지, 그러기 위해 지금 무엇을 해야 하는지에 대해 수월하게 설명할 수 있게 된다. 이때 목표는 학생이 쉽게 성공 경험을 가질 수 있는 과제보다 중간 난이도 수준의 과제를 제시함으로써 도전감을 가질 수 있도록 하는 지원 전략을 습득하는 것이다. 그리고 학생이 수학적 개념을 형성하기 위해서는 효율적인 교수단계를 적용해야 하는데, 새로운 학습 자료를 학습할 때에도 학생은 이전에 배운 내용을 복습할 수 있고 높은 성공률을 유지할 수 있어야 한다. 이를 위한 교수-학습방법은 다음과 같다.

① **명시적인 교사 모델링**: 교사는 의미 있는 문제를 해결하고 자기조절 과정을 개발하기 위해 문제해결 전략에 대한 모델링을 학생에게 상세하게 전달해야 한다. 성공적인 교수전략은 적합한 예시 문제를 충분히 사용하거나 전략 사용 기회를 여러 차례 주어 전략 사용을 수정할 수 있도록 기회를 부여하는 것이다. 교사는 학생이 새롭게 습득한 전략을 어떻게 효과적으로 사용할 수 있는지 설명해 주고 평가하는 기회를 자주 가져야 한다(Zawaiza & Gerber, 1993).

② **교사-학생 상호작용 강조**: 교사-학생 상호작용을 강조하는 것은 수학 교육에서 교수적 담화의 질을 향상시키는 데 그 목적을 두고 있다. 과거에는 교사에게 초점을 맞춘 담화 중심 교수법이 주를 이루었다면 최근에는 개념적인 이해를 발달시키기 위한 교사-학생 간 대화를 강조하고 있다. 이러한 역동적인 과정에서 교사는 학생의 요구에 따른 대화에 지속적으로 반응하면서 직접 교수의 제공, 교사 지도가 제공되는 과제 연습, 질문하기, 과제 주기, 교정적인 피드백 주기, 격려하기, 그리고 학생이 독립적으로 수행하도록 기회 주기, 학생의 의견 반영하기, 교수 목표 설정하기, 인지적·초인지적 전략 모델링하기, 원리에 대해 토의하기 등과 같은 활동을 언제 제공하는 것이 적절한지 파악하기 위해 학생과 상호작용하는 시간을 정례화하는 것도 좋은 방법이다. 수 이전의 개념적 이해를 확실하게 발달시키기 위해 교수를 제공하는 동안 교사가 정기적으로 상호작용하는 경우, 학생은 자신의 학습에 보

다 적극적으로 참여하게 된다.

③ **구체물-반구체물-추상의 계열 사용**: 문제해결 기술을 습득하는 단계에서 학생은 그 기술이나 개념에 대해 명확하게 이해할 수 있는 방법으로 배워야 한다. 교사는 구체물-반구체물-추상의 순서를 학습에 어려움을 지닌 학생에게 수 개념, 연산, 응용을 이해시킬 수 있는 확실한 방법으로 여기고 있고, 많은 연구를 통해 그 효과성이 검증되기도 하였다.

④ **개념과 규칙의 교수**: 학생이 수와 관련한 개념과 규칙을 습득하게 되면 수학적 이해가 좀 더 수월해진다. 개념이나 규칙을 가르치기 위해 구체물을 활용하거나 반구체물을 활용하는 것도 좋은 방법이 되며, 실생활 속에서 이러한 소재를 찾아 접근하는 것도 도움이 된다.

⑤ **진보 점검과 피드백 제공**: 학습의 문제를 지닌 학생의 수학적 진보를 점검하고 피드백을 제공하는 것은 학생이 성취와 관련하여 좋은 성과를 낼 수 있는 방법이다. 학생이 보이는 오류를 즉각적으로 교정하여 주면 학생은 더 높은 수준의 성취를 보인다. 피드백은 주의 집중이 잘 안 되고 학업과제에 잘 참여하지 못하며, 오류를 자주 보이는 학생에게 더욱 중요하다. 학생에게 적시에 제공되는 피드백은 교사가 직접교수를 시행하거나 학습 기회를 최대화할 수 있도록 기회를 제공하는 환경이 마련되었음을 확인하는 것이다.

⑥ **융통성의 유지**: 학생 개개인이 지닌 이질적인 학습 특성에 따라 교사는 학생의 특성에 맞도록 수학교육에서 융통성을 발휘할 수 있어야 한다. 수 이전 개념 학습에 영향을 미치는, 학생이 지닌 광범위한 학습 특성을 살펴서 교수 활동이나 절차에서 다양함을 보여 주는 것이 필요하고, 특정 교수활동으로 기대했던 학습 효과를 내지 못하는 경우 다른 방법을 시도하는 것이 필요하다. 즉, 특정 양식 중심의 교수법, 시각적·청각적 단서 활용 그리고 강화요법 등의 교수적 대안을 강구하여야 한다.

⑦ 수학적 활동에 대한 긍정적 마인드 형성: 학습에 어려움을 지닌 학생은 수학에서 실패한 경험이 많아 수학에 대한 부정적인 태도를 지니고 있으며, 자신이 수학 학습에서 성공할 수 있을 것이라는 데에 자신감이 부족하고 능력이 없다고 생각하는 경향이 있다. 따라서 교사가 학생에게 주는 담화 과정 속에서 수학 학습에 대한 태도, 믿음 및 동기는 중요한 역할을 한다. 수학적 경험과 관련된 정서적 태도는 학생의 노력 수준에 영향을 미칠 수 있기 때문에 교사는 수용적이고 고무적이며 촉진적이어야 하고, 즐거운 환경을 제공하여 학생이 수에 대한 긍정적인 태도를 형성할 수 있도록 지원해야 한다.

2) 수 개념 교수법

장애학생에게 수 개념을 지도하는 것은 어려운 과제가 될 수 있다. 이들이 수 개념을 형성해 나갈 수 있도록 돕기 위해서는 몇 가지 수학 학습 원리에 근거한 접근을 시도하는 것이 좋다(박홍자, 이순영, 2006).

첫째, 활동성의 원리다. 이는 인간은 활동을 통해 수학적 개념을 형성한다는 Piaget의 활동주의적 수학관에 근거한 것으로, 활동을 통해서 학습했을 때 효과적이라는 의미다. 둘째, 구성력의 원리다. 이것은 수학 학습에서는 구성이 분석에 선행되어야 한다는 것인데, 여기서 구성은 물체를 만들거나 전체를 평가한다는 것이고, 분석이란 물체를 분해하거나 세부를 검토하는 일, 그리고 특정한 근거를 묻는 것을 말한다. 셋째, 수학적 다양성의 원리다. 이는 수학적 개념을 제시할 때 변화시킬 수 있는 것은 가능한 한 다양하게 변화시켜서 제시해야 한다. 넷째, 지각적 다양성의 원리다. 이것은 수학적 개념 형성을 위해서는 다양한 구체물을 학생의 개인차에 맞춰 제공하되, 학생이 추상화의 과정을 거쳐 가며 활동에 참여할 수 있도록 유도해야 한다는 것을 의미한다.

이와 같은 수학적 개념 형성의 원리를 바탕으로 Kamii와 DeVries(1976)가 밝힌 수 개념을 이해하도록 도와줄 수 있는 교육의 원리는 다음과 같다.

첫째, 학생에게 유용하고 의미가 있는 활동 속에서 수 개념을 가르친다. 학생이 수를 능동적으로 구성하도록 하고 학생 자신이 확신하는 어떤 것이든 선택할 수 있도록 격려하는 것이 필요하다. 둘째, 학생이 사물을 가지고 논리적으로 수량화하고 집합을 비교할 수 있도록 한다. 세기 활동이나 정답만을 강조하기보다는 학생이 흥미로워하는 것과 관련지어 수에 대해 생각해 보도록 격려하는 것이 중요하다. 셋째, 또래와의 상호작용과 성인과의 상호작용을 모두 격려한다. 성인은 학생의 행동을 잘 관찰하여 아동의 사고과정에 영향을 미칠 수 있도록 개입하는 것이 필요하다. 넷째, 학생이 스스로 답을 확인할 수 있게 하는 것이 필요하다. 그리고 학생이 어떻게 사고하고 이해하며 생각하는지 그 과정에 따라 도움을 주어야 한다. 다섯째, 학생이 여러 사물을 다양하게 관계지을 수 있도록 다양한 경험을 제공하고 격려하는 것이 필요한데, 이때는 학생의 발달단계를 고려한 접근을 해야 한다. 예를 들어, 상징적 표상으로 수 개념 형성이 어려운 경우에는 영상적 또는 활동적 수준에서의 접근을 우선 고려하는 것이 좋다.

3) 교수-학습 실제

수 이전 개념을 학습하는 학생에게 수학 준비성으로는 공간 관계의 기본적인 개념, 일대일 대응, 분류하기, 유목화, 서열화와 계열화, 가역성, 보존 개념이 있어야 하며, 수, 비교, 대조, 문제해결 개념을 나타낼 수 있는 언어가 있어야 한다. 경우에 따라서 학생은 말로 표현하는 것 이상으로 알고 있을 수 있으며, 반대로 개념을 이해함이 없이 올바른 반응을 말로 나타낼 수도 있으므로 학생을 평가할 때는 이를 유의해야 한다.

(1) 공간 관계

공간 관계는 공간 형태를 정확하게 지각하고 비교하는 능력과 사물의 크기, 깊이, 거리를 시각화하는 능력을 포함하며, 이 모든 것을 대상영속성과 관련지을 수 있다. 공간 관계는 기하학적 모양을 시각화하고, 수직과 수평, 측정과 어림잡기, 기하 개념을 이해할 때 필요하다.

(2) 일대일 대응

일대일 대응은 수 세기를 이해하는 기초가 되며, 한 집단 내의 하나의 사물은 그 특성에 관계없이 다른 집합 내의 하나의 사물과 같다는 것을 이해하는 능력이다. 이것은 '0'의 개념을 이해할 수 있게 하고, 서수와 기수 수 세기의 선행 조건이 되기도 한다. 일대일 대응은 어린 아동에게 과자를 한 손에 하나씩 주거나 가족 수에 맞추어서 식탁에 개인용 자리를 마련해 놓고 식기를 놓게 함으로써 길러질 수 있다. 학교에서는 교실에서 학생 개개인에게 학습 자료를 각각 나누어 주는 활동으로 연습할 수 있다.

입으로는 간헐적으로 수를 셀 수 있지만 수의 개념이 아직 완전히 형성되지 않아 한 개의 사물에 하나의 수를 대응하지 못하는 아동이 있다. 이와 같은 경우에는 아동에게 수 세는 것과 함께 운동 및 촉각 반응을 결합하도록 하는 것이 도움이 되기도 한다(백은희, 2005). 시각적인 자극이나 대상을 지적하는 등의 활동만으로는 아동의 주의 산만이나 동기 결핍 등을 보상하지 못하여 학습을 성공적으로 이끌지 못할 수 있으므로 다양한 신체 활동을 통해 수 세기의 원리를 학습할 수 있도록 지원하는 것이 필요하다. 청각적 자극은 북을 두드리는 횟수를 들음으로써 수 세기 기능을 강화하는 데 사용할 수 있다. 아동에게 소리가 날 때마다 표시를 해 두었다가 나중에 그 표시를 더하게 하거나 세 번 손뼉 치고 네 번 뛰고 두 번 책상을 두드리는 것 같은 신체적 활동을 하게 함으로써 수 세기의 원리를 확립해 나갈 수 있다.

(3) 분류하기

분류는 특정하게 정의된 특성, 즉 유사점과 차이점에 따라 사물들의 관계를 이해하고 묶는 과정으로, 집합(set notation)과 무리 짓기(grouping)를 이해하는 과정이다. 교사는 학생에게 구체물을 이용하여 분류하고 가려내는 활동 경험을 많이 제공하는 것이 좋다. 학생은 특정한 기준에 해당하는 것과 해당하지 않는 것을 가려내고, 기하학적인 모양별로 구분하는 활동 같이 지각적인 특성을 강조하는 영상 수준부터 활동을 시작함으로써 자기중심적 사고를 보완해 나갈 수 있다. 단일 차원의 분류 단계를 거치고 나면 학생에게 다차원적인 분류를 시도해 볼 수 있는데, 예컨대 기하도형 중에서 크고 노란색 삼각형만을 고르는 과제를 제시하여 수행하도록 할 수 있다.

(4) 유목화

폴더(folder)의 개념이 없었더라면 우리는 수많은 파일을 뒤죽박죽 보관하고 있었을 것이다. 다행히 우리는 폴더에 함축적 의미의 제목을 부여하고, 그 안에 제목과 관련성 있는 정보들을 담을 수 있다. 즉, 폴더는 사용자가 정보를 '나름대로' 조직화(organization)할 수 있는 것이며, 이 조직화 정도가 높을수록 정보처리도 쉬워진다.

마찬가지로 사람의 머릿속에도 장기기억(long-term memory)이라고 불리는 방대한 양의 정보가 들어 있으며, 이것들은 '나름대로' 조직화되어 있다. 다만 개인차가 크고, 정보가 중복되거나 체계적이지 않은 측면이 있다. 사람은 정보를 조직화하면 여러 모로 유익하다는 것을 본능적으로 알고 있다. 그래서 정보를 접했을 때 서로 비슷한 정보를 집단화(grouping)하여 기억하려는 경향이 있다. 우리는 사람이 이런 유목화(categorization) 과정을 통해 복잡한 환경을 이해하려고 한다는 점에 주목해야 한다.

유목화란 개념을 형성한다는 의미다. 그리고 생각한다는 것(thinking)은 개념 간의 관계를 파악하는 것을 의미한다. 사람은 평생에 걸쳐 수천 개의 개

넘을 형성하게 되며, 이것들은 정보를 기억하고 기억된 정보를 효과적으로 사용하도록 돕는 역할을 한다. 사람은 성장하면서 환경을 이해하는 능력을 키워 나가며, 이와 함께 유목화하는 능력도 발달한다. 하지만 아동의 경우에는 아직 인과관계를 유추하는 능력이 부족하여 정보를 유목화하거나 색인 목록 중심으로 체계화하지 못한다. 앞서 언급하였듯이, 사람들은 '나름대로' 정보를 조직화한다는 점에 유의해야 한다. 다시 말해, 사람의 유목화 과정을 살펴보면 관련성이 적은 항목들이 집단화(grouping)되기도 하는데, 이것은 개인적인 의미에 따라 정보를 조직화하기 때문이다. 이들을 지도하기 위해서는 〈활동 5-1〉의 활동을 할 수 있다.

 활동 5-1 **유목화 지도 활동**

- 각기 다른 액수의 동전이나 지폐를 주었을 때 기본적으로 동전과 지폐의 다름을 이해하고, 동전은 100원과 500원짜리를 구분하며, 지폐도 각각의 액수대로 분류하여 구분하기

- 같은 모양의 구슬이라도 쇠구슬과 유리구슬을 구분하기

- 학생들이 가지고 있는 소지품이나 학용품을 유목화 활동의 소재로 삼거나 전단지의 그림을 분류하기

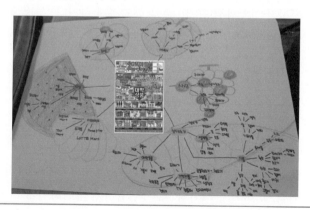

(5) 서열화와 계열화

서열화와 계열화는 양적 관계를 고려하지 않고 사물을 계열화하는 능력 및 길이, 무게, 색깔 등 하나 또는 그 이상의 특성의 변화에 기초하여 계열화하는 능력과 관련된다. 서열화와 계열화는 기수 세기와 서수 세기에서 모두 필요하며, 둘씩, 셋씩, 열씩 셀 때와 수직선(number line)을 사용할 때 필요하다. 서열화와 계열화의 개념을 지도하기 위해서는 크기가 다른 상자들을 쌓게 하고, 거울을 보면서 키 순서대로 줄을 서게 함으로써 더 작은 것과 더 큰 것의 개념을 발달시켜 나갈 수 있다. 또한 아동에게 6 뒤에 오는 수 또는 2와 4 사이에 오는 수를 말하게 하거나 처음과 마지막 혹은 세 번째에 있는 것을 지적하게 하는 등의 활동으로 생활 속에서 접근할 수 있다.

그리고 서열화는 크기나 무게와 같은 하나의 기준에 따라 대상을 순서대로 배열할 수 있는 능력으로, A<B이고 B<C이면 A<C라는 것을 이해하는 능력이다. 어린 학생의 경우, 블록을 색깔이나 모양에 따라 분류할 수는 있지만 색깔과 모양을 한꺼번에 고려해서 분류하지는 못하는 경우도 있다.

아동에게 다른 크기의 사물을 비교하고 대비해 보게 하는 것도 크기와 길이 개념의 관계를 가르치는 데 도움이 된다. 두 개의 사물을 비교하여 더 크고, 더 작고, 더 길고, 더 짧은 개념을 형성해 나가도록 하는 것이 필요하다 (백은희, 2005). 원, 나무, 집 등의 대상을 두꺼운 종이로 만들게 하거나 주변의 사물을 직접 가져와서 크기순으로 배열하게 하거나, 특정 공간에 적절한 크기의 사물을 가져다 채워 넣게 하는 등의 활동을 통해 학생이 개념을 형성해 나가도록 도울 수 있다.

(6) 가역성

가역성은 사물들을 변화시키고 재배열하였을 때 원래의 상태로 돌아올 수 있다는 것을 아는 능력과 관련된다. 가역성은 더하기와 곱하기의 교환법칙과 연합 법칙, 더하기와 빼기의 역기능, 곱하기의 더하기에 대한 배분 법칙과 같은 산수 조작을 이해하고 사용하는 것이 선행요건이다. 사고의 가역성은, 가령 '우리 아버지는 다른 사람의 형제이거나 삼촌이 된다는 것'을 이해하는 것이다. 그리고 더하기를 연습할 때 사물들을 묶으면서 구체적인 조작 경험을 하게 함으로써 이해하게 할 수도 있다. 수의 개념과는 전혀 상관없는 듯이 보이지만 이와 같은 사고의 가역성을 통해 수리적 문제해결 능력 및 상황적 융통성을 형성하는 데 도움을 받을 수 있으므로 지속적으로 자극적인 환경 구성 및 노출은 물론이고 다양한 활동에의 참여를 제안할 필요가 있다.

(7) 보존개념

보존개념은 상태가 바뀌거나 모양이 변형되더라도 크기나 양은 그대로라는 사실을 이해하는 능력을 의미한다. 예를 들어, 물컵에 담겨 있던 물을 넓은 대접에 담아도 물의 양에는 변화가 없을 것이라고 생각한다면 보존개념이 정립되었다고 볼 수 있다. 보존개념에는 수의 보존개념, 길이의 보존개념, 무게의 보존개념, 부피의 보존개념 등이 있으며, 각각은 다른 연령대에서 확립된다.

Piaget는 전조작기의 유아가 보존개념을 획득하지 못하는 이유로서 두 개 이상의 차원을 고려하지 못하는 중심화, 지각적 특성에 따라 판단하는 직관적 사고, 바뀌는 상태를 고려하지 못하는 것, 비논리적 사고의 특징인 비가역성 등을 들었다. 이 중 주된 이유는 중심화와 직관적 사고다. 특히 직관적 사고는 지각과 경험에 따라 판단하기 때문에 차분히 따져 봐야 아는 보존성을 간과하기 쉽다. 이미 보존개념이 정립된 후에야 '당연한' 것이지만, 그렇지 않은 경우에는 직관적인 사고가 보존성과 상반되는 결론을 내리기 쉽다. 인류의 집단 지식 측면으로 보더라도 보존개념은 특정 시점에야 확립이 된다.

보존개념은 생득적인 것이 아니다. 보존개념을 가지는 것 자체가 자연스러운 것이 아닐 수도 있다. 우리의 경험과 배치되기 때문이다. 보존개념이 생기기 위해서는 실험적인 경험이 필요하다. 물을 다시 원래 그릇에 부어 보며 보존된다는 사실을 '경험'해야 하듯이 말이다. 실험적인 경험을 통해 우리는 경험을 넓히게 되고 새로운 직관을 갖게 된다. 우리가 경험할 수 있는 영역 안에서 직관은 형성되고, 보존개념 또한 (반복된 혹은 통제된) 경험을 통해 알 수 있는 것이기에 (사고 실험을 통해서조차) 경험할 수 없다면 개념은 생길 수 없다(사고 실험 또한 이미 경험한 것을 쪼개고 합치는 과정임). 보존개념은 경험에 바탕을 둔 직관적 사고와 상반될 수 있다. 우리는 축적된 경험 혹은 통제된 경험을 통해 보존개념을 새로운 직관으로 받아들인다. 비록 보존개념이 한두 번의 경험과는 배치될지 모르지만 여러 번의 경험을 통해 새로운 직관으로 정립될 수 있다. 경험의 범위(scope)가 넓어지면서 보존 개념도 더욱 사실과 가까워진다. 그리고 그 과정은 '개인'과 인류라는 '집단'에 있어 유사하다. 보존개념은 획득 후에는 너무나 당연한 것으로 받아들여지지만, 그렇지 않았던 시기는 누구에게나 있다. 따라서 학생에게 보존 개념을 형성해 주기 위해서는 스스로 경험하고 터득할 수 있도록 기회를 여러 번 제공하는 것이 바람직하다(〈표 5-4〉 참조).

표 5-4 보존개념 형성을 위한 활동 사례

구분	처음 제시	변형 제시
수	두 줄의 동전 수는 같은가? 	동전의 간격을 달리해도 동전 수는 같은가?

길이	두 개의 막대의 길이는 같은가?	막대기를 옮겨 놓아도 길이는 같은가?
액체	두 컵의 물의 양은 같은가?	넓적한 컵에 옮겨 부어도 물의 양은 같은가?
질량	두 개의 공 모양 찰흙은 양이 같은가?	하나를 변형시켜도 찰흙의 양은 같은가?
면적	두 마리의 소는 동일한 양의 풀을 먹을 수 있는가?	풀의 위치를 바꾸어도 동일한 양의 풀을 먹을 수 있는가?
무게	두 개의 공 모양 찰흙은 무게가 같은가?	하나를 변형시켜도 찰흙의 무게는 같은가?
부피	두 개의 공 모양 찰흙을 물에 넣으면 올라오는 물 높이가 같은가?	하나를 변형시켜 넣어도 물 높이는 같은가?

출처: 정옥분(2002). 아동 발달의 이해. 서울: 학지사, p. 383; Berk, L. E. (1996). *Infants, children, and adolescents* (2nd ed.). Needham Heights, MA: Allyn & Bacon에서 재인용.

참고문헌

김옥기, 유균화(1990). 경도장애학생교육. 서울: 교육과학사.

남윤석(2012). 2011 개정 특수교육 교육과정 직무연수 연수교재. 단국대학교 사범대학 부설 교원연수원 미간행 자료.

박홍자, 이순영(2006). 영유아 수학교육. 서울: 태영출판사.

백은희(2005). 정신지체: 이해와 교육. 서울: 교육과학사.

정옥분(2002). 아동 발달의 이해. 서울: 학지사.

Antelling, S. E., & Keating, D. P. (1983). Perceiving of numerical invariance in neonates. *Child Psychology, 43*, 1111-1124.

Kamii. C., & DeVries. R. (1976). *Physical knowledge in preschool education: Implications of Piaget's theory*. Englewood Cliffs, NJ: Prentice-Hall.

Wynn, K.(1992). Addition and subtraction by human infants. *Nature, 358*, 749-950.

Zawaiza, T. R. W., & Gerber, M. M. (1993). Effect of explicit instruction on math word-problem solving by community college student with learning disability. *Learning Disability Quarterly, 16*, 64-79.

제6장

교수-학습 실제: 자연수 연산

수학은 학교 안팎에서 중요한 교과로 인식되고 있다. 학생은 좋은 성적을 얻기 위해, 상급학교 진학을 위해 혹은 취업을 위해 수학의 여러 영역을 공부한다. 하지만 일상생활을 영위하는 데 있어 학교에서 배우는 수학의 영역들이 모두 필요한 것은 아니다. 실제로 우리가 일상생활에서 주로 활용하게 되는 영역은 초등교육에서 다루는 수와 연산, 측정, 도형 등 수학의 가장 기초적인 몇 가지 영역이다.

연산은 학교에서 배우는 다른 교과들은 물론, 예컨대 기하, 대수 등 수학 교과의 다른 영역들을 위해서도 기초가 되는 기술이다. 뿐만 아니라 연산은 기본적인 생활에 있어서도 필수적인 기술이라는 점에서 그 중요성을 찾아볼 수 있다. 우리는 매일 재화나 서비스를 사고팔며, 가계를 위한 예산을 세우는 등 여러 가지 상황에서 연산을 하며 살아간다. 결국 연산 능력은 인간으로서의 삶을 가능하게 해 주는 다양한 요소 중 하나라 할 수 있다.

비록 최근에 계산기의 사용이 보편화되었다 하더라도, 필산(筆算) 혹은 암산을 해야 할 경우는 반드시 있게 마련이고, 이는 연산 능력을 육성해야 할 충분한 명분을 제공한다. 특수교사는 일상생활에 필요한 기본적인 수학 기술의 습득 및 기초 학습능력 배양 등을 목표로 삼아 연산을 수와 함께 집중적으로 장애아동에게 가르친다(이병혁, 신현기, 2003; 이미숙, 전병운, 2012).

연산은 일정한 규칙에 따라 수와 문자를 계산하여 결과를 내는 것으로, 2개 이상의 양이 연산에 의해 1개의 양으로 만들어진다(박을용 외, 1995; Svarney & Svarney, 2005). 따라서 자연수, 정수, 분수, 소수 등 모든 종류의 수뿐 아니라 기호까지도 연산의 대상이 되며, 일정한 규칙에 따라 수행되는 계산은 모두 연산에 해당한다.

하지만 현실적으로 특수교육은 일반교육과 달리 아동의 독립적인 생활능력을 우선시하며 각 교과영역에서도 이를 가능하게 해 줄 기술의 교수-학습이 강조된다. 이러한 측면에서 연산영역에서 장애아동에게 필요한 것은 자연수를 대상으로 하는 사칙연산이라 할 수 있다.

1. 계산능력의 발달

비록 아동이 계산능력을 저절로 습득하는 것은 아니라 하더라도, 사람은 일정 부분 계산과 관련된 능력을 타고나는 것으로 보인다. 유아가 덧셈은 양이 증가하는 것이고, 뺄셈은 양이 감소하는 것이라는 것을 은연중에 알고 있다는 연구결과는 계산이 자연스럽게 발달해 가는 영역이라는 사실을 강력하게 뒷받침해 준다. 이러한 타고난 능력을 바탕으로 사람은 환경과의 상호작용을 통해 계산능력을 점차 발달시키고, 형식적인 교육을 받기 전에 이미 비형식적 계산 지식을 갖추고 일상생활에서 이를 활용할 수 있게 된다.

Geary(1994)는 계산능력의 발달과 관련된 2가지 모형을 제시하였다. 첫번째 모형은 Siegler로 대표되는 전략선택(strategy-choice) 모형이며, 두 번째 모형은 Piaget의 연구에 기초한 도식중심(schema-based) 모형이다.

1) 전략선택 모형

이 모형은 인간에게는 문제를 해결하는 데 있어 서로 다른 여러 가지 방법이 있으며, 각각의 특정한 문제를 해결하기 위해 가장 적합한 전략을 선택하는 경향이 있다는 사실을 전제로 한다.

전략선택 모형에는 아동의 전략선택과 기존 전략의 복합체의 변화 모두에 영향을 주는 3가지 일반적인 기제, 즉 기억표상(memory representations), 이 표상에 작용하는 처리과정(processes that act on these representations) 그리고 학습 기제(learning mechanism) 등이 포함된다.

기억표상에는 문제와 답 사이의 연합뿐 아니라 특정 문제와 그 문제를 풀기 위한 방법들(예: 세기, 인출) 간의 연합도 포함되며, 이러한 연합은 그 강도 면에서 다양하다. 이 연합 강도(associative strength)는 신뢰 준거(confidence criterion)와 함께 문제해결에서 중요한 역할을 하게 된다. 연합 강도란 특정 문제와 연합된 답을 인출해 내는 비율이며, 신뢰 준거란 인출된 답이 정답일 것이라는 믿음을 판단하는 내적 기준을 말한다. 신뢰 준거가 높은 아동은 자신이 정답이라고 확신하는 답만을 진술하는 반면, 신뢰 준거가 낮은 아동은 그 답이 정확하든 그렇지 않든 간에 무엇이든 생각나는 대로 답변한다. 인출된 답은 문제와 답 사이의 연합 강도가 해당 아동의 신뢰 준거 값을 초과할 경우에만 진술된다. 만일 인출된 답이 정답일 것이라는 믿음이 부족한 상태라면 그 답은 진술되지 않을 것이다. [그림 6-1]은 연합 강도 및 신뢰 준거를 바탕으로, 간단한 덧셈의 인출된 답이 진술될 것인지 그렇지 않은지를 보여 주고 있다. 여기서 보면, '1+2'는 인출을 통해 '3'이라는 답이 진술되겠지만, '3+4'는 정답인 '7'조차도 진술되지 않을 것이다.

문제를 해결하는 과정에서 아동은 잠재적인 해답뿐 아니라 과거에 그 문제 또는 유사한 문제를 푸는 데 사용되었던 절차 역시 인출하게 된다. 하나의 문제를 푸는 데 어떤 아동은 인출을 사용할 수 있고, 또 어떤 아동은 세기를 이용할 수 있다. 모든 기억표상은 문제해결 과정을 통해 발달한다. 결국 계산 문제해결에서 전략 사용 결정 요인은 신뢰 준거와 결합된, 문제와 답 사이의 연합의 강력함 정도 및 제시된 혹은 그와 유사한 문제들을 풀기 위해 과거에 사용했던 절차 및 문제와의 연합의 강력함 정도라 할 수 있다.

이 모든 기억표상은 문제해결 과정을 통해 발달한다. 특정 문제를 해결하

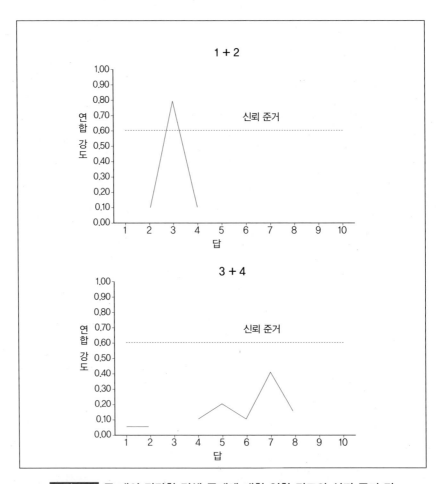

그림 6-1 두 개의 간단한 덧셈 문제에 대한 연합 강도와 신뢰 준거 값

출처: Geary, D. C. (1994). *Children's mathematical development*. Washington, DC: American Psychological Association, p. 83.

기 위해 어떤 방법이 반복적으로 사용되면 문제와 답 사이의 연합이 증가하여 표상이 만들어지고, 결국 문제해결은 인출에 의존하게 된다. 잘못된 방법의 사용이나 적절한 방법의 잘못된 적용은 잘못된 연합을 만들어 낼 수 있으므로 주의해야 한다.

학습기제는 절차적 사용과 기억표상 발달의 혼합체를 포함한다. 아동은 세기나 다른 절차들을 통해 기초 계산식(basic facts)을 배우게 되지만, 이 절차들의 정확성 및 효율성 또한 학습하게 된다. 신뢰 준거와 함께, 아동이 특정 문제와 답 그리고 이 문제들에 연계한 절차들 사이에서 발달시킨 기억표상들의 패턴으로부터 적응적 전략 선택이 발생한다. 적응적 전략 선택은 이러한 기억표상들의 자연스러운 그리고 무의식적인 결과인 것이다.

2) 도식중심 모형

아동의 계산 지식이 절차 수행을 통해 발달한다고 보는 전략선택 모형과는 달리, 도식중심 모형에서는 계산에 대한 추상적 개념의 이해가 발달의 원천이 된다.

도식중심 모형의 기본 전제는 사람은 타고난 그리고 어느 정도 독특한 계산 관련 도식들(schema)을 갖고 있으며, 이러한 도식들을 바탕으로 계산 및 계산과 관련된 주제에 대한 자연스러운 상황에서의 사회적 상호작용을 통해 계산 지식이 구성된다는 것이다. 특정 인지기술이나 문제와 답 사이의 연합 등은 아동이 계산에 대한 적절한 추상적 도식을 발달시키는 동안 나타나는 것이다. 따라서 전략 선택과 같은 관찰 가능한 행동은 아동이 현재 발달시키고 있는 계산 도식에 대해 정보를 줄 수 있는 만큼만 유용한 것이고, 중요한 것은 계산 절차가 아니라 절차에 대한 추상적 개념을 이해하는 데 있다.

추상적 개념의 이해는 문제해결의 기초가 되며, 정교화의 대상이 된다. 즉, 계산 관련 도식은 기존 도식들을 토대로 하여 주로 사회적 집단에서 상호작용 하는 동안 해당 아동이 관련 지식을 동화하고 조절하는 것을 통하여 다시 정교해지고, 결국 계산 지식은 발달하게 되는 것이다. 하지만 모든 계산 학습이 반드시 사회적 맥락에서 발생한다는 입장을 따라야 하는 것도 아니고, 이 접근 방식이 절차적 기술을 가르치는 것을, 그리고 연습이 중요하다는 것을 덜 강조하는 것도 아니다. 이는 아동이 적어도 부분적으로는 절차들이 어떻게 작용하고, 어떤 절차들이 효과적인지 등을 추론함으로써 계산 도식을 발달시킨다는 것이다.

2. 연산과 관련된 장애아동의 특성

수학은 일반적으로 어려운 교과로 인식되고 있고, 같은 도구 교과인 읽기와 쓰기에 비해 학습부진아동이 더 많다(예: 주삼환, 배호순, 이윤식, 이석열, 1999). 따라서 장애아동이 비장애아동에 비해 연산에서 문제가 더 심각할 것이라고 예상하는 것은 어려운 일이 아니다. 더욱이 누적된 실패에 따른 학습동기의 저하, 정보처리에서의 어려움, 전략의 산출 및 사용에서의 문제, 그리고 사회적·정서적 문제 등 장애아동이 지니고 있는 여러 가지 부정적 특성은 수학 학습을 더욱 어렵게 만들고 있다.

수학장애아동은 기초 계산식(예: '3 + 2 = 5' 등)을 암기하거나 정확히 인출하는 데 어려움을 보이며, 이러한 어려움은 더 상급의, 더 복잡한 연산을 어렵게 만든다. 또한 과제를 수행하는 데 필요한 기술과 전략 그리고 자원에 대한 인식도 부족하다. 이들은 종종 문제를 해결할 때 적절한 전략을 적용하는 데 실패하곤 한다. 수학장애아동은 간단한 연산문제를 푸는 경우에도 자신의 발달단계에 비해 성숙하지 못한 전략을 사용하고, 같은 나이 또래의 정상적인 발달을 보이는 아동보다도 많은 오류를 범한다(Geary, 1994; Miller & Mercer, 1997).

기초 계산식의 기억 및 인출에서의 어려움과 전략에 대한 인식 부족은 속도 면에서의 문제도 일으킨다. 연산문제를 풀 때 속도의 부족은 결과적으로 기초 계산식의 인출 혹은 계산 그 자체에 더 많은 초점을 맞추게 하고, 문제해결에는 주의를 덜 쏟게 하여 수행을 현저하게 저해할 수 있다. 아울러 수학장애아동 중 일부는 연산부호나 상징을 인식하는 데 곤란을 느끼기도 한다(Prior, 1996). 연산에 관하여 수학장애아동이 보이는 수행 특성은 〈표 6-1〉과 같이 분류할 수 있다.

표 6-1 수학장애아동의 연산 관련 수행 특성

하위 유형	수행 특징
의미 기억	• 기초 계산식 인출 빈도가 낮음 • 인출 시 오류율이 높음 • 정확한 인출을 위한 해결 시간이 체계적이지 못함
절차	• 발달적으로 미숙한 절차들을 비교적 빈번하게 사용함 • 절차들을 수행하는 데 오류를 빈번하게 범함 • 절차 사용의 기초를 이루는 개념들을 이해하는 데 잠재적인 발달의 지연
시공간 감각	• 여러 자리의 산술 문제에서 숫자들을 잘못 배치하거나 숫자들을 회전시키는 것과 같은, 수 정보를 공간적으로 표상하는 데에서의 어려움 • 자릿값 오류와 같은, 공간적으로 제시된 수 정보의 잘못된 해석

출처: Geary, D. C. (1994). *Children's mathematical development*. Washington, DC: American Psychological Association, pp. 180-187.

3. 오류분석

　장애아동의 연산능력 평가는 이들이 연산과 관련된 교육활동을 통해 알고 있는 것과 그렇지 못한 것을 규명하는 데 초점을 맞추게 된다. 그리고 그 결과는 연산과 관련된 교수-학습의 목표를 설정하고, 교수-학습활동을 전개하는 데에서의 바탕이 된다.

오류분석의 전제는 어떤 아동은 수학을 하는 데 있어 부정확하거나 잘못된 방식을 개발한다는 것이다. 아동이 보이는 오류 형태를 분석하는 것은 그들이 산출해 낸 부정확한 답이 어떠한 과정을 통해서 도출되었는지를 보여 주며, 이러한 결과들은 교사로 하여금 해당 아동의 문제점을 교정하기 위해 교수를 변경할 수 있게 하는 출발점이 된다(Enright, 1995).

장애 여부와 관계없이 모든 아동은 연산과제 수행 시 오류를 범할 수 있고, 이러한 오류 중에는 잘못된 전략의 체계적 적용을 암시하는 것들이 있다. 자연수 연산에 있어 잘못된 전략의 사용이 반드시 과제수행의 실패를 의미하지는 않기 때문에 이러한 절차를 계속해서 사용하는 경우 아동은 제한적으로나마 정적강화를 받게 될 수 있다(Ashlock, 1998; Wong, 1996). 따라서 오류를 단순히 '부주의'나 '실수'로 생각한다거나 그저 '모르고 있다'고 판단한다면, 결국 아동으로 하여금 잘못된 절차를 계속해서 사용 또는 연습하게 하는 것이나 다름없으며, 아울러 아동이 연산에서 보이는 문제점을 바로잡을 중요한 기회를 잃게 되는 것이다.

1) 오류의 정의

'부주의' 혹은 '실수'는 아동이 잘 알고 있지만 정확한 기법을 적용하는데 실패한 것이라는 점에서 체계적인 오류와 구별된다. 체계적인 오류는 특정 알고리즘을 이용하여 연산하는 과정에서 반복해서 나타나며, 일정한 형태를 보이고, 아동은 유사한 문제가 제시될 때 같은 오류를 범할 가능성이 높다. 그러나 무작위로 발생하는 오류는 두드러진 형태를 보이지 않고, 부주의한 오류는 반복해서 나타나지 않으며, 주의 산만이나 지루함 등 연산이나 연산절차에 대한 기본적인 지식 외적인 문제에 의해 발생한다(Cox, 1975a).

오류는 문제해결 과정과 밀접한 관계를 갖는다. 결국 오류는 문제를 해결하는 동안 아동이 일관되게 범하는 체계적인 절차상의 문제로, 아동은 그렇게 하는 것이 옳다고 생각하기 때문에 그러한 전략을 적용하는 것이다 (Bryant & Pedrotty, 1997).

2) 유형별 오류의 형태

(1) 기초 계산식 오류

기초 계산식과 관련된 오류로, 기초 계산식이 잘못 기억되거나 잘못 인출되는 경우를 말한다(Engelhardt, 1977; Lerner, 2000; Miller, 1996).

(2) 절차오류

절차를 제대로 적용하지 못해 발생하는 오류로, 문제 해결 시 필요한 절차를 생략하거나 도중에 그만두거나, 혹은 문제에 제시된 것과는 다른 연산 절차를 적용함으로써도 발생한다. 절차오류에는 연산 수행 방향의 전도 또한 포함된다. 보통 덧셈, 곱셈 그리고 뺄셈은 오른쪽에서 왼쪽으로 연산을 수행하게 되고, 나눗셈은 그 반대 방향으로 연산을 하게 되는데, 이러한 방향성에서 혼란을 일으켜 모든 형태의 연산을 같은 방향으로 수행한다. 순서를 전도하는 경우, 연산 자체를 연산 방식에 따라 수행하지 않거나 연산은 정확하게 하지만 답을 기록할 때에만 순서를 바꾸는 2가지 형태를 보인다. 아울러, 예컨대 수의 크기와 관계없이 큰 수에서 작은 수를 뺀다거나 필요하지 않은 상황에서도 받아내림이나 받아올림을 하는 등 과잉일반화 (overgeneralization)의 문제도 보인다(Ashlock, 1998; Cox, 1975b; Engelhardt, 1977; Enright, 1995; Lerner, 2000; Miller, 1996).

(3) 받아올림과 받아내림 오류

자연수 연산 전반에 걸쳐 받아올림과 받아내림의 잘못된 적용 또한 흔히 볼 수 있는 오류 형태다. 아동은 각 단위의 연산은 정확히 수행하지만 적절하지 않은 단위에서 받아올림 또는 받아내림을 한다거나 이전 단위에서 받아올림한 수를 다음 단위에서도 사용하거나, 곱셈에서 받아올림을 한 수를 먼저 더한 후에 곱하는 등의 잘못된 수행을 보이기도 한다(Ashlock, 1998; Cox, 1975b; Enright, 1995).

(4) 자릿값 오류

자릿값에 대한 인식 부족으로 보이는 오류는 위치에 따라 달라지는 수 단위의 속성을 고려하지 않아서 발생한다. 예를 들어, 자릿값과 관계없이 각 단위의 합을 모두 기록하거나 연산은 제대로 수행하지만 그 결과를 잘못된 자리에 기입하는 형태 등으로 나타난다(Ashlock, 1998; Cox, 1975b; Engelhardt, 1977; Enright, 1995; Lerner, 2000; Miller, 1996).

(5) 0 및 1과 관련된 오류

0 및 1과 관련된 오류들도 볼 수 있다. 특히 0과 관련된 오류는 0이라는 숫자가 의미하는 것을 제대로 이해하지 못하거나 0이 각 연산 방법에서 활용되는 기본 규칙(예: "어떤 수에 0을 곱하면 그 답은 0이다.")에 대해 잘못 알고 있음으로써 발생한다. 특히 0이 포함된 수에 대한 연산을 수행할 때 0을 없는 것으로 생각한다거나 해당 자리의 답을 0으로 기록하거나 비워 두는 등의 오류를 보이기도 한다(Ashlock, 1998; Cox, 1975b; Cumming & Elkins, 1994; Engelhardt, 1977; Miller, 1996).

표 6-2 자연수 연산에서 보이는 오류의 형태

오류 형태	내용	예
기초 계산식 오류	• 기초 계산식의 기억 및 인출	$4 + 3 = 8$
절차 오류	• 절차의 생략, 중지, 잘못된 적용 • 문제와는 다른 연산 방식 적용 • 연산 방향의 도치 • 과잉일반화	$45 - 2 = 3$ $42 + 3 = 75$ $35 + 81 = 17$ $458 - 372 = 126$
받아올림 및 받아내림 오류	• 받아올림 및 받아내림 생략 • 받아올림 및 받아내림 절차 오류	$23 \times 4 = 82$ $625 - 348 = 187$
자릿값 오류	• 수 단위의 속성 무시 • 기록 오류	$88 + 39 = 1117$ $\begin{array}{r} 23 \\ \times\ 14 \\ \hline 92 \\ 23 \\ \hline 115 \end{array}$
0 및 1과 관련된 오류	• 0 또는 1의 속성에 대한 잘못된 인식 • 0 또는 1과 관련된 기본 규칙에서의 오류	$446 - 302 = 104$ $3 \times 0 = 3$

출처: 이병혁, 신현기(2004). 학습장애아동의 자연수 연산 오류 형태 규명을 위한 기초 연구. **특수교육연구**, 11(1), 251-270.

3) 오류분석을 위한 자료의 수집

어떤 오류의 경우 그 원인을 쉽게 발견할 수 있는 반면, 어떤 오류는 그렇지 않다. 따라서 교사는 아동의 연산오류를 정확하게 규명하기 위해 자연수 연산 수행을 분석하기 위한 간단한 형태의 비형식적 검사를 개발할 필요가 있다.

(1) 검사 내용 선정

비형식적 검사의 작성에 있어서 교사는 보통 자연수 연산을 영역별로 나누고, 교육과정 등을 바탕으로 해당 영역을 다시 수준에 따라 하위 기술들로 분류한 후 이를 계열화해야 한다(〈표 6-3〉 참조). 특히 수학은 체계성이 강한 교과로 이전의 학습내용이 이후의 학습내용에 많은 영향을 주기 때문에 하위 기술들로 분류하고 이를 계열화하는 작업은 신중하게 이루어져야 한다.

표 6-3 덧셈의 기술 수준

기술 수준	내 용	예
수준 1	(두 자리 수) + (한 자리 수): 받아올림 없음	23 + 2
수준 2	(두 자리 수) + (한 자리 수): 받아올림	18 + 7
수준 3	(두 자리 수) + (두 자리 수): 받아올림 없음	43 + 16
수준 4	(두 자리 수) + (두 자리 수): 받아올림	19 + 24
수준 5	(세 자리 수) + (두 자리 수): 받아올림 없음	172 + 26
수준 6	(세 자리 수) + (두 자리 수): 1의 자리에서 받아올림	476 + 17
수준 7	(세 자리 수) + (두 자리 수): 1과 10의 자리에서 받아올림	345 + 76
수준 8	(두 자리 수) + (두 자리 수) + (두 자리 수): 받아올림	46 + 39 + 17

출처: Cox, L. S. (1975b). Systematic errors in the four vertical algorithms in normal and handi-capped population, *Journal for research in mathematics education, 6*(4), 202-220.

(2) 문항 작성

오류유형을 결정하기 위한 검사는 결과만큼 과정도 중요하므로 풀이 과정을 모두 보여 줄 수 있는 형식이 더 적절하다. 아울러 장애아동이 지니고 있는 독특한 특성, 즉 기억이나 주의집중 혹은 시공간 감각 등에 있어서의 문제가 연산능력의 표현에 방해가 되지 않도록 줄과 칸이 있는 종이를 사용한다든지 풀이 과정을 제시할 충분한 공간을 제시하는 등 검사지의 물리적 형식에도 주의를 기울여야 한다(이병혁, 신현기, 2004).

(3) 오류 유형의 결정

교사는 지필검사 수행에 대한 아동의 능력을 고려하여 검사의 전체 길이를 조정해야 하며(Cox, 1975a), 기존 연구들에서 밝혀진 오류 형태들을 함께 참고하여 같은 유형의 문제를 여러 개 제시하는 방향으로 문항을 작성해야 한다. 이는 하나의 오류 형태를 정확하게 가려내기 위해서는 그 오류가 체계적으로 나타나는 것인지 아니면 실수로 혹은 무작위로 나타나는 것인지를 판단해야 하고, 따라서 단 하나의 문항으로는 충분치 않기 때문이다. 예를 들어, Cox(1975a)는 같은 유형의 문제를 5개 제시하여 그중 3개 이상의 문제에서 오류를 보이며, 이 오류들이 체계적인 형태를 띠는지 검토해 볼 것을 제안하였다. 그리고 DeVincenzo-Gavioli(1983)는 특정 유형에 대해 최소한 3문제 이상을 제시하도록 권고하였다.

4. 연산 지도

특수학교 기본교육과정 수학과의 연산은 '구체물 가르기와 모으기' 등 기초적인 내용에서 '자연수의 혼합 계산' 등 복잡한 계산에 이르기까지 다양한 내용으로 구성되어 있다(〈표 6-4〉 참조). 이와 같은 내용 체계는 아동으로 하여금 수학으로 사고하는 능력을 길러 이를 바탕으로 일상생활에서의 다양한 문제를 효과적으로 해결하게 하는 데 중점을 두고 있다. 비록 아동이 다양한 형태의 연산에 익숙해질 필요가 있고 이에 따라 학교수학이 여러 가지 종류의 연산을 제공하고 있다 하더라도, 모든 내용을 아동에게 가르칠 수 없다면 더 현실적인 접근을 고려해 봐야 한다.

계산기의 활용은 학교에서 제공할 수 있는 현실적인 접근인 동시에 논란의 대상이다. 사람들은 아동이 계산기에 의존하여 연산능력을 발달시킬 수 없을 것이므로 계산기 사용을 자제해야 한다고 생각한다. 그러나 계산기는

표 6-4 특수학교 기본교육과정 연산 영역 내용 체계

학 년	내 용
초등학교 1-2학년	• 구체물 가르기와 모으기
초등학교 3-4학년	• 9 이하의 수 가르기와 모으기 • 합이 9 이하인 덧셈 • 피감수가 9 이하인 뺄셈
초등학교 5-6학년	• 합이 10인 덧셈 • 피감수가 10인 뺄셈 • 받아올림이 없는 두 자리 수 덧셈 • 받아내림이 없는 두 자리 수 뺄셈 • 받아올림이 있는 두 자리 수 덧셈 • 받아내림이 있는 두 자리 수 뺄셈
중학교 1-3학년	• 받아올림이 없는 세 자리 수 덧셈 • 받아내림이 없는 세 자리 수 뺄셈 • 받아올림이 있는 세 자리 수 덧셈 • 받아내림이 있는 세 자리 수 뺄셈 • 곱셈의 이해: '한 자리 수 곱셈' ~ '올림이 없는 (두 자리 수)×(한 자리 수)'
고등학교 1-3학년	• 나눗셈의 이해: 내림이 없고 나머지가 없는 (두 자리 수)÷(한 자리 수) • 자연수의 혼합 계산

아동의 수 경험을 풍부하게 해 주고, 학교에서 경험하는 수와 실생활을 연결시켜 주며, 큰 수에 대한 통찰을 제공할 수 있는 등의 장점 또한 지니고 있다(Duffin, 1997). 무엇보다도 계산기는 연산에 대한 부담감을 덜어주어 학습에 대한 긍정적인 태도를 갖게 할 수 있으며, 성인조차 일상생활 속에서 흔히 계산기를 사용한다. 따라서 학교에서 아동에게 계산기의 사용을 막을 것이 아니라 적절하게 활용할 수 있도록 지도할 필요가 있다.

계산기는 문제해결 과정에 대한 통찰을 제공하지 않은 채 결과만을 제시한다. 따라서 아동이 계산기에 의존하지 않게 하려면 우선 각각의 연산에 어떠한 원리가 작용하는지, 그리고 답을 얻기 위해 어떠한 과정을 거쳐야

하는지 충분히 이해하고 스스로 적용할 수 있게 하는 것이 계산기 활용을 지도하는 것에 선행되어야 한다.

이를 바탕으로, 기본교육과정의 연산 영역에서 아동이 익혀야 할 기본 원리 및 기술은 크게 사칙연산 각각의 개념과 기초 계산식 그리고 받아올림 및 받아내림 등으로 나누어 볼 수 있다.

1) 사칙연산의 의미

사칙연산은 수학의 여러 영역에서는 물론 일상생활에서의 문제해결을 위한 기초가 된다. 교사는 본격적으로 사칙연산을 지도하기에 앞서 아동에게 연산 각각의 개념을 인식시킬 필요가 있다. 즉, 아동은, 예컨대 덧셈은 무엇이며 언제 그리고 왜 해야 하는지 등을 알고 있어야 한다는 것이다.

연산은 기본적으로 2개 이상의 수가 특정한 조작을 통하여 제3의 수가 되는 것이다. 이와 함께 사칙연산 각각은 서로 독립적으로 존재한다기보다는 일정한 관계를 맺고 있다. 뺄셈과 나눗셈은 덧셈과 곱셈의 역(逆)연산이며, 곱셈과 나눗셈은 각각 덧셈과 뺄셈을 기반으로 하고 있다. 따라서 교사는 각 아동의 특성을 고려하고, 가능하다면 연산 각각의 개념을 지도할 때 이러한 관계를 이용하려는 노력을 하여야 한다.

덧셈은 2개 이상의 양을 결합하는 것이다. 따라서 더하는 수나 더해지는 수의 크고 작음 및 순서와 상관없고, 그 결과는 제시되어 있는 그 어떤 수보다 작을 수도 없다.

뺄셈은 크게 제거(take-away) 뺄셈과 비교(comparison) 뺄셈 등 크게 2가지 형태로 나누어 볼 수 있다. 제거 뺄셈은 어떤 양에서 특정 양만큼 제거하고 얼마만큼 남았는지를 보는 것이며, 비교 뺄셈은 두 양을 1:1로 대응시키고 나서 남은 차이를 알아내는 것이다(Horstmeier, 2004; Reys, Suydam, Lindquist, & Smith, 1998; 〈표 6-5〉 참조). 일상생활에서 가장 흔히 볼 수 있

는 것은 제거 뺄셈, 즉 어떤 수에서 특정 수만큼을 덜어내는 것이다. 그러
므로 비록 정수 등과 같은 특정 종류의 수에서는 작은 수에서 큰 수를 뺄 수
있다 하더라도, 자연수 뺄셈에서는 반드시 큰 수에서 작은 수를 빼야 하며
큰 수는 작은 수보다 앞에 위치해야 한다. 그리고 뺄셈의 결과는 제시된 수
들보다 클 수 없다.

표 6-5 뺄셈의 종류

제거 뺄셈	철수는 연필을 4자루 갖고 있다. 그중 2자루를 영희에게 주었다. 몇 자루가 남았는가?
비교 뺄셈	철수는 연필을 6자루 갖고 있고 영희는 4자루 갖고 있다. 철수는 영희보다 연필 몇 자루를 더 갖고 있는가?

곱셈 또한 결합이며 수의 크기 및 순서와 상관없다는 측면에서 덧셈과 같
지만, 곱해지는 수를 곱하는 수만큼 반복적으로 더한다는, 즉 동수 누가(同數
累加)라는 점에서는 차이를 보인다. 곱셈의 이러한 특성은 연산을 더 효율적
으로 수행할 수 있게 해 준다.

자연수 나눗셈의 특성은 뺄셈과 유사하다. 즉, 어떤 양에서 일정 양만큼
을 덜어 내며, 수의 크기 및 위치의 영향을 받아 큰 수로 작은 수를 나누거
나 앞의 수로 뒤의 수를 나누지는 못한다. 하지만 동수 누감(同數 累減)의 원
칙, 즉 어떤 양에서 같은 양을 반복적으로 뺀다는 측면에서는 곱셈과 마찬
가지로 더 효율적인 연산을 가능하게 한다. 나눗셈은 크게 측정(measurement)
나눗셈과 분할(partition) 나눗셈으로 구분할 수 있는데, 측정 나눗셈에서는 집
단의 수가, 분할 나눗셈에서는 집단 내의 구성원의 수가 관심의 대상이 된
다(〈표 6-6〉 참조).

표 6-6	나눗셈의 종류
측정 나눗셈	하윤이는 15개의 과자를 갖고 있다. 한 봉지에 3개씩 과자를 담는다면 몇 봉지에 담을 수 있는가?
분할 나눗셈	하윤이는 15개의 과자를 갖고 있다. 과자를 5봉지에 똑같이 나누어 담는다면 각 봉지에는 몇 개의 과자가 들어있는가?

출처: 김수환, 박영희, 백선수, 이경화, 한대희 공역(2006) 어떻게 수학을 배우지? CGI에 의한 수학 학습 [*Children's mathematics: Cognitively Guided Instruction*] T. P. Carpenter, E. Fennema, M. L. Franke, L. Levi, & S. B. Empson 공저. 서울: 경문사, p. 48. (원저는 1998년에 출판).

다음의 〈활동 6-1〉과 〈활동 6-2〉는 구체물 등을 활용한 '모으기' 및 '덜어 내기' 등의 활동을 보여 주고 있는데, 이를 통해 덧셈 및 뺄셈의 개념을 지도할 수 있다.

활동 6-1 모두 다 함께

- 칠판에 숫자 '4'를 적는다.
- 한 아동에게 교사의 손에 그 숫자만큼의 블록을 놓게 하고, 다른 아동들에게 보여 주며 블록이 모두 몇 개인지 물어본다.
- 블록 4개를 상자 안에 넣어서 보이지 않도록 한 후, 아동들에게 상자 안에 블록이 모두 몇 개 있는지 물어본다.
- 칠판에 적힌 숫자 4 옆에 숫자 '2'를 적고, 한 아동에게 블록 2개를 달라고 한다.
- 다른 아동들에게 보여 주며 블록이 모두 몇 개인지 물어본 후, 블록 2개를 다시 상자 안에 넣는다.
- 아동들에게 처음에 블록 4개를 그리고 나중에 블록 2개를 상자 안에 넣었다고 말해 주고, 상자 안에 블록이 모두 몇 개 있는지 말할 수 있는지 묻는다.
- 한 아동을 지목하여 몇 개인지 세어 보게 한다.

- 아동들에게 두 양을 함께 놓는 것이 더하는 것이라고 말해 준다.
- 다른 숫자들로 활동을 되풀이한다.

출처: Tucker, B. F., Singleton, A. H., & Weaver, T. L. (2002). *Teaching Mathematics to All Children: Designing and Adapting Instruction to Meet the Needs of Diverse Learners.* Upper Saddle River, NJ: Pearson Education, p. 97을 수정하여 게재함.

 활동 6-2 4개를 주세요

- 아동들에게 장난감 자동차 7개를 보여 주고, 칠판에 숫자 '7'을 적는다.
- 한 아동을 교실 앞으로 불러내 "장난감 자동차 4개를 주세요."라고 말하게 한다.
- 칠판에 적힌 숫자 '7'의 오른편에 숫자 '4'를 적고, 장난감 자동차 4개를 가져가게 한다.
- 장난감 자동차 4개를 가져가면 다른 아동들에게 숫자의 일부를 없애는 것이 뺄셈이라고 한다고 알려 준다.
- 뺄셈 부호('−')를 숫자 '7'과 숫자 '4' 사이에 적어 넣은 후, '7 빼기 4'라고 읽는다고 말해 주고, 답은 남은 장난감 자동차의 개수라고 설명한다.
- 아동들에게 장난감 자동차 4개를 가져가면 장난감 자동차 몇 개가 남는지 묻는다.
- 답을 적고 전체를 읽는다. '7 빼기 4는 3.'
- 다른 숫자들로 활동을 되풀이한다. 다른 개수의 장난감 자동차로 시작하고 몇 개를 가져갈 것인지 아동들이 결정하게 한다.

출처: Tucker, B. F., Singleton, A. H., & Weaver, T. L. (2002). *Teaching Mathematics to All Children: Designing and Adapting Instruction to Meet the Needs of Diverse Learners.* Upper Saddle River, NJ: Pearson Education, p. 120을 수정하여 게재함.

2) 기초 계산식

기초 계산식(예: '3 + 2 = 5' '8 - 4 = 4' '5 × 3 = 15' '10 ÷ 2 = 5' 등)은 단순하고 쉬운 계산들로 더 복잡한 연산은 물론이고 수학의 모든 영역을 위한 기초가 된다. 따라서 이를 적절하게 구사하지 못하는 아동에게서 수학 영역에서의 발달은 기대할 수 없다.

기초 계산식은 자동성(automaticity)을 요구한다. 아동은 기초 계산식의 답을 스스로 찾고, 문제와 답을 기억 속에 저장하여 실제 문제해결 상황에서 별다른 노력 없이 답을 인출해 낼 줄 알아야 한다. 비록 기초 계산식을 암기하고 필요한 경우 자동적으로 인출해 내지 못하는 것이 연산을 불가능하게 만들지는 않는다 하더라도, 그만큼 효율성을 감소시키고, 오류의 발생을 증가시킬 가능성을 높여 준다. 기초 계산식은 손가락부터 구체물, 수직선, 플래시카드 등에 이르기까지 다양한 도구를 활용하여 가르칠 수 있다. 〈활동 6-3〉부터 〈활동 6-6〉까지는 손가락 및 플래시카드를 활용한 활동의 예를을 보여 주고 있다.

 활동 6-3 **구구단의 9단 알기**

어떤 수와 9의 곱을 알아내기 위해 다음과 같은 방법을 사용한다. 예를 들어, '2'와 '9'의 곱을 알고 싶을 때 양손을 펴고 왼손의 두 번째 손가락을 접는다. 그러면 접은 손가락의 왼쪽에는 손가락이 1개, 오른 쪽에는 8개가 있다. 답은 '18'이 된다. '9 × 3'일 때는 왼손의 세 번째 손가락을 접는다. 접은 손가락의 왼쪽에는 손가락이 2개, 오른쪽에는 7개, 따라서 답은 '27'이다. 이러한 요령으로 '9 × 9'까지의 답을 다음의 그림처럼 구할 수 있다.

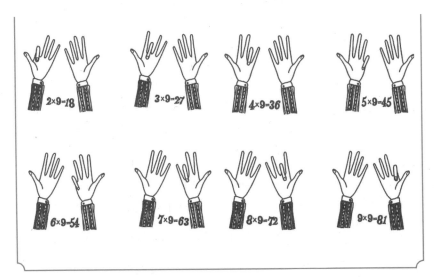

출처: 정구영 역(2002). 생각하는 수학: 개념으로 읽는 수학의 역사[數學の考え方 (講談社現代新書 15)]. 矢野健太郎 저. 서울: 사이언스북스, pp. 28-29. (원저는 1964년에 출판).

 활동 6-4 **5 이상의 기초 곱셈 계산식**

5보다 큰 두 수의 곱셈은 다음과 같이 손가락을 이용하여 할 수 있다.
예를 들어, '6 × 8'의 경우 먼저 왼손을 펴서 이것을 5로 보고, '여섯'이라고 말하면서 손가락 1개를 접는다. 그리고 오른손을 펴서 이것을 5로 보고 '여섯, 일곱, 여덟'이라고 세면서 손가락 3개를 접는다. 그러고 나면 접힌 손가락은 왼손에 1개 오른손에 3개가 된다. '1'과 '3'을 더한 '4'가 답의 10의 자리에 오는 수다. 또 접지 않은 손가락이 왼손에 4개, 오른손에 2개가 있다. '4'와 '2'를 곱한 '8'이 답의 1의 자리 수가 된다. 따라서 답은 '48'이다.

출처: 정구영 역(2002). 생각하는 수학: 개념으로 읽는 수학의 역사[數學の考え方 (講談社現代新書 15)]. 矢野健太郎 저. 서울: 사이언스북스, pp. 30-31. (원저는 1964년에 출판).

활동 6-5 **기초 덧셈 계산식 시작하기**

준비물: 덧셈 플래시카드, 종이접시들, 하드 막대(혹은 빨대), 마커펜, 점착
메모지

절차:

• 플래시카드 등을 활용하여 합이 5 이하인 기초 덧셈 계산식들 중 아동이
무엇을 정말로 알고 있는지 찾아낸다.

• 하드 막대나 빨대 등으로 하는 구체적인 활동을 활용하여 아동에게 1에서
5까지의 수를 이용한 문제(1+1, 1+2, 1+3, 1+4, 2+2, 2+3 등)를
풀게 한다. 예를 들어, 아동에게 한 접시에 막대 2개를, 다른 접시에 막대
3개를 놓게 한 후 세거나 더해서 합이 얼마인지 말하게 한다.

• 아동은 구체물로 된 집단들을 성공적으로 합친 후 다른 접시를 가져와서
답을 위한 접시로 활용한다. 답 접시에는 막대를 놓지 말고 점착메모지를
이용하여 답이나 합에 해당하는 숫자를 크게 써 넣는다.

• 5 이하의 숫자를 이용한 모든 조합을 아동에게 보여 준 다음, 1부터 5까
지 적힌 5개의 답 접시를 만들어 아동이 정확한 답 접시를 해당 조합 아
래 놓게 한다.

• 막대들을 적절한 숫자가 적힌 점착메모지로 점차 대체함으로써 숫자들을
계산식의 형태로 쓰는 쪽으로 이행한다. 예를 들어, 아동에게 막대 2개가
놓인 접시와 1개가 놓인 접시를 준다. 아동은 그것이 3이라고 말한다. 그
러고 나서 1개의 막대가 놓인 접시에서 막대를 치우고 대신 1이라고 적
힌 점착메모지를 접시에 붙인 후 "이제 얼마지?"라고 묻는다. 아동이 막
대 2개 더하기 숫자 1이 3이라는 것을 기억할 수 있는지 본다. 만약 그
렇다면 2개의 막대 대신 숫자 2가 적힌 점착메모지를 붙인 후 그 아동이
2 더하기 1이 3이라는 것을 기억할 수 있는지 본다.

• 플래시카드를 이용하여 아동이 이전에 구체물로 했던 활동들로부터 어떤
기초 덧셈 계산식들을 배웠는지 본다. 학습하지 못한 기초 덧셈 계산식들
은 막대나 빨대 등 구체물을 이용하여 반복한다.

• 일단 아동이 합이 5까지인 기초 덧셈 계산식들을 기억할 수 있게 되었다면 같은 방식으로 합이 10까지인 기초 덧셈 계산식들을 공부한다.

출처: Horstmeier, D. (2004). *Teaching Math to People with Down Syndrome and Other Hands-On Learners: Basic Survival Skills (Topics in Down Syndrome Book 1)*. Bethesda, MD: Woodbine House, pp. 169-170을 수정하여 게재함.

활동 6-6 베끼기, 가리기, 비교하기

준비물: 구구단이 적힌 플래시카드, 종이, 연필

절차:

• 교사는 아동에게 구구단 중 하나를 플래시카드로 제시한다.

• 아동은 해당 구구단을 베껴 쓰고, 문제와 답을 가린다.

• 아동은 문제와 답을 기억해서 쓰고, 쓴 것을 베껴 쓴 것과 비교한다.

• 쓴 것과 원래 베껴 쓴 것이 같다면 다음 구구단으로 넘어간다. 만약에 같지 않다면 아동은 자신이 기억해서 쓴 것과 원래 베껴 쓴 것이 같을 때까지 이전 단계 전체를 되풀이한다.

출처: Stading, M., Williams, R. L., & McLaughlin, T. F. (1996). Effects of copy, cover, and compare procedure on multiplication facts mastery with a third grade girl with learning disabilities in a home setting. *Education and Treatment of Children, 19*(4), 425-434를 수정하여 게재함.

사칙연산은 가로셈과 세로셈 등 2가지 문제 제시방식이 있으며, 연산과정에서 숫자뿐 아니라 다양한 연산기호('=' '+' '−' '×' '÷' 등)가 사용된다. 특히 나눗셈은 덧셈 및 뺄셈 그리고 곱셈과는 달리 문제 제시 방식에 따라 사용하는 연산기호가 다르다(즉, '÷'와 '⌐').

나눗셈은 또한 계산의 방향에서도 차이를 보인다. 다시 말해서, 덧셈, 뺄셈 그리고 곱셈에서는 일반적으로 오른쪽(1의 자리)부터 계산을 시작해 왼

쪽으로 옮겨 가는 것에 비해, 나눗셈에서는 왼쪽에서 오른쪽으로 계산을 하게 된다(예: '3⟌33').

문제 제시 방식과 연산기호 그리고 계산 방향 등도 문제해결에 영향을 미치게 되므로 교사는 장애아동이 이러한 특성에 익숙해질 수 있게 주의를 기울여 지도해야 한다. 〈활동 6-7〉은 숫자 및 부호를 이용하여 기초 계산식을 만들어 보는 활동이다. 이때 더 많은 숫자카드와 뺄셈 이외의 부호카드를 마련하여 사칙연산의 다양한 기초 계산식을 만들어 볼 수 있다.

활동 6-7 기초 계산식 만들기

0부터 9까지의 한 자리 수 카드 20장을 준비한다. 각각의 숫자는 2장씩 있어야 한다. 뺄셈 기호가 적힌 카드와 등호가 적힌 카드도 7장씩 준비한다. 아동에게 카드들을 주고 기초 뺄셈 계산식을 되도록 많이 만들어 보게 한다.

출처: Tucker, B. F., Singleton, A. H., & Weaver, T. L. (2002). *Teaching Mathematics to All Children: Designing and Adapting Instruction to Meet the Needs of Diverse Learners.* Upper Saddle River, NJ: Pearson Education, p. 124.

기초 계산식을 가르칠 때 흔히 교사는 기계적 반복이라는 방법을 사용한다. 하지만 기계적 반복은 ① 가르쳐야 할 기초 계산식이 너무 많고, ② 아동이 학습하는 정보 조직을 도와주는 특정한 틀을 제공하지 못한다는 측면에서 매우 비효율적인 방법이다(Reid & Lienemann, 2006). 아울러, 특정 장애아동에게 기초 계산식을 암기하는 것은 어려운 일이 아닐 수 있어도, 대다수의 장애아동은 기억에 어려움을 보이고 있으므로 그 많은 계산식을 모두 암기한다는 것은 매우 어려운 일이 될 것이다. 따라서 장애아동에게 모든 기초 계산식을 암기하도록 지도하는 대신 기초 계산식들이 지니고 있

표 6-7 기초 계산식의 법칙

구 분	내 용
덧셈	순서 법칙(혹은 교환법칙) • 0 법칙: 어떤 수에 0을 더하면 답은 그 수가 된다. • 1의 법칙: 어떤 수에 1을 더하면 답은 그 수보다 1이 많은 수가 된다. • 9의 법칙: 9에 0보다 큰 한 자리 수를 더한 수는, 더해진 수에서 1을 빼고 10을 더한 수가 된다. • 10의 법칙: 10에 0보다 큰 한 자리 수를 더한 수는, 10에서 0을 더해진 수로 바꾼 것이 된다.
뺄셈	• 0 법칙: 어떤 수에서 0을 빼면 답은 그 수가 된다. • 1의 법칙: 어떤 수에서 1을 빼면 답은 그 수보다 1이 적은 수가 된다(뒤로 한 번 더 세기). • 동수(同數) 법칙: 어떤 수에서 그 자신을 빼면 0이 된다.
곱셈	• 0 법칙: 어떤 수에 0을 곱하면 답은 0이 된다. • 1의 법칙: 어떤 수에 1을 곱하면 답은 그 수가 된다. • 2의 법칙: 어떤 수에 2를 곱하면 그 수의 두 배가 된다. 따라서 '8×2'는 '8 + 8'과 같다. • 5의 법칙: 어떤 수에 5를 곱한 것은 승수(乘數)만큼 5씩 센 것과 같다. 따라서 '5×4'는 5씩 4번 센 것과 같다. • 9의 법칙: 9로 곱할 때 답은, 우선 10의 자리 수는 승수에서 1을 뺀 것이고, 1의 자리 수는 1을 뺀 승수가 9가 될 때까지의 수다. 예를 들어, '9×5'는 5에서 1을 빼 10의 자리 수를 얻고(즉, '4'), 4가 9가 될 때까지의 수를 더한 것이다(즉, '5'). 따라서 답은 '45'다.
나눗셈	• 0 법칙: 어떤 수로 나눠진 0은 0이 된다. • 1의 법칙: 1로 나눠진 어떤 수는 바로 그 수가 된다. • 2의 법칙: 2로 나눠진 어떤 수는 그 수의 반이 된다. • 9의 법칙: 9로 나눌 때 답은, 나누어지는 수의 10의 자리에 있는 수보다 1이 더 많은 것이다. 예를 들어, '54÷9 = 6'이다(6은 10의 자리에 있는 수 '5' 보다 하나 더 많다).

출처: Reid, R., & Lienemann, T. O. (2006). *Strategy instruction for students with learning disabilities.* New York: The Guilford Press, p. 173을 수정하여 게재함.

는 몇몇 법칙(〈표 6-7〉 참조)을 익히게 하여 문제해결에 적용하게 하는 것이 더 현실적인 대안이라 할 수 있다.

이러한 법칙들과 함께, 기초 계산식 학습 시 세기(counting)와 각각의 연산이 지니고 있는 특성을 활용한다면 답을 더 효율적으로 얻을 수 있다. 연산의 기본은 세기(counting)로, '셈하다'라는 단어에 '세다(count)'와 '계산하다(calculate)'의 의미가 동시에 들어 있다는 것은 이 둘 사이의 밀접한 관계를 단적으로 보여 주는 것이다.

세기는 가장 기초적인 덧셈 방법으로서 수학적으로 정확하고, 자신의 손가락은 물론이고 사람 및 주변에서 흔히 보는 사물을 활용할 수 있다는 측면에서 효과적인 덧셈 방법이라 할 수 있다. 세기는 '모두 세기(counting-all)'와 '이어 세기(counting-on)' 그리고 '더 큰 수부터 세기' 등으로 구분해 볼 수 있는데, '모두 세기'보다는 '이어 세기'가, '이어 세기'보다는 '더 큰 수부터 세기'가 더 효율적이고 오류의 가능성을 감소시켜 줄 수 있다. '더 큰 수부터 세기'는 문제에 제시된 수들을 비교하여 가장 큰 수부터 시작하여 세어 가는 것이다. 즉, '5+3'의 경우 '5'가 '3'보다 크므로 '5'부터 셀 수 있도록 지도하는 것을 말한다.

덧셈 및 곱셈의 경우 교환적 속성(즉, 교환법칙)을 활용하여 하나의 기초 계산식을 익히는 것이 자동적으로 또 다른 기초 계산식을 학습하는 것이 될 수 있도록 지도한다. 뺄셈의 경우 역시 세기를 이용할 수 있고, 아울러 뺄셈과 나눗셈은 덧셈과 곱셈의 역연산임을 이용하여 지도할 수 있다. 다만, 많은 장애아동처럼 구체적 사고 수준에 머물러 있는 아동에게 역연산은 오히려 혼란과 좌절을 가져다줄 수 있으므로, 이러한 경우 뺄셈을 배우기 전에 덧셈을, 나눗셈을 배우기 전에 곱셈을 철저하게 배우는 것이 더 효과적일 것이다(Horstmeier, 2004).

3) 받아올림 및 받아내림

연산을 학습하는 아동에게 받아올림과 받아내림, 특히 받아내림은 어려운 개념이다. 많은 아동이 받아올림과 받아내림이 있는 덧셈과 뺄셈에서 흔히 오류를 보이곤 한다.

영어권에서는 'carry'나 'borrow' 혹은 'trade' 등의 단어로 받아올림 및 받아내림을 표현하지만, 받아올림 및 받아내림은 기본적으로 'regrouping'에서 시작한다. 다시 말해서, 받아올림과 받아내림은 기존의 수를 재분류하는 것이 그 핵심이라 할 수 있다. 예를 들어, '15−8'은 '(7+8)−8'일 수도 있고 '15−(5+3)'일 수도 있으며, '(10+5)−(5+3)'일 수도 있는 것이다. 문제에 포함된 수들은 매우 다양하게 재분류될 수 있으며, 제시된 수들을 계산하기 편하게 재분류할 수 있는 능력은 받아올림과 받아내림이 있는 연산을 더욱 용이하게 해 줄 수 있다. 아동은 받아올림 및 받아내림을 학습하기 위해서 '확장된 기수법'과 '자릿값' 그리고 십진법 등의 개념을 미리 알고 있어야 한다.

앞서 언급했듯이, '확장된 기수법'은 하나의 수는 그보다 작은 수들의 합으로 구성된다는 개념이다. 즉, 하나의 수는 그보다 작은 수들의 여러 조합으로 나눠 볼 수 있고, 이를 통해 수를 재분류하여 받아올림과 받아내림이 포함된 연산문제를 더 손쉽게 해결할 수 있다. '확장된 기수법'의 개념은 여러 가지 구체물을 이용한 '가르기와 모으기' 활동을 통해 이해할 수 있을 것이다(〈활동 6-8〉 참조).

자릿값은 특정 숫자는 그 숫자가 어떤 수 안에서 차지하고 있는 자리, 즉 해당 숫자의 위치에 따라 그 의미가 달라지는 특성이다. 예를 들어, '111'은 모두 '1'로 구성된 수이지만 맨 왼쪽의 '1'은 '1'이 아닌 '100'이며, 가운데 '1'은 '1'이 아니라 '10'이다. 아동이 아직 자릿값에 서투르다면 앞에서 제시한 자릿값의 개념 부분으로 돌아가 다양한 활동을 통해 자릿값을 복

활동 6-8 **가르기와 모으기**

준비물: 바둑돌, 끈, 종이

절차:

- 일정한 개수의 바둑돌을 책상에 펼쳐 놓고 총 개수를 종이에 적는다.
- 바둑돌 사이에 끈을 놓고 끈을 중심으로 왼쪽과 오른쪽의 바둑돌들을 따로 모아 개수를 센 후 총 개수 옆에 적는다.
- 끈을 치우고 바둑돌을 한데 모아 종이에 적힌 총 개수와 비교한다.
- 끈의 위치를 달리하여 앞의 단계를 되풀이한다.
- 바둑돌의 개수를 달리하여 활동을 한다.

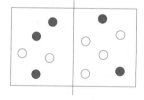

출처: Tucker, B. F., Singleton, A. H., & Weaver, T. L. (2002). *Teaching Mathematics to All Children: Designing and Adapting Instruction to Meet the Needs of Diverse Learners*. Upper Saddle River, NJ: Pearson Education, p. 105의 내용을 수정하여 게재함.

습한다.

　낱개의 합이 10을 넘게 되면 10이 상위 단위로 이동하고, 받아내림을 할 때 상위 단위에서 하위 단위로 전달되는 것이 10이라는 것은 현재 사용되는 수 체계가 십진법을 바탕으로 하고 있음을 의미하므로 아동이 받아올림 및 받아내림과 연계하여 십진법을 확실히 인식하도록 해야 한다(〈활동 6-9〉참조).

　연산문제는 일련의 단계로 구성된 과정을 수행함으로써 해결할 수 있다. 단계를 순서에 따라 수행하지 않는다면 문제해결은 실패로 끝날 가능성이 높아진다. 주의할 점은 아동에게는 자신만의 문제해결 방법, 자신만의 절차가 있을 수 있다는 것이다. 만일 교사가 아동 개개인의 의사와는 상관없이 모든 아동에게 동일한 절차를 적용하려 한다면, 어떤 아동은 이를 거부할 수 있고 결과적으로 연산 학습에 흥미를 잃을 수도 있다. 중요한 것은 교사의 지시에 따르는 것이 아니라, 아동 스스로 문제를 해결할 수 있는 능력을 키우는 것이다. 따라서 교사는 아동 개개인의 해결 방법 및 절차에 문제가 없다면 이를 존중해 줄 필요가 있다.

 활동 6-9 **10씩 묶기와 풀기**

준비물: 하드 막대(혹은 빨대), 고무줄, 점착메모지

절차:

- 일정한 개수의 막대(빨대)를 책상에 펼쳐 놓고 10개씩 고무줄로 묶게 한다.
- 다음과 같은 종이를 마련하여 아동이 10개 묶음의 개수와 낱개의 개수를 점착메모지에 써서 '십'의 칸과 '일'의 칸에 각각 붙이게 한다.
- 아동에게 10개 묶음 중 하나를 풀어 낱개와 합친 후 10개 묶음의 개수와 낱개의 개수를 점착메모지에 써서 '십'의 칸과 '일'의 칸에 각각 붙이게 한다.
- 10개 묶음을 다 풀 때까지 이전 단계를 되풀이한다.

예: 33

십	일
3	3
2	13
1	23
0	33

막대(빨대)의 개수를 달리하여 활동을 되풀이한다.

다음의 절차는 받아올림과 받아내림이 있는 연산 문제들을 해결할 수 있는 한 가지 예다.

① 받아올림

• **1단계: 확인하기**

문제를 읽고 1의 자리 수부터 시작하여 같은 단위에 있는 수들을 더해 합이 10을 넘는지, 넘는다면 어떤 단위인지 확인한다. 이 단계는 받아올림을 해야 하는지 알기 위한 과정이므로 수들의 합이 정확하게 얼마인지 알 필요는 없다.

$$25 + 18$$

• **2단계: 정렬하기**

문제에 제시된 숫자들을 동일한 단위에 맞춰 정렬한다. 보통은 수를 왼쪽에서 오른쪽으로 쓰게 되는데, 이런 경우에는 같은 단위가 아닌 숫자들이 동일한 위치에 오게 될 수 있다. 하지만 동일한 단위가 아닌 수들끼리의 연산은 오답으로 귀결되므로 연산에서는 수를 오른쪽에서 왼쪽으로 쓰도록 지도하여야 한다. 또한 수를 단위별로 구분할 수 있도록, 예컨대 모눈종이를 사용하거나 문제에 세로 줄 등을 그어 주고 한 칸에 하나의 숫자만 채워 넣을 수 있게 한다.

$$+ \quad \begin{array}{cc} 2 & 5 \\ 1 & 8 \end{array} \qquad \boxed{2}\,\boxed{5} + \boxed{1}\,\boxed{8} = \boxed{}\,\boxed{}\,\boxed{}$$

• 3단계: 계산하기

1의 자리 수들을 먼저 계산하고 결과를 답 칸에 쓸 수 있는지 확인한다. 한 칸에는 숫자 하나만 쓸 수 있음을 상기하게 한다. 한 칸에 쓸 수 없다면 1의 자리 수와 10의 자리 수를 구분하게 하고, 1의 자리 수만 답 칸에 적게 한다. 받아올림의 대상이 되는 수는 문제의 같은 단위 수들과 근접한 곳에 적게 하여 함께 더해야 하는 수라는 시각적 단서를 제공한다. 그리고 받아 올림의 대상이 되는 수와 함께 같은 단위의 수들을 더한 후 더 이상 받아올림이 없을 때까지 이 단계를 되풀이한다.

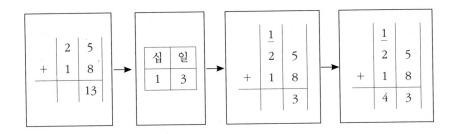

② 받아내림

• 1단계: 확인하기

문제를 읽고 1의 자리 수부터 시작하여 같은 단위에 있는 수들 중 위 혹은 앞에 있는 수가 아래 혹은 뒤에 있는 수보다 작은지, 작다면 어떤 단위인지 확인한다. 이 단계는 받아내림이 필요한지 알기 위한 과정이므로 수들 사이의 차가 정확하게 얼마인지 알 필요는 없다.

33-15

• 2단계: 정렬하기

문제에 제시된 숫자들을 동일한 단위에 맞춰 정렬한다. 보통은 수를 왼쪽에서 오른쪽으로 쓰게 되는데, 이런 경우에는 같은 단위가 아닌 숫자들이 동일한 위치에 오게 될 수 있다. 하지만 동일한 단위가 아닌 수들끼리의 연산은 오답으로 귀결되므로 연산에서는 수를 오른쪽에서 왼쪽으로 쓰도록 지도하여야 한다. 또한 수를 단위별로 구분할 수 있도록, 예컨대 모눈종이를 사용하거나 문제에 세로 줄 등을 그어 주고 한 칸에 하나의 숫자만 채워 넣을 수 있게 한다.

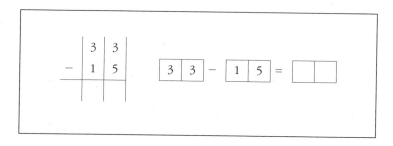

• 3단계: 계산하기

1의 자리 수들을 먼저 확인한다. 위 혹은 앞에 있는 수가 아래 혹은 뒤에 있는 수보다 클 때까지 수를 재분류하게 한다. 1의 자리 수부터 계산을 하고 더 이상 받아내림이 없을 때까지 이 단계를 되풀이한다.

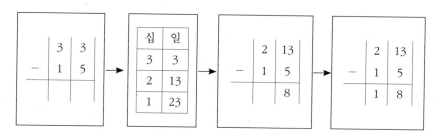

참고문헌

강문봉, 강완, 김남희, 김수환, 나귀수, 박경미, 박영배, 백석윤, 송상헌, 유현주, 이경화, 이중권, 임문규, 임재훈, 장혜원, 정동권, 정영옥, 정은실, 허혜자 공역(1999). 초등 수학 학습지도의 이해[*Helping children learn mathematics* (5th ed.)]. R. E. Reys, M. N. Suydam, M. M. Lindquist, & N. L. Smith 공저. 서울: 양서원. (원저는 1998년에 출판).

김수환, 박영희, 백선수, 이경화, 한대희 공역(2006) 어떻게 수학을 배우지? CGI에 의한 수학 학습[*Children's mathematics: Cognitively Guided Instruction*] T. P. Carpenter, E. Fennema, M. L. Franke, L. Levi, & S. B. Empson 공저. 서울: 경문사, (원저는 1998년에 출판).

박을용, 김치영, 박한식, 조병하, 정지호, 권영대, 장운식(1995). 수학대사전 下. 서울: 한국사전연구사.

오혜정 역(2013). 한 권으로 끝내는 수학[*The handy math answer book*]. P. B. Svarney & T. E. Svarney 공저. 서울: Gbrain. (원저는 2005년에 출판).

이병혁, 신현기(2003). 초등학교 특수학급 수학수업 실태 조사. 특수교육연구, 10(2), 364-385.

이병혁, 신현기(2004). 학습장애아동의 자연수 연산 오류 형태 규명을 위한 기초 연구. 특수교육연구, 11(1), 251-270.

이미숙, 전병운(2012). 초등 특수학교 및 특수학급 교사의 수학과 운영 실태 및 개선방안 분석. 특수아동교육연구, 14(2), 311-338.

이지현 역(2002). 어린이 수학교육: 피아제 수학교육에 대한 대안[*Teaching and learning early number*]. I. Thompson 편. 서울: 정민사. (원저는 1997년에 출판).

주삼환, 배호순, 이윤식, 이석열(1999). 교과별 · 교사별 기초학력 책임지도제 시행방안. 서울: 교육부.

정구영 역(2002). 생각하는 수학: 개념으로 읽는 수학의 역사[數學の考え方 (講談社現代新書 15)]. 矢野 健太郎 저. 서울: 사이언스북스. (원저는 1964년에 출판).

Ashlock, R. (1998). *Error patterns in computation* (7th ed.). Upper Saddle River, NJ: Merrill-Prentice Hall.

Bryant, B. R., & Pedrotty, R. D. (1997). Educational assessment of mathematics skills and abilities. *Journal of Learning Disabilities, 30*(1), 57-68.

Cox, L. S. (1975a). Diagnosing and remediating systematic errors in addition and subtraction computation. *The Arithmetic Teacher, 22*, 151-157.

Cox, L. S. (1975b). Systematic errors in the four vertical algorithms in normal and handicapped population. *Journal for Research in Mathematics Education, 6*(4), 202-220.

Cumming, J. J., & Elkins, J. (1994). Are any errors careless? *Focus on Learning Problems in Mathematics, 16*(4), 21-30.

DeVincenzo-Gavioli, M. A. (1983). Diagnosing student error pattern. In G. Shufelt & J. R. Smart (Eds.), *The agenda in action*. Reston, VA: National Council of Teachers of Mathematics.

Engelhardt, J. M. (1977). Analysis of children's computational errors: A qualitative approach. *British journal of educational psychology, 47*, 149-154.

Enright, B. E. (1995). Basic mathematics. In J. S. Choate, B. E. Enright, L. J. Miller, J. A. Poteet, & T. A. Rakes (Eds.), *Curriculum-based assessment and programming* (3rd ed.). Boston, MA: Allyn & Bacon.

Geary, D. C. (1994). *Children's mathematical development*. Washington, DC: American Psychological Association.

Horstmeier, D. (2004). *Teaching math to people wth Down Syndrome and other hands-on learners: Basic survival skills* (Topics in Down Syndrome Book 1). Bethesda, MD: Woodbine House.

Lerner, J. (2000). *Learning disabilities: Theories, diagnosis, and teaching strategies* (8th ed.). Boston, MA: Allyn & Bacon.

Miller, S. P. (1996). Perspectives on mathematics instruction. In D. D. Deshler, E. S. Ellis, & B. K. Lenz(Eds.), *Teaching adolescents with learning disabilities* (2nd ed.). Denver, CO: Love Publishing Company.

Miller, S. P., & Mercer, C. D. (1997). Educational aspects of mathematics disabilities, *Journal of Learning Disabilities, 30*(1), 47-56.

Prior, M. (1996). *Understanding Specific Learning Difficulties* (pp. 41-65). Erlbaum: Psychology Press.

Reid, R., & Lienemann, T. O. (2006). *Strategy instruction for students with learning disabilities*. New York: The Guilford Press.

Stading, M., Williams, R. L., & McLaughlin, T. F. (1996). Effects of copy, cover, and compare procedure on multiplication facts mastery with a third grade girl with learning disabilities in a home setting. *Education and Treatment of Children, 19*(4), 425-434.

Tucker, B. F., Singleton, A. H., & Weaver, T. L. (2002). Teaching mathematics to all children: Designing and adapting instruction to meet the needs of diverse learners. Upper Saddle River, NJ: Pearson Education.

Wong, B. Y. L. (1996). *The ABCs of learning disabilities*. San Diego, CA: Academic Press.

제7장

교수-학습 실제: 도형

　기하 및 공간 감각은 일상적인 수학능력을 개발하는 데에서 수와 연산 못지않게 필수적인 수학과의 영역이다. 교사는 흔히 인지적 장애를 지닌 학생은 기하를 기능적으로 사용하지 못한다고 생각해 왔다. 기하에 관하여 원과 삼각형 같은 기본 도형을 변별하는 등의 수업만을 실시한다면 아마도 실제로 그렇게 될 것이다.

　일상생활 속에는 기하 개념이 여러 학년에 걸쳐서 풍부하게 적용된다. 예를 들어, 기하 수업을 통하여 학생은 방향을 나타내는 어휘를 학습할 수 있고 직선을 사용하여 두 점 사이를 연결하는 방법을 배울 수도 있다. 학생은 입체도형과 평면도형을 비교하고 대조하기 위해서 수평 및 수직과 같은 개념을 학습할 수도 있다. 그들은 도형의 위치를 바꾸거나 측정하기 위해서 도형을 어떻게 조작해야 하는지를 학습한다.

　아동의 장래를 고려하였을 때, 기하(도형)와 관련하여 몇몇 직업(기계공학 등)에서는 이러한 공간적 관계에 대한 우수한 이해력을 가질 것을 요구한다. 뿐만 아니라 기하는 방향 탐색 및 이동, 미술과 공예, 건축 등에도 관련될 수 있는 매우 중요한 수학의 영역이다. 그럼에도 불구하고 중등도 및 중도 장애를 지닌 학생들에 대한 최근까지의 연구에서는 모양 변별과 같은 기초 기술에만 주로 초점을 두어 왔다(Browder, Ahlgrim-Delzell, Pugalee, & Jimenez, 2006). 하지만 단순한 도형의 모양 변별 같은 기초 기술의 반복 훈련만으로는 도형에 대한 감각을 기를 수 없다.

장애를 가지고 있든 가지고 있지 않든 간에 아동이 도형에 대하여 학습하고 실생활에 이를 적용하기 위해서는 위상수학적인 개념을 우선적으로 이해해야 한다. 즉, 아동이 자기 주변을 올바르게 인식하여 어떤 물체가 어디에 있는지, 자기로부터 어느 방향에 어느 정도 떨어져 있는지 등에 대한 인식 능력을 발달시킨 이후에 유클리드 기하학에 포함되는 도형에 대한 개념을 올바르게 형성할 수 있다.

현재 우리나라 특수교육 교육과정(교육과학기술부, 2011b)에서는 '도형' 영역에서 위치와 방향, 거리 개념, 평면도형과 입체도형의 개념과 성질을 다루고 있으며, "여러 가지 모양을 알고, 평면도형과 입체도형의 특성을 이해한다."를 영역 목표로 정하고 있다. 학년별로 도형 영역의 목표를 살펴보면 〈표 7-1〉과 같다.

표 7-1 특수교육 교육과정 '도형' 영역의 학년군별 목표

학년군	도형 영역의 목표
초등학교 1-2학년	여러 가지 놀이 활동을 통해 구체물이나 사물 등의 공간 관계를 이해하고, 여러 가지 모양을 탐색한다.
초등학교 3-4학년	실생활에서 여러 가지 물건을 관찰하여 여러 가지 모양을 찾고, 다양한 조작 활동을 통해 입체도형과 평면도형에 대한 감각을 기른다.
초등학교 5-6학년	평면도형과 그 구성요소를 이해하고, 구체적인 조작 활동을 통해 선과 각, 평면도형의 이동을 이해한다.
중학교 1-3학년	구체적인 조작활동을 통해 원의 구성요소를 이해하고, 분류하는 활동을 통해 여러 가지 삼각형과 여러 가지 사각형을 이름 짓고 이해한다.
고등학교 1-3학년	다각형과 정다각형의 의미를 파악하고, 직육면체와 정육면체의 구성요소와 성질을 알며 쌓기나무를 이용하여 입체도형의 공간감각을 익힌다.

이와 같이 2011년 개정 특수교육 교육과정에 따르면, 초등학교 1~2학년에는 거리, 위치, 방향 등의 공간 관계를 이해하는 활동과 이를 바탕으로 생활 속의 구체물들을 상자 모양, 둥근기둥 모양, 공 모양 등의 여러 가지 모양으로 인식하는 활동을 하게 된다. 초등학교 3~4학년에는 실생활의 물체를 관찰한 후 직육면체, 원기둥, 구의 모양을 찾아보고, 쌓기나무로 여러 가지 입체도형의 모양을 만드는 활동을 함으로써 입체도형에 대한 감각을 기르고, 나아가 실생활에서 사각형, 삼각형, 원의 모양을 찾고 칠교판을 이용하여 평면도형에 대한 감각을 기른다. 즉, 입체도형 및 평면도형에 대한 도형감각을 기르는 것이다. 초등학교 5~6학년이 되면, 평면도형의 꼭짓점과 변을 알게 되고 삼각형, 사각형에서의 공통점을 일반화하여 오각형, 육각형 등을 구별하게 되며, 도형의 기초가 되는 직선, 각, 직각, 예각, 둔각, 직선의 수직과 평행 등의 개념을 학습하게 된다. 또한 구체물의 밀기, 뒤집기, 돌리기 활동을 함으로써 평면도형의 이동을 알게 된다.

중학교에서는 원의 중심, 반지름, 지름과 그 관계를 알고, 삼각형을 분류하여 이등변삼각형, 정삼각형, 직각삼각형, 예각삼각형, 둔각삼각형을 이해하며, 사각형을 분류하여 직사각형, 정사각형, 사다리꼴, 평행사변형, 마름모에 대하여 알게 된다. 그리고 고등학교에서는 다각형과 정다각형을 구분하고, 대각선을 이해하고, 직육면체와 정육면체를 알고 구성요소와 성질을 이해하며, 쌓기나무를 이용하여 입체도형의 공간감각을 익힐 수 있다.

이와 같이 특수교육 교육과정은 공간에 대한 이해를 바탕으로 도형의 개념을 형성하도록 구성되어 있다. 한편, 일반교육과정에서 다루고 있는 도형 영역의 내용은 다음과 같다.

수학과 교육과정(교육과학기술부, 2011a)에 따르면, 초등학교 수학의 '도형' 영역에서는 평면도형과 입체도형의 구성 요소, 개념, 간단한 성질 및 공간 감각에 대하여 다루고 있고, 중학교 수학의 '기하'에서는 기본 도형의 성질, 피타고라스 정리, 삼각비, 원의 성질과 활용을 다룬다. 학년군별 성취 기준 및 내용을 보면 〈표 7-2〉와 같다. 일반교육 교육과정의 내용은 특수교육 교육과정에서 제시되는 내용을 기본으로 하여 다양하고 깊이 있는 '기하(도형)'를 다루고 있음을 알 수 있다. 따라서 장애학생도 이러한 일반교육 교육과정 내용에 접근할 수 있도록 하기 위해서는 장애학생을 위한 교육과정의 적합화(조절 및 수정)가 필요하다.

따라서 특수교육 교사는 이러한 교육과정 내용에 대한 주요 개념을 이해하고, 장애학생에게 특수교육 교육과정뿐만 아니라 일반교육 교육과정에도 효과적으로 접근할 수 있도록 지도하여야 한다. 이 장에서는 먼저 도형에 관한 아동의 능력이 일반적으로 어떻게 발달하는지를 간단히 살펴보고, '도형'에서 다루는 주요 개념을 제시한다. 그리고 이러한 도형에 관한 주요 개념이 어떻게 발달하여 가는지 직사각형, 원, 각 및 각기둥을 예로 들어 살펴본다. 마지막으로, 유치원, 초등학교 저학년 및 고학년, 중학교, 고등학교 시기에 장애학생에게 일반교육 교육과정에서 제시되는 학습내용에 대하여 그들의 능력에 맞게 어떻게 적합화(수정)하고 도형에 대하여 지도해야 할 것인지에 예를 들어 설명하고자 한다.

표 7-2 일반교육 교육과정 '도형' '기하' 영역의 학년군별 성취 기준 및 내용

학년군		성취 기준 및 내용
초등학교 1-2학년	성취 기준	입체도형과 평면도형의 모양을 알고, 기본적인 평면도형을 직관적으로 이해하며, 그 구성 요소를 찾을 수 있다.
	내용	입체도형의 모양, 평면도형의 모양, 평면도형과 그 구성 요소
초등학교 3-4학년	성취 기준	직선, 선분, 반직선, 각, 수직과 평행을 이해하고, 평면도형의 이동을 이용하여 무늬를 꾸밀 수 있으며, 삼각형, 사각형, 원, 다각형, 정다각형을 이해한다.
	내용	도형의 기초, 평면도형의 이동, 원의 구성요소, 여러 가지 삼각형, 여러 가지 사각형, 다각형

초등학교 5–6학년	성취 기준	도형의 합동과 대칭의 의미를 이해하고, 직육면체와 정육면체, 각기둥과 각뿔, 원기둥과 원뿔의 구성 요소와 성질을 이해하며, 쌓기나무 활동을 통해 공간감각을 기른다.	
	내용	합동과 대칭, 직육면체와 정육면체, 각기둥과 각뿔, 원기둥과 원뿔, 입체도형의 공간감각	
중학교 1–3학년 '기하'	성취 기준	기본도형, 다각형, 다면체, 회전체의 성질을 이해하고, 삼각형과 사각형의 성질을 이해하고 설명하며, 피타고라스 정리, 삼각비, 원의 성질을 이해한다.	

	내용		
	1	2	3
	• 점, 선, 면, 각 • 점, 직선, 평면 사이의 위치관계 • 평행선의 성질 • 삼각형의 작도 • 삼각형의 합동 조건 • 다각형의 성질 • 부채꼴에서 중심각과 호의 관계 • 부채꼴에서 호의 길이와 넓이 • 다면체, 회전체의 성질 • 입체도형의 겉넓이와 부피	• 이등변삼각형의 성질 • 삼각형의 외심, 내심 • 사각형의 성질 • 닮은 도형의 성질 • 삼각형의 닮음 조건 • 평행선 사이에 있는 선분의 길이와 비 • 닮은 도형의 성질 활용	• 피타고라스 정리 • 삼각비 • 원의 현, 접선에 대한 성질 • 원주각의 성질

1. 도형 관련 능력의 초기 발달[1]

1) 기하도형 개념의 발달

유아는 생의 초기부터 일상생활에서 기하도형의 개념을 형성하기 시작한다. 즉, 식사 때 매일 마주치는 숟가락은 매끄러운 둥근 모양, 포크는 뾰족한 모양 등 실생활 속에서 기하도형의 개념이 발달하게 된다.

(1) 영아기 기하도형 개념의 발달

입체도형을 흔히 일상생활 환경에서 접하기 때문에 평면도형보다 입체도형을 먼저 배우게 된다. 예를 들어, 다양한 공 모양, 상자 모양, 음료수 캔과 같은 원기둥 모양 등을 접하며 입체도형에 대한 비형식적 지식을 습득한다. 또한 부엌에 있는 다양한 모양의 컵, 주전자, 그릇과 소꿉놀이의 다양한 모형, 모래놀이 상자에 있는 다양한 용기를 만지고 조작함으로써 입체도형에 대하여 인식하고 구별하게 된다.

원이나 사각형과 같은 평면도형은 그림책 속에서 자주 볼 수 있다. 또한 일상생활의 환경에서도 자주 접할 수 있고 어른들이 그 모양을 지적하고 이름을 말하기도 한다. 예를 들면, "샌드위치를 세모로 만들어 줄까? 네모로 만들어 줄까?" 등과 같이 평면도형을 언급하게 된다. 이처럼 생활에서 습득한 비형식적 지식이 기하도형에 대한 이해의 기초가 된다.

(2) van Hiele 부부의 기하도형 개념 발달

van Hiele 부부는 기하활동을 계획하고 수행하는 데 도움이 되는 5가지

---

1) 이 절의 주요 내용은 나귀옥과 김경희(2012)에서 발췌함.

수준을 제시하였다. 취학 전 유아는 대부분 수준 0(시각화: 모양 인식과 명명하기)에 머무르고, 발달된 일부 유아는 수준 1(속성 묘사하기)에 속하기도 한다. 장애유아나 중증의 장애를 가지고 있는 아동도 흔히 이 수준에 해당하기 쉽다.

① 수준 0

취학 전 유아 대부분이 이 단계에 속하며, 이들은 총체적 느낌으로 도형을 인식하고 이름을 말할 수 있다. 즉, 전체로서 도형을 지각하며, 비슷한 도형끼리 짝지을 수 있고, 기하도형의 이름을 말하거나 지오보드 또는 그래프 종이에 그대로 그릴 수도 있다. 가령, 4~5세의 유아는 한 세트의 네모를 만들어 놓고 자신이 만든 네모들이 모두 비슷하게 생겨서 모아 놓았다고 하거나 '문 같은 모양'이기 때문에 같이 놓았다고 말한다.

② 수준 1

발달수준이 높은 유아와 초등학교 저학년 아동이 이 단계에 속하며, 이들은 모양을 전체로 받아들이는 수준을 넘어서서 도형의 속성에 초점을 맞춘다. 즉, 이들은 도형의 면, 변, 각의 수 등의 속성을 인식하고 설명한다. 이 단계의 유아와 아동은 속성에 근거하여 놀이하고, 구성하고, 모델을 만들고, 그것들을 분류한다. 이들은 3차원 도형을 평평한 표면이나 각의 수를 기준으로 모은다. 또 '상자'의 면이 6개라는 것을 안다. 반면에 전등갓은 단 2개의 원으로 된 면과 곡면을 가지고 있음을 안다. 수준 1에 있는 유아와 아동은 도형을 묘사할 때 관찰이나 조작 또는 실험활동을 통하여 모양의 특성을 이해하고 표현한다. 이러한 특성으로 미루어 보아 도형활동을 제시할 때는 입체도형을 소개한 후에 평면도형을 소개하는 것이 바람직하다.

(3) Clements와 Battista의 도형 개념 발달단계

Clements와 Battista(1992)는 유아가 van Hiele 부부가 말하는 수준 0보다 오히려 낮은 기본적인 이해 수준에 속한다고 보았다. 장애유아도 흔히 수준 0보다 낮은 수준에 있는 중증의 장애유아가 많기 때문에 Clements와 Battista의 도형 개념 발달단계는 특수교육에 시사하는 바가 크다. 이들은 기하도형에 대한 이해가 세 단계의 수준을 거쳐 발달한다고 하였다.

① 전인지 수준(precognitive level)

이 수준의 유아는 일정한 도형들을 본 후에 도형을 재구성할 수 있는 적절한 시각적 이미지를 형성하는 지각 능력이 부족하다. 따라서 이들은 형태를 지각하지만 여러 도형 중에서 서로 다른 모양을 구별하지는 못한다. 간혹 유아가 곡선 도형과 직선 도형이 다르다는 정도는 인식하여도, 직선도형 내에서 삼각형, 사각형 등의 도형 간의 차이 혹은 곡선 도형 내에서의 다양한 도형 간의 차이는 구별하지 못한다. 즉, 타원형과 삼각형이 다르다는 것은 구별하지만 삼각형과 사각형의 차이점은 구별할 수 없다. 따라서 도형 간의 차이점을 명확하게 구별하지 못할 수 있다. 3세 이하의 유아는 대부분 이 단계에 속한다.

② 시각적 수준(visual level)

전체적인 시각적 외양을 토대로 도형을 인식하는 수준이다. 이 수준의 유아는 도형의 속성에 근거하여 도형을 변별하기보다는 도형에 대한 일반적이고 전체적인 인상에 따라 도형을 판별하고 그 이름을 말한다. 즉, '3개의 각' 혹은 '3개의 변'이라는 도형의 특성에 주목하여 도형을 구별하는 것이 아니라 자신의 일상생활에서 자주 보아 왔던 삼각형 혹은 사각형 모양과 유사한 것, 도형의 시각적 원형(visual prototype)에 근거하여 도형을 구별한다. 예를 들어, "상자처럼 생겼으니까 사각형 혹은 네모 모양이다."와 같이 시각적 원형을 사용하여 도형을 설명한다. 이들은 흔히 두 변이 이등변이고 밑변이 수평으로 이루어진 모양은 삼각형이라고 하지만, 꼭짓점이 아래로 향해 있거나 너무 뾰족하여 흔히 보는 삼각형과 다르게 생긴 것은 삼각형이 아니라고 말한다. 대부분의 유아가 이 단계에 속한다.

③ 기술적 수준(descriptive level)

이 수준에서는 모양을 전체로 받아들이는 단계를 넘어서서 도형의 속성을 기준으로 도형을 인식하고 판단하며, 도형의 속성을 기술할 수도 있다. 즉, 삼각형은 '세 변을 가진 도형'이라는 것을 안다. 그러나 이 수준의 유아는 동일한 유형의 도형 간의 차이나 이들의 관계는 알지 못한다. 예를 들어, 이들은 직사각형과 정사각형의 속성을 인지하고 기술할 수 있지만 정사각형이 직사각형의 특정 부류라는 것은 알지 못한다. 6세 유아와 초등학교 저학년 아동이 이 단계에 속한다.

(4) 도형의 조합과 분해 발달단계

Clements(2004)는 도형의 조합과 분해에 관하여 아동이 다음과 같은 발달적 계열을 보인다고 하였다.

① 전조합(precomposer) 단계

특정한 큰 모양을 나타내기 위하여 여러 개의 도형을 결합할 수 없다. 즉, 각각의 모양을 나타내기 위해서는 별개의 도형을 사용해야 한다. 예를 들어, 사람을 나타내기 위하여 하나의 도형을 사용하고, 나무를 나타내기 위하여 또 다른 도형을 사용한다. 2~3세 유아가 이 단계에 해당한다.

② 조각 모으기(piece assembler) 단계

전조합 단계와 유사하지만 그림을 만들기 위하여 도형을 연결한다. 다리

하나를 나타내기 위하여 도형 1개를 사용하고 다른 부분을 나타내기 위하여 다른 도형을 사용하는 것처럼 각각의 도형을 고유한 역할을 나타내기 위하여 사용한다. 4~5세 유아가 이 단계에 해당한다.

③ 그림 만들기(picture maker) 단계

하나의 모양을 나타내기 위해 여러 개의 도형을 연결한다. 예를 들어, 3개의 사각형을 연결하여 다리 하나를 만들어 낸다. 그러나 새로운 형태의 도형 모양을 예견하지는 못하고 시행착오를 거쳐서 구성한다. 5~6세가 되면 이 단계에 도달한다.

따라서 취학 전 유아는 뒤집기와 회전 등으로 도형을 조합하여 다른 도형을 만들거나 부분으로 분해하지는 못하지만, 도형의 분해 및 조합과 관련된 상당한 정도의 기초 능력을 가지고 그것을 발달시켜 가고 있음을 알 수 있다.

2) 위치와 공간적 관계 개념의 발달

만 2세 이하의 영아도 공간에서의 사물의 관계나 그 속성을 탐색하는 데 많은 시간을 보낸다. 따라서 영아도 사물의 모양과 크기를 지각할 수 있고, 3차원 공간에서 사물의 위치를 표상할 수 있다. 3차원 공간에서 위치 관계를 이해하는 방법은 다음의 3가지로 구분할 수 있다.

(1) 자기중심적 표상(egocentric representation)

자신을 중심으로 위치와 방향을 이해한다. 어린 영아는 '내 앞에' '내 뒤에' 등과 같이 자신의 몸을 중심으로 아래위, 앞뒤의 공간적 관계를 이해하기 시작한다.

(2) 지표중심적 표상(landmark-based representation)

주위 환경의 지표가 되는 사물을 활용하여 위치를 찾는다. 영아도 지표 (landmark)를 사용할 수 있다. 즉, 사물을 특정 인물과 연관시켜 위치를 파악하며, 주로 어머니를 활용한다. 그러나 멀리 있는 지표와 연관시킬 수는 없고, 1세경에는 목표 물체와 가까이에 있는 지표를 사용할 수 있다.

(3) 객관중심적 표상(allocentric representation)

3차원 세계의 모든 물체 관계를 일반적이고 객관적인 참조의 틀을 사용하여 나타내는 것으로서 좌표체계의 지도를 활용하는 것이다. 좌표란 위치 혹은 장소의 네트워크로 만들어지는데, 3차원 세계의 모든 가능한 위치의 동시적 조직이 좌표체계다.

좌표체계의 발달을 보면, 어릴 때에는 좌표에 관한 기본적인 이해를 발달시켜 좌표체계에 관한 비형식적 지식을 가지고 있지만, 초등학교 이후에야 형식적인 좌표를 만들고 활용하는 능력을 발달시킨다. 4세 이전의 유아는 조직화하는 공간적 틀로서 개념적 좌표체계를 활용하지 못하고, 4세가 되면 단서가 있고 의미 있는 상황으로 과제가 주어질 때 좌표체계를 활용하는 능력이 어느 정도 나타난다. 그리고 6세 유아의 경우에는 대부분 이를 활용할 수 있는 것으로 나타났다.

2. 도형의 주요 개념

학생들이 3차원적인 세계에서 적절히 기능하기 위해서는 기하학적 개념을 학습해야 한다. 평행(parallelism), 수직(perpendicularity), 합동(congruence), 닮음(similarity) 그리고 대칭(symmetry)이 그 개념이다. 이러한 개념은 측정 및 문제 해결과 관련된 상황에서 탐구되어야 한다.

1) 평행

평행하는 두 선은 아무리 멀리 연장하여도 서로 만나지 않는다. 또한 평행하는 두 선은 같은 방향으로 나아가며, 두 선 사이의 거리는 어디에서 측정하든 같은 거리를 가진다.

평행하는 두 선이 갖는 이러한 성질들을 이용하여 임의의 두 선이 평행한지를 알아볼 수 있다. 첫째, 임의의 두 선을 지나는 세 번째 선을 그리고 각각의 선과 세 번째 선이 이루는 각을 측정한 뒤에 두 각을 비교하여 서로 일치한다면 두 선의 방향은 같은 것이며, 따라서 두 선은 서로 평행하다. 둘째, 평행하는 두 선은 또한 등간격이므로, 한 장의 종이를 한 선 위에 일치시키고 두 번째 선과 만나는 지점에 연필로 표시하고 나서, 종이의 위치를 미끄러지듯이 이동시켜 가면 두 선의 간격이 등간격인지를 확인할 수 있다.

선들이 평행인가 그렇지 않은가를 알아보는 과정은 많은 도형을 확인하고 분류하는 데에 사용될 수 있다(김민경 외 공역, 2006). 예를 들어, 사다리꼴의 마주 보는 한 쌍의 변이 항상 평행이라면 다른 마주 보는 한 쌍의 변은 평행이 아니다. 반면, 평행사변형의 마주 보는 두 쌍의 변은 서로 평행이다.

2) 수직

수직이란 직각으로 만나는 두 선 사이의 관계를 말한다. 임의의 두 선이 직각으로 만나면 한 선이 다른 선에 대하여 수직이라고 말한다. 학생은 어떤 모양을 인식하기 위해서 그것이 수직을 이루는지를 확인할 수 있다. 예를 들어, 정사각형은 수직을 이루는 네 개의 직각을 가지고 있다. 학생이 수직을 알아볼 수 있는 가장 간단한 방법은 종이 한 장을 접어서 직각을 만든 후 직각인지를 알아보고 싶은 도형의 각 위에 그 직각 종이를 올려서 확인하는 것이다(Tucker, Singleton, & Weaver, 2006).

3) 합동

2개의 기하학적 도형이 정확하게 같은 크기와 형태를 가지고 있을 경우에 이를 합동이라고 한다. 기하학적 도형을 분류할 때 합동은 중요한 개념이다(Tucker, Singleton, & Weaver, 2006). 예를 들어, [그림 7-1]에서 두 도형 중 하나는 원이지만 다른 하나는 원이 아니다. 왜냐하면 원은 중심으로부터의 모든 선분(반지름)이 합동이어야 하기 때문이다. '평면 위의 한 점으로부터 같은 거리에 있는 점들의 집합'이 바로 원이다. 반면, 타원은 '두 정점(定點)으로부터의 거리의 합이 일정한 점의 자취'다.

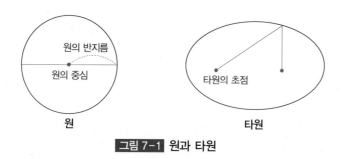

그림 7-1 원과 타원

4) 닮음

두 도형이 같은 모양을 가지고 있을 때에 수학적으로 닮았다(similiar)고 한다. 따라서 도형의 닮음이라는 개념은 일상적으로 우리가 사용하는 닮았다는 것과는 다소 다르다. 일상생활에서는 생긴 모양이 똑같지는 않더라도 비슷하게 생겼으면 닮았다고 하지만, 수학에서의 닮음이란 크기가 같지 않더라도 생긴 모양은 완전히 일치하는 것을 말한다. 즉, 크기와 모양이 완전히 일치하는 것이 합동이고, 크기는 같지 않더라도 모양이 완전히 일치해야 닮음에 해당한다. 두 도형이 닮음 관계에 있을 때는 다음의 2가지 중요한 관계가 존재하게 된다. 첫째, 한 도형의 모든 각이 두 번째 도형의 모든 대응각과 합동이다. 둘째, 한 도형의 변들이 두 번째 도형의 대응변들과 비례한다. 다시 말하면, 첫 번째 도형의 한 변과 두 번째 도형의 대응변의 비율이 항상 같다는 것이다.

기하하적 도형을 분류할 때 닮음의 개념이 적용되는 2가지 예를 제시하면 다음과 같다. 먼저, 모든 원은 닮음의 관계에 있다. 또한 모든 정사각형도 닮음의 관계에 있다.

5) 대칭

점이나 직선 또는 평면의 양쪽에 있는 부분이 꼭 같은 형태로 배치되어 있을 경우를 대칭이라고 한다. 구체적으로 살펴보면, 한 점을 기준으로 대칭인 경우에는 점대칭, 직선이 기준인 경우에는 선대칭, 그리고 평면이 기준인 경우에는 면대칭이라고 한다. 학생이 선대칭을 알아보는 가장 쉽고 간단한 방법은 대칭선을 따라 도형을 반으로 접어 두 개의 반쪽이 정확히 일치하는가를 알아보는 것이다(김민경 외 공역, 2006). 원이나 정다각형은 대칭중심이 되는 한 점에 관하여 점대칭이 되는 도형이다.

3. 주요 도형에 대한 개념 발달

이 절에서는 도형에 대한 개념이 일반적으로 어떻게 발달해 가는가를 살펴보고자 한다. 여러 가지 도형이 있지만 여기서는 직사각형, 원, 각 그리고 각기둥에 대한 개념이 어떻게 발달해 가는지 알아보고자 한다. 독자는 앞서 언급한 도형에 대한 5가지 기하학적 개념(Tucker, Singleton, & Weaver, 2006)이 각각의 도형 개념의 발달과정에 어떻게 작용하는지 살펴보기를 바란다.

1) 직사각형

일반적으로 아동은 유치원에 다닐 때 직사각형에 처음으로 노출된다. 그들은 직사각형이 직선으로 된 4개의 변을 가진다는 것을 학습한다. 이때 직사각형의 예가 되는 것과 직사각형의 예가 되지 못하는 반례들을 찾아봄으로써 이러한 학습이 발달한다. 그러나 흔히 유치원에서 직사각형을 다루는 동안에, 나중에 교정되어야 하는 심각한 오해가 발달하기도 한다. 학생은 흔히 정사각형과 직사각형이 서로 다른 도형이라고 배우지만, 사실상 정사각형은 모든 변의 길이가 같은(합동인) 특수한 종류의 직사각형이다.

초등학교 1학년 때에도 직사각형에 대해 배운다. 그러나 직사각형이 아닌 반례가 더욱 다양해진다. 2학년이 되면 직사각형은 4개의 변을 가지고 있다는 것을 알게 되고, 4개의 모퉁이(각)를 가지고 있다는 것을 인식하게 된다. 또한 직사각형은 2개의 대칭선을 가지고 있고, 정사각형은 4개의 대칭선을 가지고 있다는 것을 학습한다. 이 시기에는 어떤 3차원적인 사물의 표면을 직사각형이라고 인식할 수 있어야 한다. 3학년이 되면 다양한 실생활 환경에서 직사각형을 찾는 활동을 할 수 있다. 그리고 직사각형의 모퉁이가 각이라는 것을 학습한다. 90°를 직각이라고 학습하고, 직사각형은 마주 보는 변이 평행이기 때문에 평행사변형이라는 것을 학습하게 된다.

초등학교 4학년부터 중학교 2학년까지의 학생은 보다 형식적인 수학 용어를 사용하여 직사각형에 관해 기술할 수 있지만, 직사각형에 관해 기술하고 분류하기 위해 계속적으로 기하의 주요 개념을 사용한다. 변들이 모두 직선인 닫힌 도형을 다각형이라고 한다는 것을 학습하며, 4개의 변을 가진 다각형은 사변형이라는 것을 알게 된다. 사다리꼴과 평행사변형이 특수한 종류의 사변형이며, 마름모꼴과 직사각형은 2가지 특별한 종류의 평행사변형이라는 것을 학습한다. 또한 정사각형이 특수한 직사각형인 동시에 특수한 마름모꼴이라는 것을 학습한다.

2) 원

유치원 수준의 학생은 원을 비형식적으로 알게 된다. 원과 모양이 같은 도형들을 알아볼 수 있는데, 이러한 도형들은 닮음의 관계에 있다. 이 시기에는 원과 비슷하지 않은 도형도 판별한다. 일반적으로 원의 이름(동그라미)을 학습하며, 자전거 바퀴, 시계, 병뚜껑 그리고 동전과 같은 일상적인 사물에서 원을 알아보게 된다. 또한 원과 다른 도형들의 패턴을 만들거나 그러한 패턴에 관하여 이야기할 수 있다. 즉, '원은 둥글다.' '원은 부드럽다.' '원은 구부러져 있다.' 그리고 '원은 모든 방향에서 길이가 같다(모든 지름이 합동이다).'와 같은 비형식적인 말을 사용하여 원에 관하여 기술할 수 있다.

초등학교 1~2학년 때에는 원에 대하여 비형식적인 학습을 계속한다. 이 시기에는 직사각형, 정사각형 그리고 삼각형 등 비슷하지 않은 도형들 사이에서 원을 골라낸다. 또한 계속해서 비형식적인 용어를 사용하여 원에 관해 묘사하고, 다른 도형들이 왜 원이 아닌지 설명한다. 3~4학년의 학생은 일반적으로 원통, 원뿔 그리고 반구와 같은 3차원적 도형에서 나타나는 원을 찾아낼 수 있다. 또한 원이 대칭이라는 것을 학습한다. 초등학교 5학년 이상이 되면 수학적 용어에 보다 높은 비중을 두게 되면서 원에 대한 학습도 보다 공식화된다. 이러한 학년기 동안 학생은 중심, 반지름, 지름 그리고 원의 둘레(원주)와 같은 수학적 용어를 확인하고 사용할 수 있게 된다. 또한 모든 지름이 그런 것처럼, 모든 반지름의 길이가 같다(합동이다)는 것을 학습한다. 그리고 원에 내접하는 각들뿐만 아니라 현(원 위에 두 끝점을 가진 직선), 원의 중심각에 대해서도 학습한다. 더불어 수학적 상징과 기호를 사용하여 이러한 원의 개념에 관하여 글로 쓰는 것도 학습한다.

3) 각

유치원부터 초등학교 2학년 정도까지의 저학년 학생은 비형식적으로 '뾰족한 부분(모퉁이)'이라는 명칭으로 각을 접하게 되고, 이것을 도형의 분류를 위해 사용하게 된다. 즉, 어떤 도형은 모퉁이를 가지고 있고, 어떤 도형은 가지고 있지 않다는 것을 인식한다. 또한 직선인 변을 가지고 있는 도형은 모퉁이를 가지고 있지만, 직선인 변을 가지고 있지 않은 도형은 모퉁이를 가지고 있지 않다는 것을 인식한다. 저학년 학생은 사각형은 4개의 각을 가지고 있으며, 삼각형은 3개의 각을 가지고 있다는 것을 안다. 그리고 어떤 각은 다른 각들보다 더욱 '뾰족하다'는 것을 알아차린다. 이러한 정보(각의 수와 각도)는 도형을 분류하는 데 도움이 된다.

초등학교 3~4학년에 이르면 각에 대한 학습을 계속하면서 도형의 모퉁이를 각이라고 부르기 시작한다. 90°는 직각이라고 부른다. 각과 직각은 도형의 속성을 이루는 것이다. 예를 들어, 정사각형을 포함하여 직사각형은 4개의 각을 가지고 있고 모든 4개의 각은 직각이다. 삼각형은 3개의 각을 가지고 있으며, 이러한 3개의 각은 직각보다 작을 수 있다. 삼각형은 하나의 직각을 가질 수는 있지만 나머지 2개의 각은 직각보다 작다. 이 시기에 교사는 학생이 각을 그릴 수 있기를 기대한다. 그리고 이 시기에는 각을 비교하여 어느 것이 더 큰 각이고 어느 것이 더 작은 각인지를 찾을 수 있어야 한다. 그리고 수직인 선분에 관하여 학습하고, 직각 관계에 있는 변들은 수직임을 알게 된다. 더불어 각을 직각, 둔각, 예각으로 분류할 수도 있게 된다.

5~6학년 학생은 각에 관하여 기술하고 분류할 때 직각, 예각, 둔각과 같

은 수학적 용어를 사용할 수 있게 된다. 이 시기에는 각도기를 사용하여 각을 측정하는 방법을 학습하고, 직각은 90°이며, 예각은 90°보다 작고, 둔각은 90°보다 크다는 것을 발견할 수 있다. 또한 각의 측정값을 추정할 수 있는 능력을 발달시키기 시작하고, 각에 대한 보다 형식적인 수학 용어를 사용한다(예: "각은 공통의 꼭짓점을 가진 2개의 반직선이다."). 그리고 각에 대하여 쓸 때 보다 형식적인 수학적 기호를 사용한다. 각의 합동과 하나의 각을 2개의 합동인 각으로 나누는 각의 이등분선에 대해서도 학습하며, 주어진 각과 합동인 각을 만들고 주어진 각의 이등분선을 만들기 위해 컴퍼스와 직선 자를 사용하는 방법을 이해한다. 더불어 원의 중심각뿐만 아니라 여각과 보각에 대해서도 학습한다.

중학생이 되면 각의 점을 각의 꼭짓점이라고 부른다는 것을 학습한다. 맞꼭지각은 두 직선이 교차할 때 형성되고 같은 측정값을 가지며(합동), 이웃각은 공통의 변을 가진 두 각이라는 것을 학습한다. 삼각형의 각의 크기의 합은 180°이며, 180°의 값을 가진 각은 평각이라는 것을 배운다. 각의 중심각, 원에 내접하고 있는 각, 그리고 그러한 값들이 어떻게 관련되는지에 대해서도 학습한다. 그리고 평행선을 횡단면으로 잘랐을 때 형성되는 각들 사이의 관계를 발견한다. 내각, 외각, 엇각, 대응각 그리고 평각에 대해서도 학습하고, 그 각들 중 어느 것이 합동이며 어느 것이 보완적인 각인지에 대해서도 배운다.

4) 각기둥

각기둥에 대한 학습은 유치원에서 비형식적이고 비수학적인 용어를 사용하면서 시작된다. 이 시기에는 일반적으로 각기둥을 상자 모양의 물체로 인식하고 묘사한다. 이 상자의 모퉁이들이 수직 관계에 있는 가장자리들과 수직 관계에 있는 면들에 의해서 형성되는 사각 모퉁이라는 것을 알아차릴 수도 있다. 또한 상자의 맞은편이 같은 크기와 모양을 가지고 있다(합동)는 것을 알아차린다. 그리고 공, 아이스크림 콘, 캔과 같은 다른 3차원적인 물체들로부터 각기둥 모양(상자 모양)의 사물을 구별한다. 상자는 실제적으로 여러 가지 다양한 모양을 가지고 있지만, 교육과정 자료에서는 일반적으로 그러한 다른 모양의 상자는 존재하지 않는다고 가정한다. 그러나 이러한 가정은 이 시기 학생의 개인적인 경험과 거의 모순되지 않는다.

초등학교 1학년이 되면 교사로부터 각기둥에 대한 보다 형식적인 수학 용어를 발달시킬 것이라는 기대를 받는다. 이 시기에는 어떤 상자 모양(모든 가장자리가 합동인 것)은 정육면체라고 불린다는 것을 학습한다. 그러다가 2학년 말이 되면 직육면체라는 이름을 학습한다. 불행하게도, 정육면체와 직육면체를 다루게 되면서 흔히 정육면체는 직육면체가 아니라는 오해가 생겨난다. 왜냐하면 이러한 저학년 시기에 보게 되는 직육면체의 예가 다양하지 않기 때문이다.

3~4학년이 되면 정육면체 및 다른 직육면체의 면과 모서리에 대한 수학적 명칭을 학습한다. 그리고 5학년이 되면 직육면체의 모퉁이를 꼭짓점이라고 부른다는 것을 학습한다. 이 시기에는 정육면체 또는 직육면체의 모양을 가지는 생활 속의 사물들을 찾아낼 수 있다. 그런데 직각이 직육면체의 모서리에 의해 형성된다(모든 모퉁이가 직각이다)는 오해를 발달시킬 가능성도 있다. 이러한 오해는 대부분의 교육과정 자료에 있는 그림이 바른 직육면체만을 보여 주기 때문이다. 직육면체의 다양성을 제한하는 것은 또한 직육면체의 모든 면이 직사각형이라는 오해를 발생시킨다. 바른 직육면체에서는 모든 각이 직각이고 모든 면이 직사각형이다. 그렇지만 일반적으로 직육면체의 밑면은 직사각형이고 나머지 면들은 평행사변형이다. 직육면체의 모서리들에 의해서 형성된 각들은 직각일 수도 있고 아닐 수도 있다. 그리고 그 면들은 직사각형일 수도 있고 아닐 수도 있다. 이 시기의 학생은 정육면체의 수를 셈으로써 직육면체의 부피를 아는 방법을 학습하며 나중에 '밑

면의 가로×밑면의 세로×높이'를 함으로써 부피를 계산하게 된다. 종이의 밑그림을 잘라 내고 접어서 직육면체를 만들어 내며, 직육면체의 윗면과 아랫면이 같다(합동이다)는 것을 학습한다. 또한 도형의 밑면을 보고 각기둥을 인식하고 명명하는 것을 학습함으로써 각기둥은 그 밑면이 직사각형일 때 직육면체가 된다는 것을 발견한다. 그리고 각기둥은 모두 다면체라는 것을 학습한다.

초등학교 6학년부터 중학교 2학년까지의 학생은 직육면체와 관련된 수학적 용어들을 계속해서 사용하게 된다. 각기둥이 다면체라는 것을 인정하고, 각기둥의 부분들을 면, 모서리, 꼭짓점 그리고 밑면이라고 명명할 수 있게 된다. 각기둥에 대하여 글을 쓸 때는 수학적 기호를 사용하며, 각기둥의 부피를 구하는 공식을 학습하고, 각기둥의 부피와 표면적을 계산할 수 있다.

4. 장애학생을 위한 기하(도형) 영역의 교수방법

이 절에서는 장애학생을 위한 기하(도형) 영역의 교수방법에 관하여 Cawley, Foley와 Hayes(2009)가 기술한 내용을 중심으로 살펴본다.

1) 유치원 및 초등학교 저학년 장애학생을 위한 도형 교수방법

도형에 대한 의미 있고 수준 높은 이해는 일화적 학습 활동을 강조함으로써 획득할 수 있다. 모든 학생은 교실 안의 공간을 차지한다. 이들은 공간 속의 지점들을 찾아가게 되는데, 이러한 지점들은 책상과 의자 또는 휠체어를 두는 장소일 수 있다. 모든 학생은 한 공간에서 다른 공간으로 이동하는 과정에서 길을 가로지르게 된다. 학생은 일반적으로 다른 학생의 앞뒤 또는 다른 학생들의 사이에서 줄을 서서 이 구역에서 저 구역으로 옮겨 다닌다. 그리고 책상이나 의자에 앉아서 수직 · 수평 방향으로 상호작용한다. 가장 중요한 것은, 모든 학생이 반드시 기하와 측정이라는 같은 원리에 따라서 이러한 움직임을 보인다는 것이다.

예를 들어, 한 가족의 아침 기상 시간이라고 가정해 보자. 어떤 구성원은 방금 깨어나서 현재 일어나고 있는 시간과 사건의 관계를 의식하게 될 것이다. 너무 일찍 깨어난 사람은 이부자리에서 뒹굴며 몇 분이라도 잠을 더 자려고 할 수도 있다. 늦잠을 자 버려서 학교나 직장에 늦었다고 생각하는 사람은 서둘러서 움직일 것이다. 외출 준비가 계획보다 늦어진 경우에는 "빨리 좀 해. 내 순서란 말이야!" "가서 밥 먹고 빨리 옷 입어. 그렇지 않으면 늦을 거야!" "누가 통로에 상자를 놓았어? 내가 넘어질 뻔했잖아." 또는 "내 바지를 찾을 수가 없네."와 같은 말이 들릴 것이다.

이러한 상황을 검토해 보면, 시간과 사건의 관계라는 측정에 관련된 중요한 개념에 주목하게 된다. 그것보다는 덜 명확하지만 아침의 가정 공간이라는 기하학적 측면도 상당히 중요하다. "내 순서란 말이야!"라는 말은 단지 한 사람만이 한 번에 한 공간을 차지할 수 있다는 것을 나타내는 것이다. 화장실이라는 공간을 누군가가 사용하고 있다면, 그 공간을 사용할 수 있을 때 까지 다른 사람은 기다려야 한다. "가서 밥 먹어."라는 지시는 아침식사가 시간에 관련된 현상이며, 그 사람에게 현재 점유하고 있는 위치라는 공간을 떠나 다른 공간(부엌)으로 이동하여 새로운 공간적 위치로 찾아가라고 지시하는 것이다. 일단 새로운 공간에 오면 그 사람은 식사라는 과제를 완성하고, 그러고 나서 공간을 떠나 옷을 입는 다른 장소로 찾아가야 한다.

어떤 아동은 이러한 시나리오를 독립적으로 완수할 수 있지만, 또 어떤 아동은 신체적 · 인지적 · 행동적 문제로 독립성이 부족할 수 있다. 이러한 학생에게는 도움이 필요하며, 학생과 도우미 사이에는 특정한 형태의 상호작용이 발생한다. 통로에 놓여 있어서 누군가를 넘어지게 할 뻔했던 상자에 대하여, 우리는 '그 사물이 통상적으로 놓여 있던 위치가 아닌 공간을 상자가 차지하고 있었다.' 또는 '그 사물이 공간 속의 또 다른 지점에 놓여져 있어야 했다.'고 추정하게 된다. 어떤 사람이 자신의 바지를 찾지 못한 것은 바지가 놓여 있을 것이라고 기대되는 위치에 있지 않았기 때문이다.

이러한 모든 예는 기하가 우리의 일상생활 속에서 차지하는 역할을 보여 준다. 일반적으로 가정과 학교에서는 이러한 일들이 자연스럽게 발생하기 때문에 기하의 맥락 안에서 이러한 사건들을 다루지는 못한다.

놀이기구를 탈 때 아동은 의자 뒤가 아니라 앞쪽에 앉는다. 텔레비전을 볼 때도 그 뒤가 아니라 앞에 앉는다. 샤워를 할 때는 샤워기의 위가 아니라 샤워기 아래에 선다. 목욕탕에서 목욕을 할 때는 물 위가 아니라 물 안에 들어가 앉는다.

매우 어린아이는 공간 속의 한 지점을 차지하고, 공간 속에서 위치가 바뀌는 사물들에 대해 경계심을 드러낸다. 이것은 누군가가 유아에게 이유식을 주려고 하는 경우, 유아가 사람이나 젖병이 자신을 향해 움직이는 것을 관찰할 때 명백히 드러난다. 이것은 또한 성숙한 개인이 밤하늘의 별이 움직이는 위치를 지켜볼 때에도 명백히 드러난다.

어린 아동을 지도하는 교사가 "오늘 나는 아이들에게 좌표면 위에 있는 지점들을 찾아보게 하였고, 그러고 나서 평행선과 일상생활 속에서의 그 중요성에 관해 알아보게 하는 활동을 하였다."라고 말한다면 사람들은 어떤 반응을 보이겠는가? 대부분의 청자는 놀랍다는 반응을 보일 것이다. 그 교사가 실제로 한 것은 교실의 책상들을 횡렬과 종렬로 좌표면처럼 배열한 것이었다. 그러고 나서 교사는 학생들에게 한 장소에서 다른 장소로 움직이도록 지시하였다(예: "선희야, 네 자리에서 은숙이의 자리로 가라."). 이러한 활동은 도형 또는 도형들의 명명, 복사 또는 복제와 같은 전통적인 기하와 관련되어 있지 않다. 여기서의 기하는 사물이 가지는 공간 속의 관계에 초점을 두고 있다. 이러한 관계는 안-밖-위, 개-폐, 순서-항구성, 공간 속의 지점들, 통로, 우리 환경의 수평축과 수직축 사이의 지점들과의 관계를 찾기 위해 이동하기 같은 것들을 포함한다. 또한 단 한 가지만이 한 번에 한 공간을 점유할 수 있으며, 이러한 원리가 우리의 삶의 일부라는 것을 우리는 일상 생활의 경험을 통하여 알고 있다. 그러나 우리는 이러한 관계를 거의 고려 하지 않고, 학생들 역시 그러한 인식이 결여되어 있다. 학교에서의 기하는 단지 도형에 관한 것으로만 보인다.

유치원 및 초등학교 저학년 장애학생에게 지도해야 할 도형과 관련된 목 표는 다음과 같다.

① 원, 삼각형 그리고 사각형을 제시하였을 때, 학생은 각자 도형에 맞는 이름이나 용어를 말할 수 있다.
② 하나의 용어(예: 원)를 제시하였을 때, 학생은 그 모양을 그리거나 만들 수 있다.
③ 학생은 기하하적 도형이나 영역의 주요 구성요소들을 확인하고, 예를 들어 말하고, 이름을 붙일 수 있다.

이것은 모든 관련 목표를 제시한 것은 아니며, 단지 하나의 사례로서 제 시한 것이다.

2) 초등학교 고학년 장애학생을 위한 도형 교수방법

여기서는 면적, 특히 원의 면적 및 여러 가지 입체도형의 부피라는 주제 에 초점을 두고, 학습장애를 지닌 학생에게 기하를 지도하는 방법을 몇 가 지 예를 들어 설명하고자 한다(Cawley, Foley, & Hayes, 2009).

원의 면적

원의 면적과 관련하여 선택한 몇 가지 목표는 다음과 같다.

① 학생은 원의 구성요소들(반지름, 지름, 원둘레, 면적)을 확인하고 명명할 수 있다.

② 학생은 원에 대하여 수직과 수평 방향으로 지름의 1/2을 결정한 후, 원을 각각 1/4을 나타내는 영역들로 구분할 수 있다.

③ 학생은 실을 가지고 원의 둘레를 측정하고, 자를 가지고 그 실의 길이를 측정한 후, 자로 원의 지름을 잴 수 있다. 다음으로는 학생이 원둘레를 지름으로 나누어 파이(pi, π)를 결정할 수 있다. 이러한 행동을 6~10개의 항목에 대하여 실시하게 하고 과제를 완수할 때마다 답을 기록하게 한다. 답은 거의 3.14가 될 것이다.

표 7-3 원의 둘레와 지름 측정 예시

항 목	원둘레	지 름	Pi(π)
1	25˙	8	3.125
2	19˙	6	3.17

• 근삿값

출처: Cawley, J. F., Foley, T. E., & Hayes, A. M. (2009). Geometry and measurement: A discussion of status and content options for elementary school students with learning disabilities. *Learning Disabilities: A Contemporary Journal*, 7(1), 32.

④ 학생은 [그림 7-2]와 같이 그래프용지 위에 원의 지름과 같은 길이를 한 변으로 하는 정사각형을 그린 후 그 위에 원을 그리고 원과 정사각형이 얼마나 중첩되는지를 알아본다.

〈정사각형의 수를 세어 원의 면적을 추측해 본다.〉

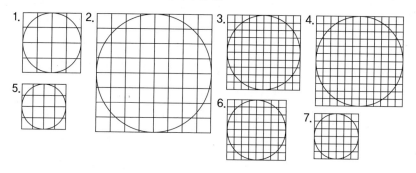

[그림 7-2] 원의 면적 알아보기

⑤ 학생은 지름, 원둘레 그리고 파이 사이의 관계를 '요인×요인 = 결과값'이라는 관계(예: $3.14 \times 8 = 25.12$, $25.12 \div 8 = 3.14$, $25.12 \div 3.14 = 8$)를 이용하여 증명할 수 있다. .

⑥ 학생은 공식 πr^2을 사용하여 원의 면적을 정확하게 구할 수 있다. 그리고 공식 변^2 또는 길이 X폭을 사용하여 정사각형의 면적을 구할 수 있다.

⑦ 학생은 원 밖에 있는 모든 100단위 정사각형을 이루는 네모의 수를 셀 수 있다. 그리고 정사각형 및 원의 크기에 관계없이, 원 안에는 78단위 정사각형이 있고 원 밖에는 22단위의 정사각형이 있다는 것을 알게 된다. 즉, 원의 면적은 정사각형 면적의 '78%'이다.

π

원주율, 즉 원의 둘레와 지름의 비율을 나타내는 수학 기호인 파이(π)를 모르면 원의 넓이를 구할 수 없다. 그뿐인가? 타원, 부채꼴, 입체도형의 부피 등 다양한 문제를 해결하는 데도 파이의 개념은 필수적이다. 따라서 파이의 정확한 비율을 아는 것은 매우 중요하다. 그러나 파이의 정확한 값이 알려진 것은 극히 최근의 일이다. 파이가 진보해 온 역사를 살펴보자.

그리스에서는 파이를 '아르키메데스의 수'라고 부르기도 한다. 이전에는 3으로 추정되던 값을 계산하기 시작한 것이 아르키메데스(Archimedes, 기원전 287~212)였기 때문이다. 한편, 독일에서는 이를 루돌프수라고도 하는데, 이는 1600년대 독일 출신 수학자 루돌프 반 쾰렌(Rudolph van Ceulen)이라는 사람이 파이의 소수점 아래 35자리까지를 계산해 냈기 때문이다. 그는 이를 매우 자랑스럽게 여겨 자신의 묘비에 새겨 넣도록 했고, 다른 사람들도 그를 기리기 위해 루돌프수라고 부르게 된 것이다.

가장 뛰어난 수학적 성과물을 전하고 있는 고대 메소포타미아인들은 원주율을 3으로 추정해서 계산했다. 그들이 이룬 수많은 건축과 도시의 유적을 보면 원주율을 3으로 계산해도 크게 문제가 되지는 않을 것이라는 생각이 들기도 한다.

한편, 고대 이집트 사람들은 원주율을 256/81= 3.16049……으로 추정했다. 그리고 기원전 240년 무렵에 이르러 그리스의 수학자 아르키메데스는 처음으로 223/71 < π < 22/7라고 계산에 의거하여 파이의 수치를 추정했는데, 그 계산 방법은 다음과 같다.

'원주, 즉 원의 둘레 길이는 원에 내접하는 정다각형의 둘레의 길이보다는 길다.'

이러한 논리에 따라 아르키메데스는 원에 내접하는 가장 큰 다각형을 작도한 끝에 정96각형을 작도하여 원에 내접시키면서 원주율의 근사치를 구했다. 이로써 원주율은 223/71 < π < 22/7 = 약 3.14라는 계산치를 구했던 것이다.

한편, 150년 무렵에 활동하면서 천동설을 주장한 프톨레마이오스(Claudius Ptolemaeus)는 원주율을 3.1416으로 계산했다. 파이의 계산에 있어서는 오히려 동양이 서양에 비해 앞서 있었는데, 480년 무렵 중국 남조(南朝)의 수학자이자 천문학자인 조충지(祖沖之, 429~500)는 원주율을 3.1415926과 3.1415927 사이라고 계산하고 대략 22/7, 정확하게는 355/113 = 3.141592……임을 밝혔다. 이 계산은 유럽에 비해 1,000년이나 빠른 것이니

1573년에야 비로소 독일의 오토가 355/113를 확인한 것이다.

이후에도 동서양의 많은 학자가 정확한 파이 계산을 위해 애를 썼는데 530년 무렵 아리아바타(Aryabhata, 인도)는 62832/20000로 계산했으며, 같은 인도의 바스카라(Bhbskara) 2세는 1150년 무렵 3927/1250이라고 계산했다. 또한 1699년 샤프(Abraham Sharp)라는 학자는 소수점 아래 71자리까지 계산했고, 1706년 머신(John machine)은 100자리까지 계산하는 데 성공했다.

1737년에는 연구에 몰두한 나머지 스물여덟 살에 한쪽 눈을, 쉰아홉 살에는 양쪽 눈을 잃고 만 스위스 출신 순수수학의 창시자 오일러(Euler)가 기호 (π)를 채택하여 이때부터 파이가 일상생활 속으로 들어오게 되었다. 그리고 1767년 스위스 출신 독일의 수학자이자 철학자인 람베르트(Johann Heinrich Lambert)가 드디어 파이가 무리수임을 증명함으로써 아무리 계산해도 끝이 없음을 알게 되었다.

하지만 사람들의 도전은 그치지 않았다. 1844년 독일의 놀라운 암산왕 다제(Zacharias Dase)라는 사람은 암산으로 소수점 아래 200자리까지 계산했는데, 그는 79532853 × 93758479 = 7456879327810587이라는 계산을 불과 54초 만에 해낼 정도였다고 전해진다. 1853년에는 러더퍼드(Rutherford)가 다시 소수점 아래 400자리까지 계산했고, 1948년 영국의 퍼거슨(Ferguson)과 렌치(Wrench)는 공동으로 808자리까지 계산하며 기뻐했다. 그리고 1961년 렌치와 퍼거슨은 그때 막 가동을 시작한 컴퓨터 IBM7090을 이용하여 소수점 아래 100,265자리까지 계산하는 데 성공했다. 컴퓨터를 이용한 계산은 그 후에도 이어져 1981년 일본의 가즈노리 미요시와 가즈히카 나카야마는 FACOM M-200 컴퓨터를 이용하여 2,000,038자리까지 계산하는 데 성공했다.

그렇다면 과학적 계산에서는 파이를 몇으로 계산할까? 정밀한 계산에서는 원주율을 3.1416 또는 3.14159로 계산하는데, 인공위성 등 첨단의 계산에서는 소수점 아래 30자리까지 계산된 원주율을 사용한다.

출처: 김홍식(2007). 세상의 모든 지식. 파주: 서해문집.

여러 가지 입체도형의 부피

학생이 원형 밑변을 가진 원뿔의 부피와 정사각형 밑변을 가진 피라미드의 부피를 비교할 수 있는 한 가지 방법은 학생들에게 하나의 원뿔, 그 원뿔과 밑면적 및 높이가 같은 원기둥, 하나의 피라미드, 그 피라미드와 밑면적과 높이가 같은 정육면체를 제공하는 것이다. 학생에게 모래 또는 그와 유사한 물질로 원뿔을 채우게 하라. 그러고 나서 원기둥을 채우는 데 필요한 모래 원뿔의 수를 결정하게 하라. 학생에게 피라미드를 가지고 정육면체를 채우게 하는 비슷한 활동을 수행하게 할 수도 있다. 이러한 활동의 결과를 도표로 그리게 하면, 학생은 원기둥을 채우기 위해 3개의 원뿔이 필요하고 정육면체를 채우기 위해 3개의 피라미드가 필요함을 알 수 있을 것이다. 가득 찬 원기둥을 가지고 그 내용물을 원뿔에 쏟아 부어서 앞에서 한 절차를 거꾸로 해 보면, 원기둥 하나가 세 개의 원뿔을 채우게 됨을 확인할 수 있다. 이러한 원리는 원뿔에서 원기둥으로 쏟은 물질이 같은 것일 때에만 적용된다(예: 물과 모래 같은 서로 다른 두 개의 물질이 아니라 모두 모래여야만 한다). 이러한 활동들은 서로 다른 공식들과 그 관계에 대하여 학생이 이해할 수 있게 하는 기초를 제공한다.

기하와 관련하여 단위 사이의 관계를 이해하고 문제를 해결하는 데에 활용할 수 있는 수많은 공식이 있다. 흔히 이러한 공식은 한 가지 이상의 형태로 제시되며, 한 가지 이상의 용도를 가지고 있다. 예를 들어, 피라미드의 부피를 결정하는 공식과 원뿔의 부피를 결정하는 공식은 같다. 그러나 두 도형의 외관은 서로 다르다. 그렇다면 어떻게 이렇게 현저히 다르게 생긴 두 도형의 부피가 같은 공식으로 계산될 수 있는 것일까?(〈표 7-4〉 참조)

학생에게 다음과 같이 하게 함으로써 여기서 언급한 원리들을 습득했는지를 평가할 수 있다.

표 7-4 도형의 부피 계산 공식

원기둥의 부피 = 밑면적 × 높이	원뿔의 부피 = 1/3 × 밑면적 × 높이
정육면체의 부피 = 밑면적 × 높이	피라미드의 부피 = 1/3 × 밑면적 × 높이

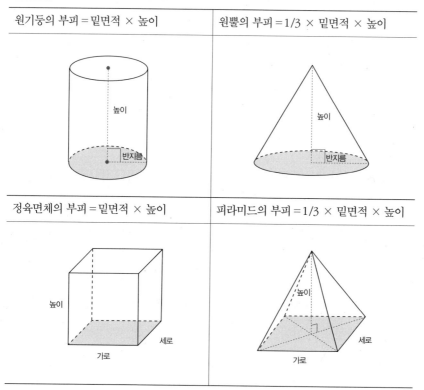

출처: Cawley, J. F., Foley, T. E., & Hayes, A. M. (2009). Geometry and measurement: A discussion of status and content options for elementary school students with learning disabilities. *Learning Disabilities: A Contemporary Journal*, 7(1), 35-37.

① 어떻게 서로 다른 두 개의 도형이 같은 공식에 의해 결정되는 부피를 가지고 있는지 설명한다.

② 어떻게 하면 원뿔에 담긴 모래로 원기둥을 채우고 피라미드에 담긴 모래로 정육면체를 채우는 활동을 분석하여 이것을 검증할 수 있는지 설명한다.

③ 서로 다른 두 개의 도형이 같은 공식을 사용하였음에도 서로 다른 부피를 가지게 되는 이유를 설명한다.

독자는 앞에서 언급한 각각의 내용이 단일한 활동이 아니며, 수업 한 번으로 행해질 수 있는 것이 아니라는 점을 인식해야 한다. 최소한 7주, 길게는 15주 정도의 탐구가 필요하다. 15주 동안 탐구하여도 모든 학생이 모든 구성요소에 대해 충분한 능력을 나타내는 것은 아니다.

3) 중 · 고등학교 장애학생을 위한 교육과정의 수정

몇 가지의 간단한 수정을 함으로써 학습장애를 지닌 중 · 고등학교 학생이 기하를 다루는 수업에 성공하도록 도울 수 있다(Steele, 2010). 첫 번째 단계는 특수교사와 수학과 교사가 함께 협력하는 것이다. 개별 학생을 대상으로 한 계획 수립, 평가, 교수 그리고 수정 사안의 결정 과정에 있어서 이들은 협력을 할 수 있다. 이러한 유형의 팀 접근은 수학 교과내용과 개별화된 방법이라는 두 교사의 전문성을 살릴 수 있고, 학습장애를 지닌 학생이 수업에 성공하도록 만들 수 있다(Aguilar, Morocco, Parker, & Zigmond, 2006).

기하 수업에서 사용하는 어휘들을 명료화하는 것이 학습장애학생이 교과서에서 제시하는 과제들과 수업 내용을 이해하도록 하는 데 도움이 된다(Sabornie & deBettencourt, 2004). 읽기, 구어 그리고 청각적 처리 결함을 가진 학생은 어려운 수학 용어에 관한 이러한 도입을 통해 도움을 받을 수 있고, 아울러 도형과 관련된 기초 개념들을 알게 됨으로써 관련된 과제에서 성공할 기회를 가질 수 있을 것이다.

도형과 관련된 기초 용어의 개념적 정의는 다음과 같다(석주식, 최순미, 심진경, 2009).

- 곡선: 점과 점을 이었을 때 직선이 아닌 선
- 변: 선분으로 둘러싸인 도형의 선분

- 수직선: 직선 위에 기준점을 만들고, 직선 위의 점에 일정한 간격으로 수를 대응시킨 것
- 직각: 두 직선이 만나서 이루는 각이 90°인 각
- 예각: 0°보다 크고 직각보다 작은 각
- 둔각: 직각보다 크고, 180°보다 작은 각
- 수선: 두 직선이 수직일 때, 한 직선을 다른 직선에 대한 수선이라고 함
- 평행: 두 직선이 서로 만나지 않는 경우
- 맞꼭지각: 두 직선이 만날 때 서로 마주 보는 두 각
- 동위각: 같은 위치에 있는 각으로, 두 평행선과 다른 한 직선이 만나서 생기는 동위각의 크기는 서로 같음
- 엇각: 엇갈린 위치에 있는 각으로, 두 평행선과 다른 한 직선이 만나서 생기는 엇각의 크기는 서로 같음
- 보각: 두 각의 합이 180°일 때, 한 각을 다른 각에 대해 보각이라고 함
- 정삼각형: 세 변의 길이가 같은 삼각형
- 이등변삼각형: 두 변의 길이가 같은 삼각형
- 부등변삼각형: 세 변의 길이가 모두 다른 삼각형
- 직각삼각형: 한 각이 직각인 삼각형
- 둔각삼각형: 한 각이 둔각인 삼각형
- 예각삼각형: 세 각이 모두 예각인 삼각형
- 직각이등변삼각형: 직각으로 만나는 두 변의 길이가 같은 삼각형
- 직사각형: 네 각이 모두 직각인 사각형
- 정사각형: 네 각이 모두 직각이고 네 변의 길이가 같은 사각형
- 사다리꼴: 마주 보는 한 쌍의 변이 서로 평행인 사각형
- 평행사변형: 마주 보는 두 쌍의 변이 모두 평행인 사각형
- 마름모: 네 변의 길이가 모두 같은 사각형
- 대각선: 다각형에서 서로 이웃하지 않는 두 꼭짓점을 이은 선분

- 원의 중심: 원을 그릴 때 중심이 되는 점
- 원의 반지름: 원의 중심에서 원 위의 어느 한 점을 이은 선분
- 원의 지름: 원 위의 두 점을 원의 중심을 지나게 이은 선분
- 대응점, 대응변, 대응각: 합동인 두 도형을 완전히 포개었을 때, 겹쳐지는 꼭짓점을 대응점, 겹쳐지는 변을 대응변, 겹쳐지는 각을 대응각이라고 함
- 모서리: 면과 면이 만나는 선분
- 꼭짓점: 3개의 모서리가 만나는 점
- 밑면: 각기둥, 원기둥 등과 같은 입체도형에서 평행이 되는 두 면. 각뿔, 원뿔 등과 같은 입체도형에서 뿔의 꼭짓점과 이웃하지 않는 면
- 옆면: 밑면과 수직인 면
- 평면도형: 두께가 없는 도형
- 입체도형: 부피가 있는 도형
- 곡면: 평탄하지 않고 곡선으로 이루어진 면
- 기하학: 도형 및 공간의 성질에 대하여 연구하는 학문

또한 도형과 관련된 기초 개념은 다음과 같다(석주식, 최순미, 심진경, 2009).

- 평행선 사이의 거리는 항상 같다.
- 삼각형의 세 각의 크기의 합은 항상 180°다.
- 이등변삼각형의 두 밑각의 크기는 같다.
- 정삼각형의 세 각의 크기는 모두 60°다.
- 직사각형은 평행사변형, 사다리꼴이라고 말할 수 있고, 마주 보는 두 변의 길이가 같다.
- 정사각형은 직사각형, 마름모, 평행사변형, 사다리꼴이라고도 말할 수

있다.

- 평행사변형은 사다리꼴이라 말할 수 있고, 마주 보는 두 쌍의 변의 길이가 서로 같으며, 마주 보는 두 쌍의 각의 크기 또한 서로 같다.
- 마름모는 평행사변형, 사다리꼴이라고 말할 수 있고, 마주 보는 두 각의 크기가 서로 같다.
- 사각형의 네 각의 합은 360°다.
- 다각형에서 내각과 외각의 크기의 합은 항상 180°다.
- 다각형에서 내각의 크기의 합은 다각형을 삼각형으로 나누어 나온 삼각형의 개수에 180°를 곱해서 구한다.
- 모든 다각형의 외각의 크기의 합은 항상 360°다.
- 2개의 도형이 어떤 직선에 의해 완전히 겹쳐질 때 2개의 도형을 어떤 직선에 대하여 선대칭의 위치에 있는 도형이라고 한다.
- 한 점을 중심으로 180° 돌렸을 때 완전히 겹쳐지는 두 도형은 점대칭의 위치에 있다고 하고, 두 도형을 점대칭의 위치에 있는 도형이라고 한다. 이때 점을 대칭의 중심이라고 한다.
- 합동인 도형은 대응변의 길이가 서로 같고, 대응각의 크기가 서로 같다.
- 합동인 삼각형을 그릴 수 있는 조건은 ① 세 변의 길이가 주어진 삼각형, ② 두 변의 길이와 그 사이의 각의 크기가 주어진 삼각형, ③ 한 변의 길이와 양 끝각의 크기가 주어진 삼각형이다.
- 직육면체의 면은 직육면체를 둘러싸고 있는 직사각형들을 말한다.
- 각뿔의 꼭짓점은 각뿔의 모든 옆면이 만나는 공통점이다.
- 도형을 위쪽, 아래쪽, 왼쪽, 오른쪽으로 옮기면 모양과 크기는 변하지 않고 위치만 변한다.
- 도형을 왼쪽이나 오른쪽으로 뒤집으면 왼쪽과 오른쪽이 서로 바뀐다. 도형을 위쪽이나 아래쪽으로 뒤집으면 위쪽과 아래쪽이 서로 바뀐다.

초등학교에서 흔히 사용하는 조작물도 중·고등학교 수학 수업에서 개념을 명료화하기 위한 가치 있는 도구가 될 수 있다(Freud & Rich, 2005). 구체물로 수업을 시작하여, 다음에는 그림을 활용하고, 끝으로 정신적인 수학활동을 하게 함으로써 어려운 기술과 절차를 학습하기 위한 처리 전략과 기억에 문제를 가진 학습장애학생을 도울 수 있다. 예를 들어, 여러 가지 다각형을 정의하고 그것을 측정하기 위해 실제 사물을 사용하거나 그 모양을 만들기 위해 빨대를 사용하는 것은 명료화를 위한 구체적인 예가 될 수 있다. Cass, Cates, Smith와 Jackson(2003)은 중등학교 학생을 대상으로 한 기하 문제해결을 위해 구체물을 사용하는 것의 가치를 입증하였는데, 결과적으로 학생들은 구체물을 지속적으로 사용하지 않고 추상적인 수준에서 자료를 일반화할 수 있었다.

이처럼 실생활의 예들을 사용함으로써 수학 수업의 주제를 명료화하고 보다 의미있는 수업이 되도록 할 수 있다(Freud & Rich, 2005). 이러한 예들은 학습전략을 자발적으로 사용하지 못하는 수동적 학습자인 학생에게 동기를 제공할 수 있다. 교사는 또한 현재의 주제, 관련 활동 그리고 문화적 배경 정보를 활용하여 이러한 예들을 보다 적합하게 만들 수 있다.

더불어 중등학교 장애학생을 대상으로 대한 성공적인 수학 학습을 위해서는 이들에게 상급 학년에서 다루는 수학 내용에 대한 구체적인 학습전략을 가르쳐야 한다. 학습전략에 관한 연구에 따르면, 학습장애를 지닌 중·고등학교 학생들은 사실상 이러한 측면에 주된 문제를 가지고 있으며, 이것은 그들의 학업적 실패를 가져오는 주요 원인이 된다(Sabornie & deBettencourt, 2004). 이러한 전략들을 중·고등학교 학습장애학생에게 가르칠 때에는, 특히 정보처리 결함과 조직화에 문제가 있거나 수동적인 학습을 하는 학생에게 가르칠 경우 전략을 명확하게 설명해 주고 그 전략을 학생에게 정확하게 시범 보이는 것이 중요하다. 그리고 나서 수학 수업을 하는 동안에 전략이 필요할 경우 학생이 적합한 상황에서 전략을 사용하고 모든 관련된 질문에 답변할 수 있도록 기억을 회상시켜 주는 것이 도움이 된다(Lerner & Johns, 2009). 예를 들어, 공식의 작성, 값의 대체 그리고 계산기의 사용이라는 3단계 과정을 사용하여 다각형의 면적을 구하는 수업을 한 다음, 학생이 이러한 단계가 요구되는 문제를 풀어야 할 때 교사는 학생의 기억을 회상시킬 수 있다.

정보처리 및 조직화에 문제를 가진 학생이 자신이 학습한 것을 미래의 비슷한 상황에 일반화하는 것은 어려운 일이다. 그렇지만 숙제를 내주기 전에 구체적인 사례를 제공함으로써 학습장애를 지닌 학생에게도 이러한 일반화를 가르칠 수 있다(Lerner & Johns, 2009). 명확한 수업, 여러 예의 제시 그리고 추가적인 복습도 학습장애를 지닌 학생에게는 중요하다(Sabornie & deBettencourt, 2004). 모델링, 기억법, 촉구 및 안내와 같은 구조화된 교수 구성요소는 수학을 어려워하는 일반학생에게도 도움이 되지만 학습장애를 지닌 학생에게는 반드시 필요한 부분이다(Freud & Rich, 2005).

 참고문헌

교육과학기술부 (2011a). 수학과 교육과정. 서울: 교육과학기술부.

교육과학기술부 (2011b). 특수교육 교육과정. 서울: 교육과학기술부.

김민경, 김선영, 김영표, 박세은, 신현기, 원성옥, 이병혁, 이필상, 정희선, 허일 공역 (2013). 장애학생 수학교육: 모든 학생을 위한 수학교육[*Teaching mathematics to all children: Designing and adapting instruction to meet the needs of diverse learners* (2nd ed.)]. B. F. Tucker, A. H. Singleton, & T. L. Weaver 공저. 서울: 교우사. (원저는 2006년에 출판).

김홍식(2007). 세상의 모든 지식. 파주: 서해문집.

나귀옥, 김경희(2012). 문제해결력을 기르기 위한 유아수학교육. 서울: 학지사.

석주식, 최순미, 심진경(2009). 교과서가 훤히 들여다 보이는 초등수학 개념사전. 파주: 북이십일 아울북.

Aguilar, C. M., Morocco, C. C., Parker, C. C., & Zigmond, N. (2006). Middle-town High School: Equal opportunity for academic achievement. *Learning Disabilities Research & Practice, 21*(3), 159.

Browder, D. M., Ahlgrim-Delzell, L. A., Pugalee, D.K., & Jimenez, B. A. (2006). Enhancing numeracy. In D. Browder & F. Spooner (Eds.), *Teaching reading, math, and science to students with significant cognitive disabilities* (pp. 63-91). Baltimore, MN: Brookes Publishing.

Cass, M., Cates, D., Smith, M., & Jackson, C. (2003). Effects of manipulative instruction on solving area and perimeter problems by students with learning disabilities. *Learning Disabilities: Research & Practice, 18*(2), 112.

Cawley, J. F., Foley, T. E., & Hayes, A. M. (2009). Geometry and measurement: A discussion of status and content options for elementary school students with learning disabilities. *Learning Disabilities: A Contemporary Journal, 7*(1), 21-42.

Freud, L., & Rich, R. (2005). *Teaching students with learning problems in the inclusive classroom.* Upper Saddle River, NJ: Pearson Merrill Prentice Hall.

Lerner, J. W., & Johns, B. (2009). *Learning disabilities and related mild disabilities.* Boston, MA: Houghton Mifflin Harcourt.

Sabornie, E. J., & deBettencourt, L. U. (2004). *Teaching students with mild and high incidence disabilities at the secondary level.* Upper Saddle River, NJ: Pearson Merrill Prentice Hall.

Steele, M. M. (2010) High school students with learning disabilities: Mathematics instruction, study skills, and high stakes tests. *American Secondary Education, 38*(3), 21-27.

교수-학습 실제: 측정

측정이란 연필의 길이와 같이 어떤 사물의 속성에 수치를 부여하는 과정으로(NCTM, 2000), 길이, 무게, 넓이, 부피와 같은 사물의 특성을 이해하여 적절한 측정 단위를 선택하고 측정 기술을 이용하여 물체의 연속적인 양을 정하는 과정이라고 할 수 있다(이원영, 김덕건, 1991).

측정은 특히 수학의 실용성을 보여 주는 영역으로, 시계를 보고 약속시간을 정하거나 몸에 맞는 치수의 옷을 고르거나, 과일가게에서 같은 값에 더 크고 좋은 과일을 고르는 등의 많은 일상 활동과 연계되어 있다(김주현, 김애화, 2011). 그리고 측정의 내용은 수의 연산, 기하학적 사고, 통계적 개념, 함수의 개념과 같은 다른 수학 영역을 배울 수 있는 기회를 제공하고(NCTM, 2000) 양적인 관계와 수학적 구조를 탐구할 수 있는 기회를 제공한다는 점에서 수학 학습 내에서도 중요성을 가진다(Dougherty & Venenciano, 2007).

또한 측정은 학생으로 하여금 수학의 가치를 깨닫게 하고, 수학 학습에 학생이 능동적으로 참여하도록 하는 다양한 주제 요소를 포함하고 있다. 특히 일상생활에서 수학이 유용한 것임을 알게 하고, 다른 많은 수학적 개념과 기술을 발전시키는 데 도움을 주는 영역이다(나귀옥, 김경희, 2004).

그러나 이러한 실용성과 중요성에도 불구하고 장애 유무를 떠나 상당수의 학생이 다른 수학 영역보다 '측정' 영역에서 더 많은 어려움을 경험하는 것으로 보고되었다. 예를 들어, 국내에서 보고된 수학의 세부 영역별 보충학습 대상자 비율을 살펴보면, 수, 연산, 도형, 측정, 관계의 5가지 세부 영역 중 단위를 이해하고 환산하고, 시간의 덧셈과 뺄셈을 평가하는 '측정' 문항에서 일반학생(23%)과 장애학생(66.75%) 모두 가장 높은 비율로 보충학습 대상자로 판정되었다(김은주, 김동일, 박경숙, 안수경, 2002). 따라서 교사는 측정 영역의 여러 개념과 교수방법에 대한 이해를 넓힐 필요성이 있다.

이를 위해 이 장에서는 먼저 측정의 주요 개념들을 제시하고, 측정에 대한 주요 개념들이 아동에게 있어서 어떻게 발달하여 가는지에 관하여 길이, 넓이, 무게, 부피, 시간을 예시로 하여 설명하고자 한다. 다음으로 유치원 및 초등학교 저학년, 초등학교 고학년, 중등학년의 시기에 장애학생에게 어떻게 측정을 지도해야 할 것인지 예를 들어 설명할 것이다.

1. 측정의 주요 개념

1) 길이

길이는 두 지점 간의 거리로 정해지는 속성이다. 키, 폭, 둘레, 거리, 깊이가 길이로 측정될 수 있다(한유미, 2003). 길이는 아동이 시작할 수 있는 측정 활동의 가장 기본적인 교육내용으로서 이를 통해 직접적인 비교 활동뿐 아니라 간접적인 측정 활동도 가능하다. 이 과정에서 아동은 비표준 단위 측정에서 표준 단위 측정으로 확대해 나갈 수 있으며, 측정 활동을 통해 길이나 면적, 부피 등의 개념학습은 물론 이 개념을 표현할 때 사용하는 어휘 학습에서도 큰 효과를 얻을 수 있다(김숙자, 1995).

2) 넓이

넓이는 어떤 장소의 일부분을 덮고 있는 표면의 양을 의미한다(Thyer & Maggs, 1981). 넓이 개념은 1차원 이상의 측면을 고려해야 하기 때문에 아동에게 쉬운 개념은 아니다. 2차원 공간의 면적, 즉 넓이는 폭과 높이와 관련되어 있다(Copley, 2000). 일반적으로 넓이 측정은 길이 측정에 대한 이해가 우선되어야 하며, 곱셈 공식이 적용되므로 이 공식을 배우지 않은 아동은 넓이 측정이 어렵다고 생각할 수 있다. 그러나 넓이 공식을 배우지 않은 아동도 구체물을 이용하여 면적을 측정할 수 있으며, 넓이 측정 교육을 통해 이들이 면적 공식을 이해하는 데 도움을 줄 수 있다(이유진, 2010).

3) 무게

무게는 물체가 얼마나 무거운지를 나타내는 속성이다(최형숙, 2008). 아동은 일상적 경험을 통해 무게 개념을 점차 획득하게 된다. 그러나 여전히 아동은 지각에 의존하며, 크기가 큰 것이 더 무거운 것으로 인식한다. 따라서 다양한 모양과 크기 또는 밀도가 다른 물체들의 무게를 비교하고 이를 순서 지어 보는 경험을 하도록 하는 것이 필요하다. 무게의 측정에 대한 이해를 돕기 위해서는 무게의 직관적 비교, 임의 단위를 사용한 측정, 표준화 단위를 사용한 측정 순으로 학습경험이 제시되어야 한다(홍혜경, 2005).

4) 부피

부피는 용기 안의 공간을 의미하고, 용량은 어떤 사물이 차지한 공간의 양을 의미한다(Thyer & Maggs, 1981). 아동은 부피와 용량이라는 이 2가지를 분리하여 생각하는 데 어려움이 있기 때문에 부피에 대해 이해할 때 혼동하게 된다(구혜현, 2007). 따라서 일상적인 놀이를 통해 부피를 경험할 수 있는 기회를 제공하는 것이 좋다. 예를 들면, 한 용기에서 다른 용기로 물이나 콩, 모래를 붓거나 상자 안에 몇 개의 블록이 들어가는지 넣어 보거나, 동일한 양의 우유를 다양한 컵에 부어 보는 기회를 통해 아동은 부피와 용량에 관한 경험을 할 수 있다(최형숙, 2008).

5) 시간

시간은 손으로 만지거나 잡을 수 없지만 시계, 날짜, 주, 개월, 계절과 같은 단위로 측정할 수 있는 개념이다(박상숙, 1999). Charlesworth(2000)는 시간에는 시간 순서와 시간 간격이라는 2가지 측면이 있는데, 시간 순서는 아침에 일어나서 세수하고, 옷을 입고, 아침을 먹는 것 등과 같은 사건의 순서와 관계가 있고 시간 간격은 사건이 얼마나 오래 걸렸는가(초, 분, 시간, 일, 주, 월, 연)에 관한 것이라고 하였다(최선정, 2007).

6) 측정 감각

측정 감각은 측정과 측정하는 과정에 대한 통찰력 · 직관력으로, 서로 관련된 여러 요소를 포함한다(Shaw & Pucket-Cliatt, 1989). 측정 감각을 지닌 아동은 과제에 대한 적절한 단위 지식과 측정 과정에 대한 지식을 가지고 있다. 따라서 측정 감각을 지닌 아동은 문제 상황에서 적절한 단위를 선택하여 사용할 수 있고, 자, 저울, 시계, 컵 등 측정 도구를 능숙하게 사용할 수 있다. 또한 측정을 해야 할 때와 어림을 해야 할 때를 구분할 수 있고, 어림할 때 효과적인 전략을 가지고 있어서 비교적 정확한 어림을 할 수 있다.

7) 어림측정

어림은 '대강 짐작으로 헤아리다.'의 의미를 지닌다. 어림측정의 개념에 대해서는 학자마다 매우 다양한 의견을 지니고 있다. Bright(1976)는 어림측정을 측정 도구의 도움 없이 측정값에 도달하는 과정으로, 그 과정에는 종종 시각적인 또는 조작적인 측면이 있기는 하지만 결국 정신적 과정이라고 하였다. 그리고 어림측정은 사용된 단위 및 친근한 대상과 관련된 단위의 크기, 그 단위에서의 다른 측정 결과가 가능한 한 실제로 재어 본 값에 가깝도록 어림 과정을 수행하는 약속 등의 아이디어가 마음속에 확고히 자리 잡고 있어야 한다고 하였다. Lindquist(1987)은 어림측정을 측정 도구를 직접 사용하지 않고 측정값에 도달하는 것, 주어진 측정값에 관해 표상을 선택하는 것, 측정하지 않고 두 양을 비교하는 것의 정신적인 과정으로 보았다. 또한 Reys(1992)는 어림측정을 '의사 결정과 밀접한 관련이 있는 수치를 형성하는 과정'으로 정의하였다.

2. 측정개념 발달

아동은 일반적으로 측정개념에 대한 활동을 하는 동안 길이와 같은 속성에 많은 관심을 보이기 시작하여 크기를 비교하면서 측정에 대한 개념을 쌓아 가고, 무게, 시간 등의 측정 단위를 사용할 수 있는 능력에 이르기까지 측정에 대한 이해를 확장해 나가게 된다.

아동은 측정 활동을 통하여 수 이해 및 셈하기와 같이 수와 양에 대한 경험을 하게 되며, 특히 측정에서의 양적 경험은 연속적인 형태의 것을 다루는 능력을 발달시킨다. 또한 측정 활동은 아동이 길이, 무게, 부피, 면적에 대한 구체적인 사물의 직접적 측정 영역과 시간, 온도 등 구체적으로 측정할 수 없는 간접적 측정 영역을 구분할 수 있게 한다. 아동은 직접적 측정을 통해 구체적 사물의 길이 개념과 무게 개념, 무게와 부피의 개념 그리고 면적과 부피의 개념을 구별하게 된다. 직접적 측정을 위하여 아동은 측정의 단위를 이해하고, 성인이 사용하는 표준화 단위는 아니더라도 물체의 특성을 측정할 수 있는 임의의 사물을 단위로 사용할 수 있어야 한다. 이에 비해 간접적 측정은 구체적으로 측정할 수 없는 시간, 온도를 알아볼 수 있는 능력으로, 특히 간접적 측정은 사물이나 사건의 수량적 상징화가 요구되는 어려운 과업이다(이경우, 홍혜경, 신은수, 진명희, 1997). 따라서 아동이 구체물을 조작하는 활동을 통해 경험할 수 있는 길이, 넓이, 무게를 중심으로 측정 개념을 지도하는 것이 바람직하다(고은미, 정명숙, 2007).

1) 일반적 발달

Piaget는 측정과 관련된 개념의 발달수준을 3수준으로 나누었다. 1수준은 측정 도구 없이 직관적으로 시각적 판단에 의해 사물을 비교하여 측정하는 수준으로 4세 정도에 나타난다. 2수준은 자신의 신체 부위를 이용하여 측정하는 수준으로 5~6세 정도에 나타나며, 3수준은 측정의 단위를 정하여 인식하고 계열과 순서가 포함된 측정을 하는 수준으로 6~7세 정도에 나타난다(이경우 외, 1997).

이후에 Charlesworth(2000)는 Piaget의 측정수준을 조금 더 세분화하여 아동의 측정개념이 다음과 같은 5단계를 거쳐 발달한다고 제시하였다. 1단계는 놀이와 모방의 단계로 출생에서 감각운동기와 전조작기까지 지속된다. 이 단계에서 영아는 윗 연령의 아동과 성인의 행동을 흉내 낸다. 키가 큰 사람을 보고 높이를 인식하고, 자신은 닿을 수 없는 곳까지 팔이 닿는 사람을 보고 길이에 대해 알게 된다. 또한 자, 계량컵, 계량스푼, 저울 등을 가지고 다른 사람이 하는 대로 측정하는 흉내를 내면서 놀이를 한다. 양과 부피를 탐색하기 위해 모래, 쌀, 콩 등을 한 용기에서 다른 용기에 붓고, 무게에 대해서는 물건을 들어 올리거나 옮기기도 한다.

2단계는 비교 단계로서 일부 감각운동기와 전조작기 아동에게 나타난다. 이 단계의 아동은 '~보다 큰, ~보다 작은' '더 무거운, 더 가벼운' '더 큰, 더 짧은' '더 뜨거운, 더 차가운'과 같은 비교를 하게 된다.

3단계는 비표준 측정 단위를 사용하는 단계로 전조작기 말과 구체적 조작기 초에 온다. 이 단계의 아동은 비표준 측정 단위를 사용하여 측정하기를 배운다. 이때 아동이 가진 사물들이 측정의 단위로서 사용된다. 예를 들어, 자기 발이 이쑤시개 몇 개를 이은 길이인가 또는 양동이에 물이 몇 컵 들어가는가를 알아내려고 한다면, 이때 이쑤시개의 길이나 컵의 부피를 비표준 측정 단위라고 할 수 있다.

4단계는 표준 측정 단위의 필요성 인식 단계다. 아동은 구체적 조작기에 들어서면서 다른 사람과의 의사소통을 위해 공통 단위를 사용해야 한다는 것을 알게 되며, 표준 단위의 필요성에 대해 인식하게 된다.

5단계는 표준 측정 단위의 사용 단계로 구체적 조작기에 시작된다. 이 단계에서 아동은 cm, L, °C, g과 같은 표준 측정 단위를 이해하고 사용하기 시작한다(양승희, 조인숙, 2001).

그런데 최근의 연구에서는 2세 정도의 아이도 물체의 속성을 비교할 수 있었고, '더 크다' '더 길다'와 같은 언어를 사용하였으며, 5~6세의 아동은 문제해결 상황에서 속성에 따라 대상의 이름을 명명하고 비교하였다. 또 7세의 아동은 길이, 부피, 넓이, 시간에 대한 대상의 속성대로 배열하고 분류하고 비교하였다(Clements, 2004). 이처럼 나이 어린 아동도 측정 활동을 수행할 수 있다는 연구 결과에 따라 특수교육 요구 학생도 양의 측정에 대한 내용을 충분히 학습할 수 있는 것으로 예측할 수 있다. 또한 구체물을 통한 활동과 더불어 적절한 학습 내용의 선정을 통해 아동이 수학에 대한 자신감과 흥미를 갖고 학습에 임할 수 있도록 지도할 수 있을 것으로 본다.

2) 길이

아동의 길이 측정 발달수준은 〈표 8-1〉과 같다(Dutton & Dutton, 1991; 구혜현, 2007).

표 8-1 아동의 길이 측정 발달수준

구 분	길이 측정 발달 특성
수준 1	4세 반경까지의 아동은 길이를 시각적으로 지각한다. 길이에 대한 보존개념이 없고, 길이는 그 길이 끝의 점에 의해 결정된다고 생각한다. 이 시기에는 측정할 수 있는 능력이 없으므로 단위에 대한 반복 설명이 불가능하며, 길이를 둘로 똑같이 나눌 수 있는 능력도 없다.
수준 2	5, 6세 아동은 길이를 시작점으로 알아내기보다는 손을 사용하여 직접 나타낸다.
수준 3	6, 7세경이면 길이에 대한 용어를 사용할 수 있게 된다. 때때로 길이의 보존능력이 나타나고, 물체의 길이를 한쪽 끝으로만 판단하지 않고 양끝 사이의 형태로 판단하며, 시행착오를 통해 단위를 사용하지만 정확한 사용은 불가능하다.

출처: 구혜현(2007). 수학과 과학 통합 활동이 유아의 측정능력과 문제해결능력에 미치는 영향. 한국교원대학교 대학원 석사학위 논문, p. 26.

일반적으로 만 3~4세 아동은 성인의 행동을 모방한 놀이를 통해 직관적인 수준에서 비교하는 측정 행동을 보이며, 만 5세 아동은 클립, 이쑤시개와 같은 임의의 비표준 단위를 사용하여 측정하거나 점차 표준 단위의 필요성을 인식하게 된다(황의명, 조형숙, 서동미, 2009). 따라서 교사는 아동에게 길이 측정을 학습시킬 때, 아동이 길이를 비교하고 비표준 단위를 통해 측정 · 통합한 후에 '자'와 같은 표준 단위를 사용하여 측정하도록 체계를 형성해야 한다. 아동에게 수 보존이 이루어진 후에야 '자'와 같은 표준 단위를 사용하는 것이 적합하며, 표준 단위의 사용이 가능해질 시기에는 이미 길이 보존이 이루어져 있도록 해야 한다(양승희, 조인숙, 2001).

한편, Boulton-Lewis(1987)는 아동이 비표준 단위를 사용하지 못할지라도 '자'와 같은 표준 단위의 측정 도구를 다룰 수 있다고 밝히면서 비표준 도구의 사용과 함께 '자'와 같은 표준 단위를 포함한 다양한 종류의 경험을 제공해야 함을 주장하였다. 강지연(2002)은 아동이 길이 측정 활동을 하는 과정에서 측정개념과 보존개념이 서로 관련이 있는 것은 분명하지만 보존개념이 부족한 아동도 친구의 도움으로 활동을 진행하면서 자신의 수준에 적합한 방식으로 측정개념을 발달시켜 나간다고 하였다. 이러한 견해에 비추어 볼 때, 아동의 측정 활동에서 비표준 단위의 사용만을 강조하여 아동에게 보존개념이 형성될 때까지 기다리기보다는 표준 단위와 함께 구체적인 측정 활동의 경험을 제공하는 것이 필요하다.

또한 아동에게 길이의 측정을 가르치기 전에 우선 분류하여 나누는 활동과 길이에 대한 적절한 용어를 사용하는 활동을 제시해야 한다. 분류하여 나누기 활동 시 아동은 사물의 특성으로서 길이를 정의하고 표현하는 직관적 수준에서 길이의 개념을 사용할 수 있다. 그리고 길이 측정을 가르치기 위해 교사는 분류 활동과 길이에 대한 용어를 사용하는 활동을 아동에게 먼저 제시해야 한다. 교사는 '얼마나 긴가?'와 '얼마나 떨어져 있는가?'에 대한 대답을 가르치기 위해 '길이가 같은' '~보다 더 긴' '~보다 더 짧은'과 같이 상황에 맞는 적절한 용어를 사용해야 한다. 아동은 자신의 신체, 사물과 같은 비표준 단위와 표준 단위를 사용하여 측정 활동을 학습하므로 교사는 아동이 길이 측정을 위해 일반적으로 사용하는 단위에 익숙해질 수 있도록 학습을 준비해야 한다.

3) 넓이, 무게, 부피

넓이, 무게, 부피의 측정개념 발달은 길이 측정과 유사한 과정으로 진행되지만, 아동은 측정 활동을 할 때 길이보다 넓이, 무게, 부피를 직접적으로 느끼기 어렵다(구혜현, 2007). 아동이 사물들을 비교하는 활동부터 시작하여 측정 도구를 사용해서 측정을 하는 경우까지 발달한 후에야 그들은 모든 물체의 넓이, 무게, 부피를 측정할 수 있게 된다(이경우 외, 1997).

넓이 측정능력은 2차원 공간을 고려해야 하기 때문에 아동에게 어려운 개념이므로 아동의 신체 및 주변을 탐색하는 활동과 연결된 기하 및 공간 경험과 연계하여 발달하며, 무게 측정능력은 다양한 주변 사물의 속성과 특징을 탐구하는 활동을 통해서 향상되므로 아동에게 물건을 직접 들어 보게 하는 것이 중요하다(박승순, 2002). 사물의 수가 많아지면 아동은 시각적으로 무게를 판단하는 데 도움을 줄 수 있는 '양팔저울', '눈금저울' 같은 정확한 판단을 도울 측정 도구의 필요성을 인식하게 된다(이경우 외, 1997).

부피는 3차원 물체가 차지하는 공간으로 그릇의 용량을 의미한다. 아동에게 부피 측정능력은 어려운 개념이므로 물놀이 및 모래놀이에서 작은 그릇을 기준으로 각 그릇을 이용해 양을 측정하는 일상 활동을 통하여 부피 및 용량의 측정을 경험하도록 하는 것이 효과적이다(황의명 외, 2009).

아동의 넓이와 부피 측정 발달수준을 살펴보면 〈표 8-2〉와 같다(Dutton & Dutton, 1991; 구혜현, 2007).

표 8-2 **아동의 넓이와 부피 측정 발달수준**

구 분	넓이와 부피 측정 발달 특성
수준 1	6세에 이르기까지 아동은 넓이와 부피에 대한 보존능력이 없고 단위를 사용하여 면적을 측정할 수 없다.
수준 2	6, 7세경이면 시행착오 후에 넓이의 보존능력이 형성되나, 아직 모든 단위를 다 같은 것으로 취급한다. 구체적 조작기에 이르러 넓이와 부피를 측정할 수 있으며, 넓이와 부피의 보존능력을 갖추게 된다.

출처: 구혜현(2007). 수학과 과학 통합 활동이 유아의 측정능력과 문제해결능력에 미치는 영향. 한국교원
대학교 대학원 석사학위 논문, p. 27.

4) 시간

Piaget의 발달단계에 기반한 시간개념 발달단계 연구에 따르면, 감각운동기의 2세 무렵 아이는 일상적인 생활 속에서 낮과 밤을 깨닫고, 2세부터 6~7세까지의 전조작기 단계에서는 개인적·주관적으로 시간을 표현하며, 임의의 단위로 시간을 측정한다. 또한 5세 무렵에는 하루와 같은 시간 단위를 이해하기 시작하고, 과거를 떠올리거나 미래를 상상할 수 있다. 그리고 시간과 관련된 용어를 사용하면서 하루 동안 일어난 일을 순서대로 나열할 수 있다. 이와 같이 전조작기 단계의 아동은 시간의 논리성을 배제하고 감각적 판단에 의거하여 시간을 개념화하므로 일상적인 경험에 따라 직관적·주관적·자기중심적으로 시간의 경과를 이해한다(Seefeldt, 2005).

우리나라 아동을 대상으로 한 한 연구에서는 어제, 오늘, 내일에 관한 개념은 3세 이전에, 오전과 오후에 관한 개념은 4세 이전에, 요일에 관한 개념은 5세 무렵에, 계절에 관한 개념은 6세 무렵에 획득된다고 하였다(박덕승, 1985). 또한 만 4세 아동의 시간 이해에 대한 연구에서는 아동이 시간의 순서와 관련하여 과거에 일어난 사실을 바탕으로 미래를 예측하기 때문에 이미 일어난 일과 일어나고 있는 일, 아직 일어나지 않은 일에 대한 순서를 판단하고 있는 것으로 나타났다. 또한 이를 통해 어제, 오늘, 내일의 의미뿐만 아니라 그 관계에 대해서도 잘 알고 있다고 보았다(이보영, 신화식, 2009).

아동의 시간에 대한 이해는 시각을 말할 수 있는 능력을 넘어 계절의 변화, 사건의 순서, 생일, 하루의 일과, 진행 순서 등 시간적 관계를 내포하는 다양한 측면의 이해를 포함한다. 따라서 교사는 아동에게 의미 있고 친숙한 생활 속 사건의 순서를 생각해 보게 하는 접근을 함으로써 시간에 대한 개념을 이해할 기회를 제공해야 한다(김숙령, 2000). 또한 아동이 학습해야 할 시간개념으로는 자신의 경험을 중심으로 과거, 현재, 미래를 생각하는 개인적 시간, 사회 적응을 위해 정해진 일과를 이해하는 사회적 시간, 시계와 달력에 의해 고정된 문화적 시간의 개념이 존재한다(신현옥, 김동춘, 이수경, 김영숙, 류칠선, 2004).

아동은 시간에 관한 활동을 통해 수 세기, 기수와 연속성 및 의사소통하기, 문제해결하기, 공간적 관계 이해하기, 기록하기 등을 이해하게 된다(박승순, 2002). 시간의 개념은 어렵지만, 아동은 일상의 경험을 통해 스스로 시간에 대한 경험을 확장하고 있다. 따라서 교사는 아동에게 시각의 개념을 소개하기 위해 하루 일과의 특정 시간을 연관지어 소개하며 아동의 시간에 대한 이해를 확장시켜야 한다. 그리고 이를 위해서는 시간에 관한 정확한 표현을 사용해야 한다(황의명 외, 2009). 그러므로 학생의 매일의 활동 및 구체적인 경험을 중심으로 시간 학습을 진행해야 한다.

3. 측정 교육과정

현재 우리나라 특수교육 교육과정(교육과학기술부, 2011a)에서는 '측정' 영역에서 길이, 무게, 들이, 각도의 개념과 성질을 다루고 있으며, "시각과 시간 및 여러 가지 측정 단위를 알고 실생활에 활용한다."를 영역 목표로 정하고 있다. 학년별로 측정 영역의 목표를 살펴보면 〈표 8-3〉과 같다.

표 8-3 특수교육 교육과정 '측정' 영역의 학년군별 목표

학년군 구분	측정 영역의 목표
초등학교 1-2학년	주변 물체의 여러 가지 측정 가능한 속성을 탐색하고, 실생활에서의 구체적인 비교 활동을 통해 다양한 양감을 느낀다.
초등학교 3-4학년	물체의 길이, 무게, 들이 등의 양을 비교하고, 임의 측정 단위를 사용하며, 시각에 관심을 갖고 몇 시 30분으로 시각을 말한다.

초등학교 5-6학년	표준단위인 1cm와 1m 단위와 구체적인 상황에서 시각과 시간의 의미를 이해하고, 실생활에 활용한다.
중학교 1-3학년	길이, 무게, 들이의 단위를 알고, 측정 단위 간의 관계를 이해하고 환산한다.
고등학교 1-3학년	각의 크기를 측정하고 평면도형의 둘레와 넓이를 구한다.

출처: 교육과학기술부(2011a). **특수교육 교육과정**. 서울: 교육과학기술부, pp. 109-171.

이와 같이 2011년 개정 특수교육 교육과정에 따르면, 초등학교 1~2학년 때에는 물체의 여러 가지 특징이나 속성 중 길이, 무게, 들이와 같은 측정 가능한 속성을 탐색하는 것을 바탕으로 그것을 비교하는 활동과 하루 일과를 순서대로 나열하는 활동 등을 하게 된다. 초등학교 3~4학년에서는 여러 가지 특징이나 속성에 따라 물체 사이의 관계를 세우는 활동으로 물체 사이의 다른 점과 같은 점을 이해하고, 신체를 측정 단위로 사용하는 것에서 시작하여 임의 단위를 사용하는 활동을 하며, 시계를 보고 일어난 순서대로 상황을 말할 수 있게 하여 시간이라는 양의 측정 단위를 이해하도록 한다. 초등학교 5~6학년에는 cm 자의 사용법을 익혀 구체물의 길이를 재어 보는 활동을 하게 되고, 시각과 시간의 기초 개념을 이해하고 이를 구별하여 실생활에서 활용하게 되며, 달력을 보고 요일과 날짜를 알게 된다.

중학교에서는 km, m, cm, mm 등 길이의 단위, kg, g 등 무게의 단위, L, mL 등 들이의 단위에 대해서 알게 되고, 각 단위의 관계를 이용하여 합과 차를 구할 수 있게 된다.

고등학교에서는 여러 가지 도형의 각의 크기를 비교하는 활동을 통하여 생활 장면에서 각도를 나타내는 표준 단위의 필요성을 이해하고, 평면도형의 둘레와 넓이를 구할 수 있게 된다.

이와 같이 특수교육 교육과정은 일상생활 속에서 다양한 구체물의 조작이나 관찰을 통하여 길이, 무게, 들이, 시간 그리고 각에 대한 개념을 형성하도록 구성되어 있다.

　　그리고 수학과 교육과정(교육과학기술부, 2011b)에 따르면, 초등학교 수
학의 '측정' 영역에서는 시간, 길이, 들이, 무게, 각도의 개념, 측정 단위,
측정 방법과 도형의 둘레, 넓이, 겉넓이 그리고 부피에 대해서 다루고 있고,
중학교 수학의 '확률과 통계'에서는 줄기와 잎 그림, 도수분포표, 히스토그
램, 도수분포다각형, 상대도수를 이해하고, 확률을 계산하며, 대푯값과 산
포도를 구하는 것을 다루고 있다. 〈표 8-4〉는 학년군별 내용을 제시하고
있는데, 일반교육 교육과정의 내용은 특수교육 교육과정에서 제시되는 내
용을 기본으로 하여 보다 다양하고 깊이 있는 '확률과 통계(측정)'의 내용
요소를 다루고 있음을 알 수 있다. 따라서 다른 영역과 마찬가지로 측정 영
역 또한 장애학생이 일반교육 교육과정 내용에 접근할 수 있도록 교육과정
의 적합화(수정)가 필요하다.

4. 장애학생을 위한 측정 영역의 교수방법

　　측정 영역에 있어서 아동의 개념발달을 위한 일반적인 교수 원리는 다음
과 같다(Wilson & Osborne, 1988, p.109).

　　첫째, 학생은 교과서의 연습문제보다는 될 수 있는 대로 실제적인 문제를
가지고 자주 측정해야 한다.

　　둘째, 학생은 공통적인 참조물을 개발하고 수감각을 초기에 적용해 보기
위해서 측정할 때 어림 기능을 개발해야 한다.

　　셋째, 학생은 수동적으로 관찰하기보다는 직접 해 보고 실험함으로써 활
동 지향적인 측정 상황을 경험해야 한다. 그리고 그러한 활동에서 아이디
어와 개념을 발전시키고 검증하는 것을 자극하기 위하여 토론을 권장해야
한다.

표 8-4 일반교육 교육과정 '측정', '확률과 통계' 영역의 학년군별 성취기준 및 내용

학년군	목표 및 내용			
초등학교 1-2학년	성취기준	양을 비교할 수 있고, 시각을 읽고 시간 단위 사이의 관계를 이해하며, 1cm와 1m를 알고 길이를 어림하고 잴 수 있다.		
	내용	양의 비교, 시각 읽기, 시각과 시간, 길이		
초등학교 3-4학년	성취기준	초 단위까지 시각과 시간을 이해하고, 1km와 1mm, 1L와 1mL, 1kg과 1g, 1도(°)를 알고 길이, 들이, 무게, 각도를 잴 수 있으며, 양에 대한 어림과 측정을 통해 양감을 기른다.		
	내용	시간, 길이, 들이, 무게, 각도, 어림하기(반올림, 올림, 버림), 수의 범위(이상, 이하, 초과, 미만)		
초등학교 5-6학년	성취기준	여러 가지 단위 및 원주율을 이해하고, 평면도형의 둘레와 넓이, 입체도형의 겉넓이와 부피를 이해하고 그것을 구할 수 있다.		
	내용	평면도형의 둘레와 넓이, 무게와 넓이의 여러 가지 단위, 원주율과 원의 넓이, 겉넓이와 부피		
중학교 1-3학년 '확률과 통계'	성취기준	줄기와 잎 그림, 도수분포표, 히스토그램, 도수분포다각형, 상대도수를 이해하고, 확률을 계산하며, 대푯값과 산포도를 구할 수 있다.		
	내용			
	1	2	3	
	• 줄기와 잎 그림, 도수분포표, 히스토그램, 도수분포다각형 • 도수분포표에서의 평균 • 상대도수의 분포	• 경우의 수 • 확률의 뜻과 기본 성질 • 확률의 계산	• 중앙값, 최빈값, 평균 • 분산, 표준편차	

출처: 교육과학기술부(2011b). 수학과 교육과정. 서울: 교육과학기술부, pp. 7-35.

넷째, 수업을 계획할 때는 측정체계 전반에 걸쳐 전이되거나 활용되는 측정에 대한 중요한 아이디어를 강조하여야 한다.

1) 유치원 및 초등학교 저학년 장애학생을 위한 교수방법

(1) 비교하기와 순서 짓기

유치원 및 초등학교 저학년 장애학생은 측정 기술을 습득하기 위해 노력해야 하는데, 측정 기술 중에서 가장 기초적인 방법은 비교다. 비교란 어떤 특별한 속성에 근거해서 물체 간의 관계를 짓는 과정이고, 아동은 여러 물체의 다른 점과 같은 점을 찾아낼 수 있도록 학습해야 한다(권영례, 이순형, 1998). 비교하기는 사물의 관계뿐 아니라 사물 간의 공통점 및 차이점과 같은 속성을 이해하는 것으로 물체의 속성에 대한 개념 발달은 아동에게 지각적으로 비교할 수 있는 기술과 비교한 것을 표현하는 데 필요한 언어를 발달시켜 준다(권영례, 2003).

비교하기 단계에서는 물체를 직간접적으로 비교하는 전략을 사용한다. 직접 비교는 두 물체의 크기가 같은지 여부를 위해 두 물체를 나란히 놓거나 한 물체를 다른 물체 위에 겹쳐 놓는 방법이고, 간접 비교는 물체를 직접 비교할 수 없을 때 제3의 기준물을 사용하여 비교하는 방법이다(Charlesworth, 2000). 예를 들어, 직접 비교는 2개의 연필 중 어떤 것이 더 긴지 알기 위한 것으로, 간단히 두 연필을 마주 대 보면 알 수 있다. 2개의 카드의 넓이를 비교하고자 한다면, 두 카드를 겹쳐 놓아 보면 알 수 있다. 이와 같이 수와 관계없는 비교 활동은 학습자가 측정하려는 특성에 초점을 두며, 어린 아동이 사용하기에 적절하다(NCTM, 1989). 사물의 무게를 비교할 때는 사물을 단지 보는 것만으로는 판단할 수 없고, 각각의 물체를 양손으로 들어 보거나 가방에 담아 들어 보는 전략으로 판단할 수 있다고 한다(Cruikshank & Sheffield, 1988).

측정 기술 중 또 하나의 전략은 순서 짓기다. 순서 짓기 혹은 서열 짓기는 다른 사물 및 사건들과의 관계 속에서의 모든 사물이나 사건의 위치를 의미한다. 2가지 사물을 가지고 비교하는 비교 활동보다 여러 개를 가지고 관계를 형성하는 순서 짓기가 더 높은 수준의 활동이다(권영례, 이순형, 1998). 순서 짓기에는 한 속성의 차이점을 인식하고 차이의 정도를 분별하여 배열하는 과정이 요구된다. 일반적으로 사물을 순서 지을 때는 사물 간의 반복적이고 연속적인 비교가 요구되고, 비교에 따른 배열이 나타나며, 방향을 갖게 될 뿐 아니라 규칙이 반영된다(이경우 외, 1997). 비교하기 및 순서 짓기와 관련된 구체적인 교수방법의 예는 〈표 8-5〉와 같다(Reys et al., 2004, p. 361).

표 8-5 **길이의 직접 비교**

학습목표	물리적 대상의 길이를 직접적으로 비교하기
대상학년	유치원 ~ 초등학교 1학년
자료	길고 가느다란 물건들 한 상자와 '더 작다' '같다' '더 길다'라고 쓴 종이
도입	길이가 동일해 보이는 연필 2개를 집어 들고 학생들에게 어떤 연필이 더 긴지 질문하라. 이때는 학생들이 서로 다른 의견을 제시해야 한다. 학생들로 하여금 책상 위에 두 연필을 세워 길이를 비교하게 하라. 기준선을 활용하여 학생들에게 물건을 직접적으로 비교할 기회를 제공하라.
전개활동	교실 가운데에 물건 상자를 놓고 기준이 되는 물건 하나를 선택하라. 그 물건을 '같다'라고 쓰인 종이 위에 놓아라. 학생들에게 나머지 물건들을 그림과 같이 분류하게 하라. 학생들은 기준이 되는 물건을 바꾼 다음 재분류할 수도 있다.
보충활동	학생 개개인에게 단어나 기준에 대한 아이디어를 가르치라. 학생들이 어떻게 그 범주로 물건들을 분류했는지 교사에게 보여 주게 하라. 학생들이 올바르게 배열한 물건에 대해서 먼저 물어보라.

심화활동	한 범주에 속하는 물건이 하나도 없게 되도록 기준이 되는 물건을 선택하게 하라. 학생들이 길이가 '가장 짧은(가장 긴)' 물건을 선택한다면 더 짧은(긴) 범주에 속하는 물건은 없게 된다는 것을 일반화할 수 있는지 알아보라.

출처: Reys, R. R., Lindquist, M. M., Lambdin, D. V., & Smith, N. L. (2009). *Helping children learn mathematics* (9th ed.). Hoboken, NJ: John Wiley, p. 361.

(2) 어림하기

어림하기는 수량, 면적, 길이, 무게 등에 대해 판단하거나 의견을 형성하는 것으로 수 세기 또는 측정 문제를 해결하는 과정을 의미한다. Driscoll(1981)은 어림하기는 깊은 분석과 사고의 유연성을 요구하는 문제해결 활동이므로 이는 수학적 사고와 문제해결력을 기르는 데 중요한 역할을 할 수 있다고 하였다.

Hiebert(1981)는 비표준 단위를 이용한 어림측정 단계에서 길이와 넓이를 측정하고자 할 때 한 가지 단위를 가진 여러 물체를 측정하고자 하는 대상 물체에 맞대거나 한 가지 단위를 여러 번 반복하여 측정해야 하는데, 이때 단위 간에 서로 겹치거나 단절되지 않도록 해야 하며, 부피를 측정할 때에는 단위를 이용해 측정하려는 부피를 정확하게 채워야 한다고 하였다. 이처럼 어림은 수학에서의 또 다른 차원을 보여 주는 것으로 수 감각과 공간 감각이 상호작용하여 아동으로 하여금 개념과 절차에 대해 통찰하고, 수를 다루고 측정하는 데 있어서 융통성을 발휘하며, 결과의 타당성을 인식하게 하는 데 도움을 줄 수 있는 측정 기술이다(NCTM, 2000).

어림하기 중 단순한 어림하기는, 가령 다음과 같은 그림을 제시하고 어느 그릇에 밥이 더 많이 들어갈지 직관적으로 예측하는 것에 해당한다(Reys et. al. 2004, p. 363).

식사시간이에요.
여러분은 이 두 그릇 중 어떤 그릇에
밥을 담을 생각인가요?
왜 그렇게 생각하였는지 이야기해 보세요.
어느 그릇에 더 많은 밥이 들어갈까요?

출처: Reys, R. R., Lindquist, M. M., Lambdin, D. V., & Smith, N. L. (2009). *Helping children learn mathematics* (9th ed.). Hoboken, NJ: John Wiley, p. 363.

NCTM(2000)에서는 이러한 측정에서 기대되는 목표를 다음과 같이 제시하였다. 첫째, 길이, 양, 무게, 면적, 시간의 속성을 인식할 수 있다. 둘째, 이러한 속성에 따라 물체를 비교하고 순서 지을 수 있다. 셋째, 비표준 단위와 표준 단위를 사용하여 어떻게 측정할 것인지를 이해할 수 있다. 넷째, 측정되는 속성들에 대한 적절한 단위나 도구를 선택할 수 있다.

이와 같이 측정 기술은 측정 과정에서 단위를 선택하는 능력과 함께 가장 핵심적인 능력이다. 따라서 측정 활동을 위한 적절한 교수 – 학습방법을 계획하기 위해서는 아동의 측정 기술 수준을 파악하는 것이 기본적이고 필수적인 과정이다(전희영, 2001). 이때 아동에게 다양한 측정 기술을 사용하는 경험을 자주 제공함으로써 아동의 측정 기술 수준을 파악하고 적합한 측정 기술을 찾아나갈 수 있도록 도와주는 것이 필요하다.

2) 초등학교 고학년 및 중등학교 장애학생을 위한 교수방법

(1) 단위 선정하기

아동이 비교 활동을 통하여 길이 속성에 대한 개념을 발달시킨다고 해도, 아직까지는 정확한 길이를 단위 길이와 비교할 수 있는 것은 아니다. 즉, 물건의 길이, 무게 등을 정확하게 나타내기 위해서는 표준 단위를 선택하여야 한다. 단위를 선택함에 있어서 학생이 익혀야 할 개념은 〈표 8-6〉과 같다. 교사는 이러한 개념을 이해하는 데 도움이 되는 활동을 찾는 것이 중요하다 (Reys et al., 2004, pp. 365-367).

표 8-6 단위 선택 시 익혀야 할 개념

---

1. 단위는 항상 일정해야 한다: 아동은 단위의 크기가 동일해야 한다는 것을 이해하지 못할 수 있다. 또한 다른 단위를 이용한 측정값을 비교하면서 이상하다는 것을 알아차리지 못할 수도 있다. 아동은 측정을 단지 세는 것이라고 생각할 수도 있다.
2. 측정 결과에는 수와 그 단위를 둘 다 써야 한다: 아동이 단위를 기록해야 한다는 것을 이해하지 못할 수 있으므로 단위 기록의 중요성에 초점을 맞춘 다양한 활동이 필요하다.
3. 같은 단위를 사용하면 두 측정값을 쉽게 비교할 수 있다: 서로 다른 단위를 이용해서 측정한 결과를 비교해 보게 하면 아동의 이해 정도를 알 수 있다. 일부 아동은 오직 수에만 의존하는 경향이 있다. 그리고 다른 단위를 사용하면 다른 결과가 나온다는 것을 깨닫기 위해서 동일한 대상을 여러 다른 단위로 측정하는 경험도 필요하다.
4. 어떤 대상을 측정하는 데 있어서 한 단위가 다른 단위보다 적절할 수 있다: 항상 특정한 단위를 사용하라고 말하는 대신에 아동에게 단위를 선택하게 한다면, 단위의 크기는 대상의 크기에 의존한다는 생각이 자연스럽게 발달할 수 있다.
5. 단위 수와 단위 크기 사이에는 역관계가 있다: 동일한 물건을 3가지 다른 단위로 측정할 때, 아동은 단위가 클수록 더 작은 수가 필요하다는 것을 알게 된다. 이러한 아이디어를 강화하기 위해서 교사는 자를 소개할 때 여러 단위의 자를 활용할 수 있다.
6. 효율적으로 의사소통하기 위해서는 표준 단위가 필요하다: 표준 단위의 필요성을 제시하는 방법은 측정의 표준 단위가 없을 때 크기에 대해 의사소통하는 것이 어렵다는 점을 알려 주는 이야기나 활동을 활용하는 것이다.
7. 단위가 작을수록 좀 더 정확한 측정값을 구할 수 있다: 모든 측정값은 근삿값이다. 아동은 많은 실제 물건을 측정하는 경우에 그 결과가 근삿값이라는 것을 충분히 알아차리지 못한 채 근사한 측정값을 기록했을 것이다.

---

8. 다른 단위를 만들기 위해 단위를 결합하여 사용할 수도 있고, 단위를 더 작은 단위로 분해할 수도 있다: 아동은 더 작은 단위를 만들기 위해서 단위를 분해하거나 분할해 볼 기회를 거의 가지지 못한다. 따라서 길이를 접거나 넓이를 덮는 활동 등을 통해 큰 단위를 작은 단위로 분할하는 경험을 할 수 있다.

9. 단위는 측정되고 있는 속성과 맞아야 한다: 길이는 길이 단위로 측정해야 하고, 넓이는 제곱 단위 그리고 부피는 동일한 공간을 채우는 세제곱 단위로 측정해야 한다. 아동은 종종 넓이를 cm로 말하는데, 이는 아동이 넓이를 계산하기 위해서 변의 길이를 사용하는 것만을 배웠기 때문일 수 있다.

출처: Reys, R. R., Lindquist, M. M., Lambdin, D. V., & Smith, N. L. (2009). *Helping children learn mathematics* (9th ed.). Hoboken, NJ: John Wiley, pp. 365-367.

단위 선정하기와 관련된 구체적인 교수방법의 예는 〈표 8-7〉과 같다(Reys et al., 2004, p. 369).

표 8-7 단위 선정하기 교수방법의 예

나만의 도구 만들기

학습목표: 측정 용기 만들기
대상학년: 초등학교 3~5학년
자료: 큰 유리컵, 숟가락, 작은 용기, 접착테이프, 물, 색깔 펜

다음 지시처럼 해 보세요.

1. 유리컵 옆면에 테이프를 붙이세요.
2. 작은 용기에 숟가락으로 물을 채우세요. 몇 숟가락이나 필요한지 그 수를 적으세요. 작은 용기를 비워서 유리컵에 넣으세요. 물이 찬 곳에 표시를 하고 숟가락의 수를 테이프에 적으세요.
3. 작은 용기에 물을 다시 채우세요. 유리컵에 붓고 표시하세요.
4. 유리컵이 다 찰 때까지 계속하세요.

출처: Reys, R. R., Lindquist, M. M., Lambdin, D. V., & Smith, N. L. (2009). *Helping children learn mathematics* (9th ed.). Hoboken, NJ: John Wiley, p. 369.

(2) 단위로 대상 비교하기

단위로 대상을 비교하는 방법 중 하나는 도구를 사용하는 것이다.

도구는 특정한 속성을 측정하기 위하여 사용되는데, 이 도구에는 자, 저울, 용기, 온도계, 각도기, 시계 등이 해당한다. 일부 아동은 도구를 사용하는 데 어려움을 경험하는데, 이러한 어려움의 주요 원인은 아동이 무엇을 재고 있는지를 모르는 것과 측정한다는 것의 의미를 이해하지 못하는 것이다. 여기서는 아동이 흔히 접하는 도구인 자, 저울, 시계 등을 다룰 때 경험하게 되는 문제와 기능 습득에 도움이 되는 내용을 알아본다.

- 자: 자를 사용하면 단위의 수를 자동적으로 셀 수 있지만, 아동은 자신이 사용하고 있는 것이 어떤 단위인지를 알아야 하며, 자를 제대로 놓아야 한다. 그리고 아동이 자를 가지고 실물을 측정하는 것이 중요하다. 이때는 아동이 자를 반복해서 이동시킬 수 있는지와 단위를 더하기 위한 능력이 있는지를 확인하기 위하여 사용하고 있는 자보다 더긴 대상을 재어 보는 활동을 반드시 포함한다. 자를 활용한 대상 비교하기의 구체적인 교수방법의 예는 다음과 같다.

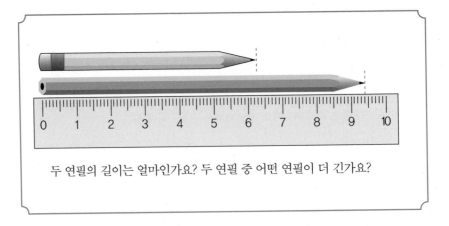

두 연필의 길이는 얼마인가요? 두 연필 중 어떤 연필이 더 긴가요?

- 저울: 아동이 저울의 눈금을 좀 더 잘 인식하도록 돕는 한 가지 방법은 학생 스스로 자신만의 도구를 만들어 보게 하는 것이다. 예를 들면, 눈금이 다른 그래프를 그려 보고, 이와 같은 측정 도구를 만들어 봄으로써 다른 용기의 양을 측정하는 활동을 수행할 수 있다.

- 시계: 시계는 가장 읽기 어려운 기구 중 하나다. 시간을 말하는 것과 관련된 다음의 기능들은 반드시 순서대로 발달하는 것은 아니지만, 오랜 시간에 걸쳐서 반드시 개발되어야 하는 역량이다. 다음과 같은 과정을 통해 시계에 대해서 지도할 수 있다.

---

1. 시침과 분침 그리고 그 바늘이 움직이는 방향을 확인한다.
2. 몇 시라고 말하고, 몇 시인 것을 보여 주기 위하여 시계 바늘을 돌린다.
3. 몇 시 '이후'를 안다.
4. 5분 단위로 시간을 말한다.
5. 분 단위로 시간을 말하기 위해서 5의 배수로부터 1분씩 세어 나간다.
6. 몇 시 '이전'을 알고 몇 분 전인지 말하기 위해 5와 1단위로 센다.
7. 디지털 방식으로 시간을 기록한다.
8. 디지털시계와 아날로그시계의 시각을 맞추어 본다.

---

(3) 측정 비교하기

측정이 들어간 문제해결에는 종종 비교나 산술연산이 포함된다. 이때, 특정한 한 단위를 다른 단위로 환산할 필요가 있는데, 이러한 환산은 두 단위 사이의 동치관계에 의존한다.

- 동치: 새 표준 단위를 도입할 때는 다른 단위와 관련시켜야 한다. 예를 들어, mm를 도입할 때 mm는 cm의 1/10이라는 것과 더 작다는 것을 보임으로써 mm를 cm와 연관시켜야 한다. 다른 단위를 사용한 후에

아동은 동치를 배워야 한다. '7일 = 1주' '60분 = 1시간' 등과 같은 동치는 반복하여 사용함으로써 알아야 하고, 다른 동치관계 역시 단위를 통해 알아야 한다. 길이, 들이, 질량에 대한 미터법 측정 단위에 있어서 동치관계를 이해하는 것은 넓이와 부피의 동치관계를 이해하는 것에 비해 훨씬 쉽다. 동치를 활용한 측정 비교하기와 관련된 구체적인 교수방법의 예는 다음과 같다.

다음 표를 보고 질문에 답하세요.

단위	같은 값
1일	24시간
1시간	60분
1분	60초

1일은 몇 시간인가요? 1일의 얼마가 1시간인가요?

1시간은 몇 분인가요? 1시간의 얼마가 1분인가요?

1분은 몇 초인가요? 1분의 얼마가 1초인가요?

• 단위 환산: 한 단위에서 다른 단위로 바꾸기 위해서 아동은 먼저 2단위의 동치관계를 알아야 한다. 그러나 이 정보만으로는 환산을 하는 데 충분치 않다. 환산을 하는 데 있어서 좋은 순서는 다음과 같다.

첫째, 교사는 아동에게 문제의 답이 주어진 수 보다 더 큰지 작은지를 결정하게 한다. 이는 아동이 단위의 상대적 크기를 아는 것과 단위가 작을수록 그 속성을 나타내기 위해서 더 많은 단위의 수가 필요하다는 것을 이해하는지에 달려 있다. 둘째, 교사는 아동에게 단위 사이의 관계를 시각화해 보도록 시도한다. 셋째, 교사는 사용되는 연산과 곱셈 및 나눗셈이 의미하는 것에 대한 이해를 관련짓는다.

(4) 어림측정하기

어림은 측정 도구의 도움 없이 측정값에 도달하는 사고과정이다. 측정능력을 개발하는 데 어림을 포함하는 것은 여러 가지 이유가 있다.

첫째, 어림은 단위의 크기와 단위 사이의 관계를 강화하는 데 도움을 준다. 둘째, 어림은 실제로 적용된다. 대략 길이가 얼마인지, 무게가 얼마인지를 파악하는 것은 생활 속에서 많이 접하는 상황이다. 이런 어림에는 2가지 형태가 있다. 가장 보편적인 형태는 속성과 대상이 명명되고 측정값이 알려져 있지 않은 경우고, 다른 형태는 측정값을 알고 대상을 선택해야 하는 경우다.

어느 유형의 어림이든지 간에 다음과 같은 일반전략을 활용할 수 있다 (Reys et al., 2004, p. 457).

---

1. 참조물과 비교하기

만일 자신의 키가 170cm라는 것을 알고 있다면, 자신의 허리쯤에 오는 아동의 키를 어림할 수 있을 것이다. 또는 길이가 2m인 게시판을 측정한다면, 이 크기에 대한 어느 정도의 아이디어를 가지게 된다.

2. 의미 있게 묶기

이 과정에서 대상을 여러 개의 부분으로 나누고 각각을 어림한다. 예를 들면, 집에서 도서관과 가게를 거쳐 다시 집으로 돌아오는 동안 얼마나 많이 걸었는지 알고 싶다고 할 때, 만일 집에서 도서관까지 약 1km라는 것과 도서관에서 가게까지도 대략 거리가 같다는 것, 가게에서 집까지는 약 2배 더 멀다는 것을 안다면, 걸은 길이를 알 수 있다.

3. 단위화하기
먼저 한 부분을 어림하고 이 부분이 전체에 몇 번 들어가는지를 어림하는 것이다.

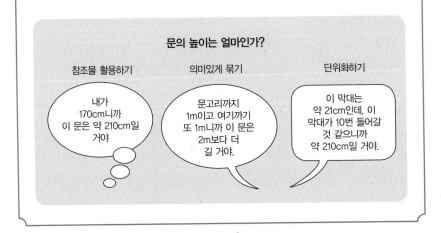

어림측정을 지도하기 위해 생각해 볼 만한 교사의 지도원리는 다음과 같다.

첫째, 측정하기 전에 아동에게 측정하려고 하는 대상이 얼마나 긴지 또는 무거운지 말할 수 있도록 한다.

둘째, 다른 교과목에 어림을 포함하는 방법을 찾는다.

셋째, 어림 자체를 위한 활동을 계획하거나 매일 수업을 시작할 때마다 할 수 있는 간단한 어림 활동을 학년별·주별로 계획한다.

참고문헌

강지연(2002). 길이 측정 활동에서 나타난 유아의 측정 발달 과정에 대한 연구. 중앙대학교 대학원 석사학위 논문.

고은미, 정명숙(2007). 유아측정능력에 대한 역동적 평가 방안 탐색연구. 열린유아교육연구, 12(3), 317-336.

교육과학기술부(2011a). **특수교육 교육과정**. 서울: 교육과학기술부.

교육과학기술부(2011b). **수학과 교육과정**. 서울: 교육과학기술부.

구혜현(2007). 수학과 과학 통합 활동이 유아의 측정능력과 문제해결능력에 미치는 영향. 한국교원대학교 대학원 석사학위 논문.

권영례(2003). **유아수학교육**. 서울: 양서원.

권영례, 이순형(1998). 유아 수학교육. 서울: 한국방송대학교출판부.

김은주, 김동일, 박경숙, 안수경(2002). **한국 장애학생의 학업성취도 분석 연구**. 안산: 국립특수교육원.

김숙령(2000). **유아수학교육**. 서울: 학지사.

김숙자(1995). **유아 수놀이 경험과 교육**. 서울: 양서원.

김주현, 김애화(2011). 초등학교 수학저성취학생과 일반학생의 수학 '측정' 영역에서의 특성 비교. **특수교육저널: 이론과 실천**, 12(4), 235-268.

나귀옥, 김경희(2004). 유아수학교육에 있어서 수학적 과정에 대한 연구. **순천향 인문과학논총**, 12, 21-41.

박덕승(1985). 3~6세 유아의 시간개념 발달에 관한 연구. 이화여자대학교 대학원 석사학위 논문.

박상숙(1999). 주제극놀이 활동이 유아의 수학개념에 미치는 영향. 성신여자대학교 교육대학원 석사학위 논문.

박승순(2002). 그림책을 통한 통합적 수학활동이 유아의 측정개념 발달에 미치는 효과. 서해대학교 논문집, 23, 303-330.

신현옥, 김동춘, 이수경, 김영숙, 류칠선(2004). **유아를 위한 수학교육**. 서울: 교문사.

양승희, 조인숙(2001). 유아의 측정능력과 수학적 개념 및 문제해결 능력의 관계에 관한 연구: 길이, 면적, 부피에 관하여. **열린유아교육연구**, 5(3), 103-122.

이경우, 홍혜경, 신은수, 진명희(1997). **유아 수학교육의 이론과 실제**. 서울: 창지사.

이보영, 신화식(2009). 유아의 시간이해: 4세 유아를 중심으로. 몬테소리교육연구, **14**(1), 4-16.

이원영, 김덕건(1991). **활동중심의 유아과학교육**. 서울: 양서원.

이유진(2010). 역할놀이를 활용한 수학활동이 유아의 측정능력에 미치는 영향. 중앙대학교 대학원 석사학위 논문.

전희영(2001). 유아의 측정능력에 관한 연구. 덕성여자대학교 대학원 석사학위 논문.

최선정(2007). 가게놀이 사회극놀이가 유아의 수학개념 발달에 미치는 영향. 계명대학교 교육대학원 석사학위 논문.

최형숙(2008). 유아 측정교육 프로그램 개발 및 적용 효과. 원광대학교 대학원 박사학위 논문.

한유미(2003). **유아 수학 교육**. 서울: 창지사.

홍혜경(2005). **유아수학능력 발달과 교육**. 서울: 양서원.

황의명, 조형숙, 서동미(2009). **유아 수학교육**. 파주: 정민사.

Boulton-Lewis, G. M. (1987). Recent cognitive theories applied to sequential length measuring knowledge in young children. *British Journal of Educational Psychology, 57*, 330-342.

Bright, G. W. (1976). Estimation as part of learning to measure. In D. Nelson & R. E. Reys (Eds.), *Measurement in school mathematics* (1976 Yearbook of the National Council of Teachers of Mathematics, pp. 87-104). Reston, VA: NCTM.

Charlesworth, R. (2000). *Experience in math for young children* (4th ed.). Albany, NY: Delmar.

Clements, D. H. (2004). Major themes and recommendations. In D. H. Clements & J. Sarama (Eds.), *Engaging young children in mathematics: Standards for early childhood mathematics education* (pp. 7-72). Hillsdale, NJ: Lawrence Erlbaum Associates.

Copley, J. V. (2000). *The young child and mathematics*. Washington, DC: NAEYC.

Cruikshank, D. E., & Sheffield, L. J. (1988). *Teaching Mathematics to elementary school children*. Columbus, OH: Merrill Prentice Hall.

Dougherty, B. J., & Venenciano, L. (2007). Measure up for understanding. *Teaching Children Mathematics, 13*(9), 452–456.

Driscoll, M. J. (1981). *Research within reach: Elementary school mathematics.* Reston, VA: National Council of Teachers of Mathematics.

Dutton, W. H., & Dutton, A. (1991). *Mathematics children use and understand.* Mountain View, CA: Mayfield.

Hiebert, J. (1981). Unit of measure: Result and implications from national assessment. *Arithmetic Teacher, 28*, 38–43.

Lindquist, M. (1987). Estimation and mental computation. *Arithmetic Teacher, 34*(5), 16–17.

National Council of Teachers of Mathematics. (1989). *Curriculum and evaluation standards for school mathematics.* Reston, VA: NCTM.

National Council of Teachers of Mathematics. (2000). *Principals and standards for school mathematics.* Reston, VA: NCTM.

Reys, B. (1992). Estimation. In T. Post (Ed.), *Teaching mathematics in grades K-8: Research-based methods* (pp. 279–301). Boston: Allyn & Bacon.

Reys, R. R., Lindquist, M. M., Lambdin, D. V., & Smith, N. L. (2009). *Helping children learn mathematics* (9th ed.). Hoboken, NJ: John Wiley.

Seefeldt. C. (2005). *Social studies for the preschool/primary child* (7th ed.). Columbus, OH: Merrill Prentice Hall.

Shaw, J., & Puckett Cliatt, M. J. (1989) *Developing measurement sense in new directions for elementary schools.* Reston, VA: NCTM.

Thyer, D., & Maggs, J. (1981). *Teaching mathematics to young children* (2nd ed.). London: Holt, Rinehart & Winston.

Wilson, P. S., & Osborne, A. R. (1988). Foundation ideas in teaching about measure. In T. R. Post (Ed.), *Teaching mathematics in K-8: Research based methods* (pp. 384–405). Newton, MA: Allyn & Bacon.

Wilson, P. S., & Rowland, R. E. (1993). Teaching measurement. In R. J. Jensen (Ed.), *Research Ideas for the classroom: Early Childhood Mathematics* (pp. 171–194). Reston, VA: NCTM.

제9장

교수-학습 실제: 문제해결[*]

수학과의 학습이 어려운 장애학생에게 가장 지도가 필요한 수학적 요소는 무엇일까? 그것은 아마도 주변 세계에 존재하는 수학적 현상을 이해하고 자신에게 실제적으로 필요한 문제를 해결하는 능력일 것이다. 사실 수학적 문제해결력의 습득은 수학과 교육의 궁극적인 목적이다. 단순 계산은 계산기를 활용하여 대체할 수 있지만, 실제적인 문제의 해결은 학생 스스로 할 수밖에 없다는 점에 있어서도 수학적 문제해결력을 향상시키기 위한 다양한 지도 전략의 강구는 반드시 필요한 과제다.

Agran과 Wehmeyer(1999)는 '해결 방법이 즉시적으로 주어지지 않은 과제, 활동, 상황'을 '문제'라고 정의하였다. 학생이 다른 상황에 일반화할 수 있는 문제해결 전략들을 학습할 수 있는 하나의 형식을 제공하는 것이 바로 수학이다. 학생의 문제해결력을 증진시키기 위해 교사는 수학과에서 문제가 되는 상황을 제시하고 해결 방법을 찾아내기 위한 전략을 다루는 수업을 제공할 수 있다. 대부분의 문제해결 전략은 적어도 문제의 확인,

---

[*] 이 장은 김영표(1998)의 내용을 일부 수정 · 보완하여 작성하였음.

분석, 해결이라는 3개의 단계를 포함하고 있는데, 사전에 획득한 정보를 새로운 다른 상황에 적용함으로써 문제를 해결할 수 있도록 하는 것은 수학을 학습하는 기본적 이유이며, 이를 위해서 시행착오 사용하기, 관련된 질문하기, 계산 방법 선택하기, 결과를 그림으로 나타내어 보기, 상황을 분석하기 그리고 결과를 자신의 말로 표현해 보기 등 다양한 전략을 사용할 수 있다 (Mercer & Mercer, 2001).

따라서 이 장에서는 수학적 문제해결력의 중요성에 대한 인식과 더불어 문제의 유형에 관하여 살펴보고, 장애학생의 문제해결력 향상을 도와주기 위한 다양한 평가방법 및 교수방법에 관하여 알아보고자 한다.

1. 문제해결로서의 수학과 문제의 유형

미국수학교사협의회(NCTM, 1989)에 따르면, 모든 수학 교육과정은 학년수준 또는 내용수준에 관계없이 학생의 '수학적 힘'의 발달을 지원하기 위해 필요한 공통의 요소 또는 영역을 가지고 있다고 한다. 즉, 문제해결로서의 수학, 의사소통으로서의 수학, 추론으로서의 수학 그리고 수학적 연결성이라고 하는 4개의 공통 영역이 존재한다고 보았다.

그중 첫 번째인 문제해결 구성요소는 수학 수업 내에서의 문제해결 활동의 폭넓은 사용을 지지하고 있다. NCTM(1989)은 문제해결이 수학 교육과정의 중심이 되어야 한다고 보았다. 즉, 문제해결이 모든 수학 수업의 기본적인 목적으로서, 별도의 주제가 아니라 수학 프로그램 전체에 일관되게 적용되어 수학적 개념과 기술을 획득하는 맥락을 제공해야 한다고 하였다. 특히 인지적인 장애가 심한 학생은 친숙한 활동의 맥락 안에서 문제해결에 접근할 수 있도록 하는 것이 바람직하다(Browder, Ahlgrim-Delzell, Pugalee, & Jimenez, 2006).

학생이 자신이 획득하지 못한 과제에 대한 해결책을 제시할 때마다 그들은 문제를 해결하고 있는 것이다(Reys, Suydam, & Lindquist, 1995). 이것은 문제해결이 교재 안에 있는 문장형 문제에 대한 답을 찾는 것 이상의 활동이라는 점을 의미한다. 전통적으로 학생은 문단을 읽고, 필요한 계산을 확인하고, 계산을 정확히 수행하는 방식으로 문제해결을 배워 왔다. 그러나 학생은 주어진 문제를 해결하기 위해 자신의 말로 문제를 표현하고, 자신에게 주어진 정보를 비판적으로 검토하고, 문제해결을 위한 가설을 설정하고 전략을 선택하여 그러한 전략을 적용해 보고, 그 전략에 따른 결과를 평가하고, 해결 방법이 합리적이었는지를 결정할 수 있어야 한다.

Reys, Suydam과 Lindquist(1995)는 정형 문제와 비정형 문제라는 2가지 종류로 문제를 구분하였다. 정형 문제란 학생이 자신의 수학 기술을 그러한 기술을 학습한 방식 그대로 적용할 것을 요구하는 문제이다. 예를 들어, "철수는 사과 2개를 가지고 있다. 영희는 5개를 가지고 있다. 그들은 모두 몇 개의 사과를 가지고 있는가?"와 같은 문제는 2+5 = ? 와 같은 단순한 수학적 등식을 만들어 냄으로써 해결할 수 있다. 즉, 기초적인 산술의 형식을 취한다. 반면에, 비정형 문제란 문제를 해결할 수 있는 수학적 절차의 선택이 분명하지 않기 때문에 보다 많은 생각을 요구하는 문제이다. 비정형 문제의 사례는 다음과 같다. "철수와 영희는 함께 7개의 사과를 가지고 있다. 철수와 영희가 함께 7개의 사과를 가지기 위해 사과를 나눌 수 있는 서로 다른 조합은 모두 몇 가지인가?" 이러한 문제는 학생이 서로 다른 수의 해결 방법을 만들어 내도록 자극한다.

문제를 분류하는 또 한 가지의 방법은 수렴적 문제와 확산적 문제로 구분하는 것이다(Souviney, 1981). 수렴적 문제(convergent problems)란 정형 문제와 유사한 것이다. 학생은 정확한 답을 결정하기 위해 제공된 값들에 어떠한 연산을 적용해야 할 것인지를 결정한다. Souviney(1981)는 수렴적 문제가 학생의 사고를 제한하는 실생활에서는 보기 힘든 문제의 형태라고 믿었다. 대조적으로, 확산적 문제(divergent problems)는 비정형 문제와 유사한 것으로 문제가 존재한다는 것을 학생이 확인할 수 있도록 문제를 정의하고, 시행착오적인 방식으로 작업하고, 분석과 종합을 통하여 문제의 해결책을 찾아야 한다고 하였다.

이러한 문제의 유형을 인식하는 것은 문제해결 학습에 있어서 중요한 것이다. 교사는 학생에게 제시하는 문제의 유형이 균형을 이룰 수 있도록 해야 한다. 정형 문제에 대한 경험만을 학생에게 제시하는 것은 실제 학교 바깥에서 부딪히게 될 문제의 형태인 비정형 문제의 해결을 위해 필요한 기술의 발달을 가져오지 못할 것이다.

2. 문제해결력의 평가방법

수학적 문제해결 행동 영역에 대한 평가방법에는 면담, 지필검사, 관찰을 통한 평정법이나 점검표 사용법, 관찰지 작성법, 오류분석 등이 있다. 이 중에서 일반적인 평가방법 이외에 문제해결에 대한 특정화된 문제해결력 평가 및 오류분석에 관하여 간단히 소개하고자 한다.

1) 문제해결력 평가

학생의 문제해결력을 알아보기 위한 가장 간단한 방법은 실제로 문제를 풀어 보게 하는 것이다. 문장형 문제에는 여러 가지 유형이 있으므로, 유형별로 다음과 같은 문제를 제시하고 학생이 풀어 보게 하여 그 반응을 기록한다. 학생이 읽기에 문제가 있다면 교사가 문제를 읽어 주며 평가를 해도 된다. 문제의 각 문항은 문제 이해, 계획의 고안, 계획의 실행, 반성 능력을 평가하는 하위 질문으로 구성되어 있으며, 다음에서 제시하는 문제는 1단계 문제로서 증가/합(A + B = □)에 대한 평가 문항이다.

〈보기〉 진주가 사과 15개를 가지고 있는데 태원이가 진주에게 사과 3개를 주었습니다. 그럼 진주는 사과를 모두 몇 개 가지고 있을까요?

(1) 문제를 잘 읽어 보세요. 무엇을 구하는 문제인가요?

　① 진주가 태원이에게 준 사과의 수

　② 태원이가 진주에게 준 사과의 수

　③ 진주가 가진 사과의 수

　④ 태원이가 가진 사과의 수

(2) 답을 구하려면 어떻게 하면 될까요?

　① 더한다.

　② 뺀다.

　③ 더하고 뺀다.

　④ 빼고 더한다.

(3) 식과 답을 쓰시오.

　식: 　　　　　　　　　답:

(4) 답이 12개가 나왔다면 어떻게 된 걸까요?

　① 더해야 하는데 뺐다.

　② 옳게 풀었다.

　③ 빼야 하는데 더했다.

　④ 잘 모르겠다.

2) 오류분석을 통한 평가와 지도

오류분석이란 문제를 해결하는 과정에서 학생이 일으키는 오류를 체계적으로 기록하는 절차라고 말할 수 있으며, 그 사례로서 Newman(1983)의 오류분석 절차를 제시하면 다음과 같다.

교사의 질문

1. 나에게 문제를 읽어 주겠니? 모르는 단어가 있으면 읽지 않고 넘어가면 돼.
2. 그 문제가 너에게 무엇을 하라고 하는지 말해 다오.
3. 답을 찾기 위해서 네가 어떻게 할 건지 말해 다오.
4. 답을 얻기 위해 네가 어떻게 하고 있는지 보여 줘. 네가 무엇인가 할 때는 큰 소리로 이야기해 주면 돼. 그러면 네가 어떤 생각을 하고 있는지 내가 이해할 수 있단다.
5. 이제, 질문에 대한 답을 적어 봐라.

오류 분석의 기본적 구조: 5단계

1. 읽고 해독하기(reading and decoding): 문제를 읽고 어휘를 해독하기
2. 이해하기(comprehending): 읽은 내용이 무엇인지 이해하기
3. 변환하기(transforming): 문제를 '수학화'하기: 어떤 수학적 계산이 필요한지 알아내기
4. 처리하기(processing): 수학적 계산하기
5. 부호화하기(encoding): 최종적인 결과를 적절히 기록하기

오류 유형의 진단

오류 유형	가능한 표시자	학생들에게 추천되는 전략
읽고 해독하기	• 과제에 전혀 또는 거의 집중하지 않는 반응 • 명백한 오독(misreading)이라고 볼 수 있는 반응 • 수학적 용어에 대한 친숙하지 않은 반응	• 새로운 어휘 및 수학적 의미에 관해 사전을 참조하거나 새로 만들어 볼 것
이해하기	• 과제에 외견상으로만 집중하고 있는 태도를 나타내는 반응 • 문제에서 묻고 있는 것과 유사하지만 다른 질문을 지속적으로 나타내는 반응	• '내가 무엇을 찾거나 나타내야 하지?'라고 스스로 질문하기 • 다이어그램 그리기 • 자신의 말로 문제를 다시 언급하기
변환하기	• 문제에서 묻고 있는 것과 유사하지만 다른 질문을 지속적으로 나타내는 반응 • 올바른 수를 사용하지만 잘못된 연산을 수행하는 반응(또는 그 반대)	• 예측하고 검토하기 • 목록이나 표 만들기 • 패턴 찾기 • 숫자를 단순화하기 • 실제로 해 보기 • 인내심 갖기: 대부분의 문제는 재빨리 풀 수 있거나 첫 번째 시도에서 해결할 수 있지 않음
처리하기	• 산술적 오류 • 절차적 오류 • 불완전한 해결	• 한 가지 접근법으로 해결되지 않는다면 다른 방법 사용하기
부호화하기	• 불완전한 해결 • 약간의 수학적 기술을 필요로 하지만 질문에 대한 답이 되지 않는 반응	• 답이 이치에 맞는가? • 질문에 대한 충분한 답변을 하였는가?

* Newman의 오류 분석에 대한 보다 상세한 내용은 호주 뉴사우스웨일스 주 교육부에서 제공하는 Newman's prompts: Finding out why students make mistakes(http://www.curriculumsupport.education.nsw.gov.au/secondary/mathematics/numeracy/newman/index.htm)를 참고하기 바란다.

3. 문제해결 수업전략

1) 표상 훈련

(1) 표상의 개념

표상이란 특정한 내용에 대한 심리적 상태를 또 다른 방식으로 나타내는 행위를 의미하는 것으로, 예컨대 글의 내용을 구체물로 나타내거나 물건의 구체적인 양을 숫자로 나타내는 것이다(Goldin, 2002). Seeger(1998)는 표상의 기본적인 의미를 다음과 같은 4가지로 제시하였다.

- 광의의 개념: 특정한 내용에 대한 정신적 상태
- 협의의 개념: 이전의 정신적 상태에 대한 정신적인 재산출
- 구조적인 개념 : 그림이나 상징, 기호를 통해서 나타내는 것
- 다른 어떤 것을 대신하는 것

(2) 표상 훈련의 일반적인 방법

문제를 표상하기 위한 전략으로는 일반적으로 문제의 재진술, 표 만들기, 그림 그리기 등을 들 수 있다(김문희, 2006).

① 문제의 재진술

문장의 내용을 자신이 이해할 수 있도록 간략화하여 문제의 특징을 재진술함으로써 문제에서 묻고 있는 것을 파악할 수 있다. 이를 언어적 처리라고도 하는데, 문제 속의 단어들을 자신이 저장하고 있는 언어의 범주와 관련시킴으로써 문제 처리를 위해 부호화하도록 도와준다. 즉, 문제를 자신의 단어로 재구성하는 것을 의미한다.

② 표 만들기

표 만들기 전략은 문제에서 주어진 정보를 표로 나타내어 조직화함으로써 문제해결 방법을 찾는 데 도움을 줄 수 있다. 이 전략은 문제에서의 정보가 복잡할수록 효과적으로 활용할 수 있다.

③ 그림 그리기

문제에서 주어진 정보 및 그 관계를 그림으로 나타내어 보고, 이 그림을 통하여 문제를 직접 해결하거나 해결방법을 찾아내어 문제해결에 이용하는 방법이다. 이 전략은 표 만들기와 마찬가지로 문제를 이해하는 데 효과적이며, 학습자의 흥미를 유도하기에 적합하다.

표를 만들거나 그림을 그리는 것은 시각적(영상적) 표상이라고 볼 수 있다. 아동이 문제를 주어진 언어로 완벽하게 이해한다고 하더라도 중간 단계적인 비언어적 표상을 사용하는 것은 기억상의 부담을 경감시키는 데 도움을 주고, 계산을 수행하는 동안 문제에서 제시한 정보를 쉽게 접근할 수 있는 상태로 유지하며, 오류의 가능성을 줄여 준다.

④ 식 세우기

식 세우기는 문장제의 풀이 과정에서 구하려고 하는 답을 구할 수 있는 가장 구체적인 방법이다. 식을 도출하는 과정은 어려울 수 있지만 일단 식을 세우고 나면 대수적인 연산 과정으로 어렵지 않게 해를 구할 수 있다. 식 세우기는 대수적 표상이라고 볼 수 있다. 대수적 표상 방법은 문제 진술에서의 언어적 정보에 터하여 식을 세우고 나중에 모든 계산을 하게 된다.

2) Pólya의 모형에 기초하여 발달한 사고전략

(1) Pólya의 문제해결 모형

교육인적자원부(2001)는 초등학교 수학과 교사용 지도서에서 Pólya (1957)의 문제해결 모형을 소개하며 수학적 문제해결 교육의 지침으로 제공하였다(〈표 9-1〉 참조).

표 9-1 Pólya(1957)의 수학적 문제해결 교육 지침

수학 학습의 궁극적 목표는 개념적 지식이나 절차적 지식의 습득이 아니라, 이러한 수학적 지식을 적용하여 자신의 삶에서 일어나는 여러 가지 문제를 수학적으로 해결하는 능력을 기르는 데 있다. 수학자 Pólya는 자신의 수학적 사고 활동을 바탕으로 수학적 사고의 교육에 유용한 연구 결과를 많이 발표하였다. 그는 증명하기를 가르치는 것도 중요하지만 추측하는 것도 가르쳐야 한다고 하고, 효과적인 수학 학습의 3원리로 '활동적 학습의 원리' '최선의 동기 유발 원리' '비약 없는 단계의 원리'를 주장하였다. 특히 자신의 저서 *How to solve it?*에서 수학적 문제해결의 사고 과정을 문제의 이해, 풀이 계획의 수립, 풀이 계획의 실행 그리고 풀이에 대한 반성 등 4단계로 나누었다.

① 문제의 이해: 문제를 이해하여야 한다.
  • 미지수인 것은 무엇인가? 자료는 무엇인가? 조건은 무엇인가?
  • 조건은 만족될 수 있는가? 조건은 미지인 것을 결정하기에 충분한가? 또는 불충분한가? 또는 과다한가? 또는 모순되는가?
  • 그림을 그려 보라. 적절한 기호를 붙이라.
  • 조건을 여러 부분으로 분해하라.

② 계획의 수립: 자료와 미지인 것 사이의 관계를 찾아보라. 즉각적으로 그러한 관계를 발견할 수 없다면 보조 문제를 고려하라. 궁극적으로 풀이에 대한 계획을 작성하라.
  • 전에 그러한 문제를 본 일이 있는가?
  • 약간 다른 형태의 문제라도 본 일이 있는가?
  • 관련된 문제를 알고 있는가, 유용하게 쓰일 수 있는 정리를 알고 있는가?
  • 미지의 것을 살펴보라. 친숙한 문제 중에서 미지인 것이 같거나 유사한 문제를 생각해 보라.
  • 전에 풀어 본 문제 중에서 관련된 문제가 있구나! 그것을 활용할 수 있을까? 그 결과를 활용할 수 있을까? 그 방법을 활용할 수 있을까? 어떤 보조 요소를 도입하면 그것을 활용할 수 있을까?
  • 문제를 달리 진술할 수 있을까? 좀 더 다르게 진술할 수 있을까? 정의로 되돌아가 보자.

- 만일 제기된 문제를 풀 수 없다면, 먼저 어느 정도 그와 관련된 문제를 풀어 보라. 보다 접근하기 쉬우면서 관련된 문제를 생각해 낼 수 있는가? 보다 일반적인 문제를 생각해 낼 수 있는가? 문제를 부분적으로 풀 수 있는가? 가운데 일부분만 남기고 다른 것은 버려 보라. 그랬을 때 미지인 것은 어느 정도 정해지는가? 자료로부터 무언가 유용한 것을 이끌어 낼 수 있는가? 미지인 것을 결정하는 데에 적절한 다른 자료를 생각해 볼 수 있는가? 새로운 미지인 것과 새로운 자료가 서로 더 가깝게 되도록 하기 위해서 미지의 것 또는 자료가 필요하다면 2가지 다 변형할 수 있는가?
- 자료는 모두 사용했는가? 조건은 모두 사용했는가? 문제에 포함된 핵심적인 개념은 모두 고려했는가?

③ 계획의 실행: 계획을 실행하라.
- 계획을 실행하고 매 단계를 점검하라. 각 단계가 올바른지 명확히 알 수 있는가? 그것이 옳다는 것을 증명할 수 있는가?

④ 반성: 얻은 풀이를 점검하라.
- 결과를 점검할 수 있는가? 논증 과정을 점검할 수 있는가?
- 결과를 다른 방법으로 이끌어 낼 수 있는가? 그것을 한눈에 알 수 있는가?
- 결과나 방법을 다른 문제에 활용할 수 있는가?

출처: 교육인적자원부(2001). **초등학교 수학과 교사용 지도서**. 서울: 서울대학교 국정도서편찬위원회.

그러나 Pólya의 모형은 잘못 이해하면 오용될 수 있다. Reys 등(2004)은 단순한 문제를 제외하고는 이러한 순서대로 단계를 취하는 것이 거의 불가능하며, 만약에 이 모형의 순서대로 한 번에 한 단계씩 진행할 수 있다고 믿는 학생은 모형이 없는 것과 마찬가지로 당황할 수 있다고 하였다. 더구나 이 단계들은 분명하지 않고, 항상 각각의 단계를 거칠 필요도 없다고 하였다. 학생이 문제를 이해하려고 할 때 자신도 모르게 계획 단계로 진행할 수도 있고, 일단 문제를 이해하면 계획을 세울 것도 없이 해결 방법을 찾을 수도 있다. 많은 학생이 읽고, 생각하고, 다시 읽는 끝없는 과정의 덫에 걸린다. 학생이 이 모형을 잘 통과하도록 도와주기 위해서는 구체적인 전략이 필요하다. 이러한 전략은 문제해결을 위한 도구이며, Pólya의 4단계 전략은 문제해결자가 문제를 해결하는 과정을 통과하기 위한 지침을 제공한다 (Reys et al., 2004).

(2) 구체적 사고전략

① Pólya의 수학적 발견술

Pólya는 발견술(heuristics)을 분명한 용어로 기술하기보다는 구체적인 보기를 통해 보여 주는 방식을 택하고 있다. 그의 발견술에는 다음과 같은 것이 있다.

- 그림을 그리고 적절한 기호 붙이기
- 정의로 되돌아가기
- 유추하기
- 보조 요소 도입하기
- 방정식 세우기
- 문제의 변형
- 분해와 재결합
- 일반화와 특수화
- 거꾸로 생각하기

② Lenchner의 문제해결 사고전략

강완 등(2007)은 Pólya의 연구를 바탕으로 수학적 문제해결에 유용한 사고전략을 다룬 연구가 많이 진행되었다고 언급하고, 문제해결의 사고전략이란 문제해결에 도움이 되는 일반적인 절차나 해법의 단서가 되는 생각, 발견의 실마리를 얻도록 하는 방책 등을 뜻한다고 하였다. 즉, 문제해결에 필요한 지식과 개념을 알고 있다고 하더라도 그것을 받아들여 문제의 조건과 연결 짓고, 문제해결의 단서를 찾아내도록 하는 것이 사고전략이라는 것이다. 또한 그중 대표적이라고 할 수 있는 Lenchner(1983)의 문제해결 전략을 다음과 같이 소개하였다.

- 그림이나 도표로 그리기
- 체계적인 목록 만들기
- 문제를 단순화하기
- 실험해 보기
- 규칙성 찾기
- 표 만들기
- 추측하고 점검하기
- 실제로 해 보기

- 거꾸로 풀기
- 논리적으로 추론하기
- 식 세우기
- 바꾸어 보기

③ Charles, Lester와 O'Daffer의 문제해결 사고전략

Lenchner가 제안한 이러한 문제해결 전략 외에도 Charles, Lester와 O'Daffer는 초등학교 학생의 수학적 문제해결에 유용한 다음과 같은 사고전략을 제시하였다(강완, 백석윤, 2007).

- 추측 · 점검 수정하기
- 그림 그리기
- 문제대로 해 보기
- 구체물 이용하기
- 연산 선택하기
- 거꾸로 풀기
- 표 만들기
- 규칙 찾기
- 목록 만들기
- 방정식 세우기
- 더 간단한 문제 풀기

3) Meichenbaum의 자기교시 전략

인지적 행동수정 훈련은 아동의 학습효과와 사회적 수행 능력을 신장시키기 위하여 고안되었는데, 이러한 전략은 정보의 습득, 조직 또는 표현의 효과를 증가시켜 주는 자기교시적 단계의 형태를 학습자에게 제공한다(Kim, 2003). 또한 자기교시 훈련은 비합리적 자기진술(self-statement)을 합리적 자기진술로 이끌어 가는 방법으로, 자기교시 훈련의 이론적 기초는 일반적으로 언어와 행동의 관계에 대한 Luria(1961)와 Vygotsky(1962, 1978)의 발달 이론에서 유도되었는데(Kim, 2003), 그 절차는 다음과 같다.

자기교시 훈련은 외면화된 형태로 제시되던 언어가 점차 내면화되어 내적 대화로 이루어지는데, 아동발달에 대한 Vygotsky의 이론에 따르면, 아

동의 환경은 연령에 따라 성인이나 다른 삶의 외적 언어에 통제되다가 다음에는 아동 자신의 내적 언어의 영향을 받는 방향으로 발달하여 간다고 가정하고 있다. 이에 Luria(1961)는 아동의 내적 언어 발달의 중요성을 가정하고 언어적 통제 과정을 다음과 같이 3단계로 나누었다.

- 1단계: 성인의 외적 언어가 아동의 행동을 통제하고 지도한다.
- 2단계: 아동 자신의 외적 언어가 아동 자신의 행동을 통제한다.
- 3단계: 아동 자신의 내적 언어가 아동 자신의 행동을 통제하고 지도한다.

이를 바탕으로 자기교시 전략은 다음의 5단계로 구분해 볼 수 있다.

- 1단계: 아동은 성인 모델이 큰 소리로 말하면서 과제를 수행하는 것을 관찰한다(인지적 모델).
- 2단계: 아동은 성인 모델이 말하는 자기교시 내용을 따라 말하면서 동시에 성인 모델이 수행하는 것과 같은 과제를 수행한다(외적 지도).
- 3단계: 아동은 모델의 시범 없이 자신이 소리 내어 자기교시를 하면서 과제를 수행한다(외적 자기지도).
- 4단계: 아동은 자기교시를 속으로 중얼거리면서 과제를 수행한다(외적 자기지도의 약화).
- 5단계: 아동은 내적 언어를 통하여 자기교시를 하면서 과제를 수행한다(내적 자기교시).

자기교시 훈련에 있어 교사와 학생이 사용할 언어화의 일반적인 유형은 〈표 9-2〉와 같이 4가지로 구분할 수 있다.

표 9-2 자기교시 훈련에 있어 언어화의 일반적인 유형

1. 문제점의 정의
   ① 내가 할 일은 무엇인가?
   ② 나는 이 문제에 대해 얼마나 알고 있는가?

2. 주의를 한 곳에 모으고 반응을 인도하는 것으로 주의집중 진술
   ① 내가 하는 일에 정신을 집중해야지!
   ② 나는 이 문제를 정신을 집중해서 해결해야지!

3. 자기평가, 오류교정, 대응방안 등의 진술
   ① 이것은 틀렸지만 다시 할 수 있어!
   ② 나는 순서에 맞게 일을 하고 있는가!

4. 자기강화 진술
   ① 좋아! 나도 문제를 풀 수 있어!
   ② 야! 나는 문제를 다 풀었다.

4) 인지 및 초인지적 문제해결 전략

문장제 문제의 해결을 위한 인지적 전략 수업의 특징은 문제해결의 인지적 모형에 따라서 수업이 구조화된다는 것이다.

자기조정(자기조절) 전략을 수학적 문제해결에 적용한 연구는 크게 Harris와 Graham(1992)의 모델을 바탕으로 한 연구와 Zimmerman과 Martinez-Pons(1986)의 모델을 바탕으로 한 연구로 대별할 수 있다.

Harris와 Graham(1992)의 모델은 5가지 단계적 전략(문제를 소리 내어 읽기, 중요한 단어를 찾아 동그라미하기, 그림을 그려서 어떤 상황인지 알아보기, 수식을 쓰기, 답을 쓰기)을 8단계의 자기조절적 전략 발달 절차로 교수하는 과정으로 되어 있으며, 각 단계의 절차는 다음과 같다.

- 1단계: 이전 기술 개발
- 2단계: 현재 수행 수준, 초전략(metastrategy) 정보 그리고 전념(commitment)에 관한 협의하기
- 3단계: 문제해결 전략에 관한 토론
- 4단계: 전략과 자기교시의 모델링
- 5단계: 전략 단계의 숙달
- 6단계: 전략과 자기교시의 협력적 연습
- 7단계: 독립적 수행
- 8단계: 일반화 및 유지 구성요소

Zimmerman과 Martinez-Pons(1986)의 자기조절 학습전략은 자기평가, 조직화 및 변형, 목표설정 및 계획, 정보추구, 기록 및 점검, 환경구조화, 자기강화 및 처벌, 시연 및 기억, 사회적 도움 추구, 복습하기 등의 14가지 전략으로 구성되어 있다(Zimmerman & Martinez-Pons, 1988).

Montague(1992)는 수학적 문제해결에 인지적으로 접근하며, 인지 전략, 초인지 전략, 인지-초인지 전략을 사용하여 교수의 효과를 비교하고 나서, 인지나 초인지 전략을 따로 가르칠 때보다는 함께 가르칠 때 가장 효과적이라고 하였다. 이러한 전략 모형의 교수 절차는 전략 획득, 전략 적용, 전략 유지, 전략 일반화 과정으로 나누어 분석할 수 있다(Montague, 1997).

Montague(1992)는 수학적 문제해결을 위한 1986년의 8단계 전략을 정교화하여 다음과 같은 7단계 전략으로 제시하였다.

- 1단계: 읽기(이해하기 위하여)
- 2단계: 자기 말로 바꾸기
- 3단계: 도식을 사용하여 시각화하기(그림 그리기)
- 4단계: 문제를 해결하기 위한 계획으로 가설 세우기(식 세우기)

- 5단계: 답을 예측하기 위해 어림잡기
- 6단계: 수학적으로 계산하기
- 7단계: 모든 것이 맞는지 확인하기 위해 검토하기

더불어 앞서의 인지전략의 교수와 함께 인지전략을 인식하고 조정하는데 필요한 초인지 능력을 강조함으로써 전략적 지식의 획득과 사용에 필요한 자기교시, 자기질문, 그리고 전략을 통제하기 위한 자기점검을 제시하였다. Montague(1992)는 이러한 모형을 [그림 9-1], 〈표 9-3〉과 같이 나타내었다.

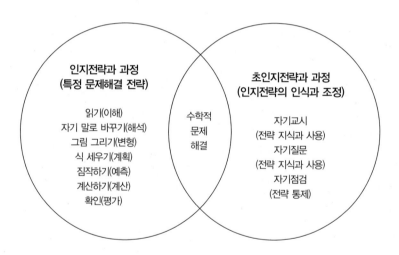

그림 9-1 인지-초인지 문제해결 모형

출처: Montague, M. (1992). The effects of cognitive and metacognitive strategy instruction on the mathematical problem solving of middle school students with learning disabilities. *Journal of Learning Disabilities, 25*(4).

표 9-3 인지-초인지적 문제해결의 예

수학 문제해결

읽기

말하기: 문제를 읽어라. 만약 이해하지 못하면 다시 읽어라.
묻기: 문제를 읽고 이해했는가?
점검하기: 문제를 해결할 때 이해했는지 점검한다.

자기 말로 바꾸기

말하기: 중요한 정보에 밑줄을 그어라. 문제를 내가 이해한대로 옮기라.
묻기: 중요한 정보에 밑줄을 그었는가? 문제가 무엇인가? 어떤 것을 찾는가?
점검하기: 표시한 정보가 문제에 부합하는지 점검한다.

그림 그리기

말하기: 그림이나 표를 그리라.
묻기: 그림이 문제에 맞는가?
점검하기: 문제 정보에 대한 그림을 점검한다.

식 세우기

말하기: 문제를 해결하기 위해 얼마나 많은 단계와 연산이 필요한지 결정하라.
　　　　연산부호($+$, $-$, $\times$, $\div$)를 적어라.
묻기: 만약 이렇게 하면 무엇을 얻을 것인가?
　　　만약 이렇게 한다면, 다음에는 무엇이 필요할 것인가?
　　　얼마나 많은 단계가 필요한가?
점검하기: 문제해결을 위한 계획이 올바른 것인지 점검한다.

짐작하기

말하기: 숫자를 반올림하고, 머릿속에서 문제를 풀어서 추정치를 적어라.
묻기: 반올림과 버림을 했는가? 추정치를 적었는가?
점검하기: 중요한 정보를 활용했는지 점검한다.

계산하기

말하기: 순서에 맞게 연산을 하라.
묻기: 내가 구한 답을 추정치와 어떻게 비교할 것인가? 내가 구한 답이 맞는가?
　　　소수점이나 화폐 표시는 제자리에 있는가?
점검하기: 모든 연산이 순서대로 수행되었는지 점검한다.

확인

말하기: 계산을 점검하라.

묻기: 모든 단계를 점검했는가? 계산을 점검했는가? 내가 구한 답이 옳은가?

점검하기: 모든 것이 제대로 수행되었는지 점검한다. 만약 제대로 수행되지 않았으면
  이전 단계로 돌아간다. 그리고 나서 필요하면 도움을 요청한다.

출처: Montague, M. (1992). The effects of cognitive and metacognitive strategy instruction on
  the mathematical problem solving of middle school students with learning disabilities (p.
  234). *Journal of Learning Disabilities, 25*(4), 230-248.

그러나 Montague의 교수모형에서 인지와 초인지의 구분은 명확치 않
으며, 문제해결 과정에서의 초인지의 역할도 분명하게 기술되어 있지 않다
(Hutchinson, 1992). 하지만 Montague(1992)는 전략 획득 훈련 기간에 초
인지적 지식의 학습자 변인, 과제 변인, 전략 변인을 고려하고 있다고 할 수
있고, 또한 자기교수, 자기질문, 자기점검을 사용하여 초인지 지식의 활용
과 더불어 초인지 자기조정 훈련을 하고 있다고 볼 수 있다(김영표, 1997).

Pólya(1945)의 문제해결 과정을 바탕으로 Montague(1997)의 인지-초
인지 전략 교수방법의 적용 모형을 구성하면 [그림 9-2]와 같다.

5) 도구의 수학적 활용

장애학생의 수학적 문장형 문제해결력을 향상시키기 위해 다양한 도구
(조작물, 계산기, 컴퓨터)를 활용하여 지도할 수 있다. 여러 가지 구체물을 조
작하도록 함으로써 문제해결을 도울 수도 있고, 계산기를 활용하여 수학적
계산에 대한 부담감, 큰 수에 대한 부담감을 덜고 문제의 이해에 집중하도
록 할 수도 있으며, 컴퓨터 소프트웨어를 활용하여 문장형 문제해결에 대
한 강력한 동기를 제공하고 문제해결 과정에 집중할 수 있도록 도와줄 수도
있다. 이러한 여러 가지 유형의 도구를 사용하여 문장형 문제해결을 유도한
다양한 연구를 소개하면 다음과 같다.

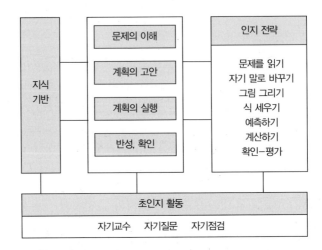

출처: 김영표(1998). 인지-초인지 문제해결 전략교수가 수학 문장제 문제해결능력에 미치는 효과. 단국대
학교 대학원 석사학위 논문.

(1) 조작물의 사용

조작물(manipulatives)은 다양한 수학 개념을 가르치기 위한 중요한 도구로
서 오래전부터 사용되어 왔다. Joyner(1990)는 수학적 조작물을 사용하는
데 있어서의 일반적인 지침을 제시하였는데, 단순히 조작물을 제시하는 것
만으로 효과가 있는 것은 아니며 교사가 어떻게 제시하느냐에 따라서 효과
가 다르다고 하였다. 조작물 사용 효과의 증거는 학생의 수학 개념 학습에
관한 3가지 교수 단계, 즉 CSA 적용법(구체적[Concrete], 반구체적[Semiconcrete],
추상적[Abstract application])을 탐구하는 연구들(예: Maccini & Hughes, 2000)
에서 볼 수 있는데, 구체적 적용(수학 문제를 표상하기 위해 물리적 대상을 조작
하기 등), 반구체적 적용(문제를 표상하기 위하여 그림 그리기 등), 추상적 적용
(문제를 표상하기 위하여 수학 방정식을 쓰기 등)을 계열화하여 적용하였다.

구체적 조작물의 사용은 오래전부터 사용되어 온 수학교육의 전략으로
서, 국내에서는 김광숙(2004)이 지적장애를 가진 중학생 1명에게 행동 간

중다기초선 설계를 사용하여 구체적 조작물(Fröbel의 은물)이 수리(수인지, 수 연산, 문장제 문제)능력에 어떠한 영향을 미치는가를 알아본 결과, 수인지와 수 연산은 지속적인 향상을 보였으나 문장제 문제해결에 미치는 영향은 불명확하였다.

(2) 계산기의 사용

NCTM(1989)은 공교육에서의 계산기 사용에 관하여, 모든 학년의 학교 수학 프로그램에 계산기의 사용을 허용하도록 추천하였다. NCTM(1989)은 문장제 문제의 해결에 있어서 계산기 사용의 이점은 학생들이 문제 안의 계산을 신속하게 수행할 수 있어서 문제해결 과정 자체에 집중할 수 있게 되는 것이라고 주장하였다. 관련 연구로는 Callahan과 Suydam(1987), Carpenter 등(1988)이 있는데, 수학교육에 있어서의 계산기 활용은 현재에 이르기까지 지속적으로 추천되어 오고 있으며, 최근에는 공학기술의 활용과 더불어 문제해결력의 강화를 위한 중요한 요소로 강조되고 있다.

(3) 컴퓨터 활용 교수(Computer Asisted Instruction)

장애학생에게 마이크로컴퓨터를 사용하여 수학을 가르치는 것과 관련된 연구는 문헌에서 점점 더 많이 발견되고 있다. 관련 연구로는 Babbitt와 Miller(1996), Gleason, Carnine과 Boriero(1990), Goldman과 Pellgrino(1987), Mastropieri, Scruggs, Shiah와 Fulk(1995), Woodward, Carnine과 Gersten(1988), Woodward와 Carnine(1993) 등이 있다.

컴퓨터 보조 학습을 문장제 문제해결력 향상을 위한 교수방법으로 활용한 국내 연구들(남윤석, 2006; 문향, 2000; 장영숙, 2003) 중에서 문향(2000)과 남윤석(2006)은 수학 문장제 코스웨어를 개발하여 중재하였으며, 장영숙(2003)은 상업화된 프로그램을 사용하여 문장제 문제해결을 교수하였다.

컴퓨터의 멀티미디어 기능을 활용한 수학과 문제해결력의 지도는 장애학생과 비장애학생 모두에게 효과적인 한 가지 방법으로 자리매김하고 있으며, 공학 기술의 발달과 함께 그 비중은 더욱 커져 갈 것이다. 특히 언제 어디서나 접근이 가능한 스마트미디어가 발달함에 따라 장애학생의 수학교육에 공학적 기술이 활용될 수 있는 가능성은 매우 높아지고 있다.

6) 독해전략의 활용

수학 문장제 문제는 문장으로 되어 있는 문제다. 따라서 문장에 대한 독해능력이 문장형 문제해결의 성공에 어느 정도 영향을 미칠 수 밖에 없다. 특히 문장에 대한 이해력이 부족한 장애학생의 경우에는 더욱 그렇다. 물론 문제를 이해한다고 해서 문제의 해결을 보장할 수 있는 것은 아니다. 문제의 난이도가 올라갈수록 문제를 이해해도 해결할 수 없는 경우가 많아지게 된다. 그러나 문장에 대한 이해력이 부족한 장애학생의 경우에는 독해력이 부족하여 기본적인 문제에서조차 실패하기 쉽다. 따라서 문제를 이해하지 못해 문장형 문제의 해결에 곤란이 있는 장애학생을 위해서는 일반적인 독해전략을 적용하여 문장형 문제를 해결하도록 하는 것이 도움이 될 수 있다.

독해전략이란 학습자료가 인쇄물 등의 문자로 제시되어 있을 때 학습자가 읽고 그 의미를 파악하기 위해서 사용하는 전략이다. 독해전략의 가장 일반적인 형태로는 Robinson(1978)의 SQ3R 방법과 최근에 Kiewra(2005)가 제시한 SOAR 모형을 들 수 있는데, SQ3R 모형은 주로 논픽션 에세이나 기사문 및 설명문 등의 글을 효과적으로 읽는 데 유용한 방법이다. 이는 개관(Survey) – 질문(Question) – 읽기(Read) – 암송(Recite) – 복습(Review)의 5단계를 말하는 것으로 각 단계의 알파벳 첫 글자를 따온 것이다. 한편, SOAR 모형은 선택(Select) – 조직화(Organize) – 연합(Associate) – 조정(Regulate)의 4단계로 구성되어 있다. 최근의 연구들은 SQ3R에 비해서 SOAR이 더욱 효과적인 것으로 나타나고 있으나, 문제를 이해하고 해결하는 측면에서 어떠한 차이가 있는지에 관해서는 아직 밝혀져 있지 않다.

7) 쓰기 활동

Azzolino(1990)는 수학과에서의 쓰기(일지 쓰기) 기능에 관하여 다음과 같이 주장하였다(구윤숙, 2002).

첫째, 학생이 참여하도록 해 준다.

둘째, 학생이 아이디어를 요약하고, 조직하고, 관련시키고, 연합시키도록 도와준다.

셋째, 학생이 아이디어나 개념을 정의하고, 토의하거나 기술하도록 기회를 준다.

넷째, 미래에 사용될 수학적 절차, 알고리즘, 개념들을 기록하고 기억하도록 도와준다.

다섯째, 수학적 표시법을 해석하거나 부호화하는 것을 도와준다.

여섯째, 적절한 표시법으로 기호화하거나 부호화하는 것을 도와준다.

일곱째, 교사가 학생의 오개념이나 문제들을 진단하는 것을 도와준다.

여덟째, 교과서를 읽고, 요약하거나 평가하는 것을 도와준다.

이와 같이 수학과에서의 쓰기 활동은 수학적 문장형 문제해결에 학생이 참여하는 정도를 보다 풍부하게 만들어 줄 수 있다. 그러나 수학과에서 쓰기 활동에 학생이 참여하기 위해서는 어느 정도의 문해능력이 학생에게 있어야 한다는 점에서 이것은 중증의 장애학생보다는 경도 또는 경계선급의 장애를 지닌 학생에게 추천되는 수학과 문장형 문제해결의 한 가지 교수방법이라고 할 수 있다.

수학적 문제해결을 위해 연구된 대표적인 쓰기 활동은 '일지 쓰기'다. 일지 쓰기는 수학 시간에 행하고 배우는 것에 대해 기록하는 방법으로, 수학을 지도하기 위해 쓰기를 이용하는 가장 효과적인 방법이며(Vacca & Vacca, 1996) 일지에 기록한 이후에 지식은 더욱 잘 기억되고 유지된다(Evans, 1984). 일지 쓰기를 통해 사실을 해석하고 비교하며 관련된 자료를 종합하게 할 수도 있다(England, 1989; Miller, 1992).

박명진(2007)에 따르면, 개인적인 일지는 수학적 오류를 교정하는 도구로 사용되며, 새로운 아이디어를 탐구하고 어려운 문제해결에 대한 느낌을 표현하게 한다. 잠재적인 아이디어를 표출하면서 맞춤법이나 문장 구조 등 문법적인 오류를 중요시하지 않는다면, 학생은 교사에게 배우는 것보다 훨씬 강력하고 중요한 수학적 발전을 이룩할 수 있고, 자신과의 브레인스토밍 기회도 얻을 수 있다. 일지는 다른 사람, 일반적으로 교사와 대화하게 하기 때문에 학생은 다양한 청중에게 글을 쓸 수 있다. 개인적인 일지는 치료 도구로 사용되며, 학생은 종이 위에서 생각하고, 새로운 아이디어를 탐구하고, 어려운 문제를 풀고, 느낌을 표현하고, 오류를 진단하고, 대안을 고려할 수 있게 된다. 학생은 교사와 대화할 때 일지가 더 큰 도움이 된다는 것을 알게 된다. 교사가 피드백을 통해 일지를 꾸준히 쓰게 하는 동기를 제공한다면, 학생이 쓰고 교사가 읽을 때 각 학생과 교사 사이에는 독특한 관계가 성립된다. 학생은 교사의 답장이나 코멘트를 기대한다. 학생과 교사는 말할 것을 찾게 되고, 수업은 더 협동적이게 되어 새롭고 개인적인 시각에서 서로를 보고 인간적인 관계를 형성할 수 있게 된다.

8) 문제 설정 교수

김재창(1998)은 수학교육에서 사용되는 '문제 설정(문제 만들기)' 학습이란 간단히 말하면 수학 문제를 만드는 학습을 의미하고, '작문'이나 '문제 구성' 등의 용어도 같은 의미이며, 영어권에서는 'Problem Generation'

'Problem Posing' 'Problem Formulation' 등의 용어로 사용되고 있다고 하였다. 문제 설정 교수를 자세히 살펴보면 다음과 같다(김재창, 1998).

문제 설정은 모든 지적 탐구 활동 영역에서 빈번히 일어나는 활동이다. 우리는 일상생활 속에서 부딪히는 많은 문제에 직면하게 된다. 그 문제는 쉽게 해결될 때도 있으나 바로 해결되지 않을 때도 있는데, 사실은 해결되지 않는 경우가 더 많다. 따라서 그 문제를 해결하기 위해서 가설을 세우고 자료와 조건을 수집하고 잠정적 결론을 내려 그 타당성을 여러 특수한 경우에 비추어 검정하고자 한다. 이때 추측이나 유추로 만든 가설 혹은 잠정적 결론이 모순에 부딪히게 되면 문제를 변형 수정하여 다시 검증하는 활동이 반복하여 일어난다. 수학의 지적 탐구 활동에서도 이 문제 설정의 활동은 빈번히 일어나는데, 곤란에 부딪히면 주어진 문제를 재진술하거나 변형된 문제를 만들어 봄으로써 문제해결을 용이하게 할 수 있다. 문제 설정은 새 문제를 만들어 내거나 주어진 문제로부터 문제를 재진술하는 것을 말하는데, 이것은 문제를 풀기 전에도, 푸는 중에도, 풀고 난 후에도 일어난다. 즉, 이러한 문제 설정 활동은 문제해결 전반에서 일어나므로 문제해결활동에서는 매우 중요한 활동이라고 할 수 있다.

어문수(2004)는 이러한 문제 설정 교수방법을 중학교 1학년 학습부진아동 집단(15명)에 적용하고 사전 – 사후 분석한 결과, 문제해결력 신장에 효과가 있었다고 하였다.

9) 소집단 협동학습

(1) 소집단 학습의 특징

이중권(2005)은 다양한 협동학습 모형은 각기 독특한 구조를 가지고 있으나, 긍정적 상호작용을 유도할 수 있는 다음과 같은 특징이 있다고 하였다.

① 수업의 목표가 구체적이고 각 학생은 목표 인식도가 높다. 각 학생은 자신이 활동해서 얻어야 할 수업목표를 분명히 제시받고, 그 목표를 달성하기 위해서 구체적인 활동을 한다.

② 학생은 긍정적 상호 의존성이 있다. 협동학습에서는 구조적으로 동료들끼리 서로 도와주어야 집단의 과제를 성공적으로 달성할 수 있기 때문에 서로 긍정적으로 의존하고 있다.

③ 대면적 상호작용을 한다. 이는 집단의 구성원들이 학습과제를 완수하기 위해 서로 격려하고 학습을 장려하면서 집단의 목표를 달성하고자 학습하는 것을 말한다. 협동학습에서는 '3인치 목소리'를 강조한다. 즉, 3인치 거리에서 말하고 들을 수 있을 정도의 낮은 목소리로 서로 얼굴을 맞대고 의사소통을 하라는 것이다.

④ 개별적 책무성이 있다. 활동 중에 자신이 맡은 부분을 분담하여 완수하거나 다른 구성원들의 일이 원활히 이루어지도록 돕기 위하여 노력하며, 집단의 목표를 달성하기 위해서 자신이 할 수 있는 한 많은 일을 하는 것을 말한다. 즉, 협동학습에서 각 집단 개개인은 다른 구성원에 대해 개인적인 의무와 책임을 가지고 있다.

⑤ 집단 목표가 있다. 협동학습에서는 개인의 목표 달성이 각 집단의 공동목표 달성 여부에 달려 있으므로 구성원들이 집단의 목표 달성을 위해 동료를 도와주고 도움을 받으려 하는 등 활발한 긍정적 상호작용을 하게 된다.

⑥ 이질적인 팀 구성을 특징으로 한다. 동료 간의 상호작용을 활발하게 하기 위해서는 한 팀을 이루는 구성원의 질이 다양해야 한다. 인지적 능력의 차이, 남녀의 차이, 문화적 배경의 차이가 많을수록 다양한 관점, 다양한 생각을 가지고 있기 때문에 활발한 토론 등 상호작용이 극대화되며, 이는 인지적으로나 정의적으로 학생의 성장을 촉진하는 조건이 된다.

⑦ 집단 과정이다. 학습목표를 달성하기 위해 협동학습 집단 학생들은 함께 효과적으로 학습해야 한다. 효과적인 집단 활동은 집단이 얼마나 잘 기능하는지를 다시 생각해 보는 것에 영향을 받는다. 집단 과정은 집단 활동에 대한 반성적 사고를 하는 것으로 정의될 수 있다. 한 수업이 끝났거나 하루의 일과가 끝났거나, 며칠에 걸친 한 과제가 끝났을 때 반드시 소집단은 자신들의 활동을 반성하는 시간을 갖게 한다.

⑧ 충분한 학습시간을 제공한다. 기존의 정해진 수업시간에 얽매이지 않고 충분한 학습시간을 부여한다.

⑨ 성공 기회가 균등하다. 집단 구성원 개개인의 기본적 능력에 관계없이 구성원 누구에게나 집단의 성공에 기여할 수 있는 기회가 주어져 있다.

⑩ 사회기술이다. 사회적 적응능력과 기술이 부족한 학생들을 소집단으로 구분하고 단순히 협동하라고만 말한다면 그 소집단 학생이 성공을 거두기 어려울 것이다.

(2) 소집단 협동학습의 장단점

최선영(2011)은 초등학교 통합교육 현장의 통합학급에서 모둠 보조 개별화학습을 적용한 후 장애학생과 비장애학생의 수학 학습성취도와 수학 학습태도에 어떠한 영향을 미치는지를 알아본 결과, 모둠보조 개별화학습이 초등학교 통합학급의 장애학생과 비장애학생의 수학 학습성취도 향상에 긍정적 영향을 미쳤고, 수학 학습태도 향상에도 학업수준에 상관없이 긍정적 영향을 미쳤다고 하였다. 양경화와 강옥려(2013) 또한 STAD 협동학습을 적용한 수학 학습이 초등학교 수학 학습부진아의 연산능력과 수학 학습태도에 미치는 영향을 알아본 결과를 통해 STAD 협동학습을 적용한 수학 학습이 초등학교 수학 학습부진아의 연산능력과 수학 학습태도를 향상시킬 수 있는 효과적인 학습전략이라고 보았다. STAD(Student Team Achievement Division)는 Slavin이 고안한 협동학습 전략의 한 가지로, 서로 다른 능력 수준을 가진 소집단의 학습자들이 공유된 학습목표를 성취하기 위해 함께 작업하는 것이다. 소집단 협동학습에 대한 연구결과들을 바탕으로 소집단 협동학습의 장점을 살펴보면 다음과 같다(이중권, 2005).

① 모든 학생이 학습에 참여하여 문제해결에 공헌할 수 있는 기회를 부여받기 때문에 무엇보다 수업이 재미있고 학습의욕이 높아지므로 학습동기가 자연스럽게 고취된다.

② 함께 문제를 해결하는 과정을 통하여 학급 내의 인간관계를 개선함으로써 공동체 의식을 형성할 수 있을 뿐만 아니라 서로를 존중하고 이해하는 폭이 넓어진다.

③ 공동학습이기 때문에 지도력, 협동성, 의사소통 기술 등의 자질을 육성할 수 있다.

④ 부정적 체벌보다 긍정적 보상으로 긍정적인 자아개념을 가질 수 있으며 학습의욕을 고취한다.

⑤ 시너지 효과를 통해 교과에 대한 지식이 증대하여 학업성취 역시 크게 향상된다.

⑥ 학습자 혼자서 문제를 해결하는 데 소요되는 시간과 노력을 줄일 수 있다.

⑦ 학생의 숨어 있는 다양한 재능을 계발하고 격려해 줄 수 있다.

⑧ 협동학습은 교사에게 다양한 수업전략을 제공한다.

하지만 소집단 협동학습에서는 일부 구성원이 학습과정에 참여하지 않으면 전체적으로 학습이 이루어지기 어려우며, 운영 기술이 부족하면 수업이 지나치게 산만하거나 학업 및 학습과제는 소홀히 하고 분위기 또는 집단 활동 과정만을 소중히 여길 우려가 있는 등의 단점 또한 제시되고 있다(이중권, 2005).

지금까지 수학과에 있어서 문제해결 지도를 하기 위한 다양한 평가방법 및 수업전략에 관하여 소개하였다. 그렇다면 이러한 다양한 수업전략은 서로 어떻게 구분되며 그 효과는 어떻게 다를까? 이러한 점에 관하여 기술해 보고자 한다.

　먼저, 주된 적용 대상이 누구인가에 따라 살펴보면, 자기교수 훈련과 인지-초인지 훈련 그리고 표상 훈련을 제외한 다른 문장형 문제해결 교수방법은 대체로 일반 학생을 대상으로 적용된 방법이다. 그러나 컴퓨터 등의 도구를 활용한 방법이나 소집단 협동학습 등 통합교육 지향적인 방법의 특수교육적 가치를 생각해 볼 때 지금까지 너무 제한된 몇 가지 방법만이 특수교육 대상 학생에게 적용되어 왔다고 말할 수 있다. 따라서 이들을 위한 여러 가지 다양한 방법의 시도가 필요하다.

　둘째, 효과성에 있어서는, 메타분석을 한 결과에 따르면(김영표, 2008) 장애학생에게 가장 효과적인 수학과 문장형 문제해결 교수방법은 자기교수법과 인지-초인지 교수-학습법이었다. 따라서 특수교육에서는 대체로 가장 효과적인 교수방법을 적용해 왔다고 말할 수 있다. 하지만 다른 방법들의 가치는 아직 검증되지 않았기 때문에 여러 가지 교수-학습방법을 적용해 보려는 도전적 자세도 필요할 것이다.

　셋째, 이러한 여러 가지 수학과 문장형 문제해결 교수방법은 과연 서로 어떻게 다른 걸까? 사실 이러한 여러 가지 교수-학습방법은 차이점보다도 유사점을 많이 가지고 있다. 지금까지 제시된 모든 방법은 기본적으로 한 가지의 동일한 목적을 가지고 있는데, 그것은 바로 학생들이 문장형 문제를 바르게 이해하고, 그 해결 과정에 관심을 가지고 참여하여 적절한 해결 방법을 찾아 문제를 해결하도록 하기 위한 방법이라는 점이다. 따라서 지금까지 나온 모든 방법을 구분하기 위한 노력을 하기보다는 궁극적으로 다양한 방법을 사용하여 특수교육 대상 학생이 문제해결에 적극적인 관심을 가지고 참여하면서 문제를 해결해 나가는 기쁨을 느낄 수 있도록 도와주는 것이 가장 좋은 교수방법일 것이다.

　수학적 문제해결 학습은 장애학생이 일상생활을 영위하기 위해 필요한 사회적 문제해결력을 수학과라는 교과학습을 통하여 습득시켜 줄 수 있는 매우 중요하면서도 좋은 기회가 된다. 교사가 먼저 학생의 문제해결력에 대한 전반적인 평가와 오류분석에 기초하여 그들의 특성을 이해하고, 다양하고 종합적인 문제해결 교수를 통하여 학생이 이러한 기회에 즐겁고 적극적으로 참여할 수 있도록 하면서 학생의 문제해결력을 극대화시켜 주는 것이 학생에게 물고기를 던져 주기보다는 물고기를 잡는 법을 가르쳐 주어 스스로 생존할 수 있도록 도와줄 수 있는 강력한 기회를 제공하는 것이 될 것이다.

참고문헌

강완, 백석윤(2007). 초등수학교육론. 서울: 동명사.

교육인적자원부(2001). 초등학교 수학과 교사용 지도서. 서울: 서울교육대학교 국정도서 편찬위원회.

구윤숙(2002). 수학일지쓰기가 학습장애아동의 수학문장제 문제해결과 자기효능감에 미치는 영향. 경인교육대학교 교육대학원 석사학위 논문.

김문희(2006). 표상 전략을 활용한 문장제 해결 지도 방안. 동국대학교 교육대학원 석사학위 논문.

김영표(1998). 인지-초인지 문제해결 전략교수가 수학 문장제 문제해결능력에 미치는 효과. 단국대학교 대학원 석사학위 논문.

김영표(2008). 수학 문장제 문제해결력 중재 효과 메타분석. 단국대학교 대학원 박사학위 논문.

김영표(2011). 장애학생의 수학적 문제해결력 향상을 위한 교수방법의 이론과 실제. 월간 실천특수교육, 2-12.

김재창(1998). 문제설정의 접근에 대하여. 단국대학교 대학원 석사학위 논문.

박명진(2007). 수학 일지 쓰기 활동이 문장제 해결력 신장에 미치는 효과. 광주교육대학교 교육대학원 석사학위 논문.

양경화, 강옥려(2013). STAD협동학습을 적용한 수학 학습이 초등학교 수학 학습부진아의 연산능력과 수학 학습태도에 미치는 영향. 한국초등교육, 제24권 제3호 통권 제73호, 153-170.

어문수(2004). 문제설정 교수방법이 학습 부진아의 문제해결력에 미치는 효과에 관한 연구. 국민대학교 교육대학원 석사학위 논문.

연영만(2004). 수학적 의사소통 능력 신장을 위한 수학일지 쓰기 지도 방안. 경인교육대학교 교육대학원 석사학위 논문.

이중권(2006). 수학교육방법 개선을 위한 협동학습 유형 연구. 數學敎育: 한국수학교육학회지시리즈 A, 제45권 제4호 통권 제115호, 493-505

Agran, M., & Wehmeyer, M. (1999). *Innovations: Teaching problem solving to students with mental retardation*. Washington, DC: American Association on Mental Retardation.

Browder, D. M., Ahlgrim-Delzell, L. A., Pugalee, D. K., & Jimenez, B. A. (2006). Enhancing numeracy. In D. Browder & F. Spooner (Eds.), *Teaching reading, math, and science to students with significant cognitive disabilities* (pp. 63-91). Baltimore, MD: Brookes Publishing.

Goldin, G. A. (2002). Representation in mathematical learning and problem solving. In L. D. English (Ed.), *Handbook of international research in mathematics education* (pp. 197-218). Mahwah, NJ: Lawrence Erlbaum Associates, Publishers.

Hutchinson, N. L. (1992). The challenges of componential analysis: cognitive and metacognitive instruction in mathematical problem solving. *Journal of Learning Disabilities, 25*, 249-252, 257.

Joyner, J. M. (1990). Using manipulatives successfully. *Arithmetic Teacher, 38*, 6-7.

Kiewra, K. A. (2005). *Learn how to study and SOAR to success*. Upper Saddle River, NJ: Pearson Prentice Hall.

Kim, J. H. (2003). A review of self-instruction studies for individuals with developmental disabilities. 특수교육학연구, 38(1), 115-142.

Maccini, P., & Hughes, C. A. (2000). Mathematics interventions for adolescents with learning disabilities. *Learning Disabilities Research & Practice, 15,* 10-21.

Mercer, C. D., & Mercer, A. R. (2001). *Teaching students with learning problems.* Upper Saddle River, NJ: Prentice-Hall.

Montague, M. (1992). The effects of cognitive and metacognitive strategy instruction on the mathematical problem solving of middle school students with learning disabilities, *Journal of Learning Disabilities, 25*(4), 230-248.

Montague, M. (1997a). Cognitive strategy instruction in mathematics for students with learning disabilities. *Journal of Learning Disabilities, 30,* 164-177.

Montague, M. (1997b). Student's perception, mathematical problem solving, and learning disabilities. *Remedial and Special Education, 18,* 46-53.

National Council of Teachers of Mathematics (NCTM). (1989). *Curriculum and evaluation standards for school mathematics.* Reston, VA: Author. (ERIC Document Reproduction Service No. ED 344 778)

Reys, R. E., Lindquist, M. M., Lambdin, D. V., Smith, N. L., & Suydam, M. N. (2004). *Helping children learn mathematics* (7th ed.). New York: John Wiley & Sons.

Robinson, F. P. (1978). *Effective study* (6th ed.). New York: Harper & Row.

Souviney, R. J. (1981). *Solving problems kids care about.* Glenview, IL: Scott, Foresman and Company.

Seeger, F. (1998). Representations in the mathematics classroom: Reflections and constructions. In F. Seeger, J. Voigt, & V. Werschescio (Eds.), *The culture of the mathematics classroom* (pp. 308-343). Cambridge: Cambridge University Press.

Zimmerman, B. J., & Martinez-Pons, M. (1988). Construct validity of a strategy model of student self-regulated learning, *Journal of Educational Psychology, 80,* 284-290.

제10장

교수-학습 실제: 생활 수학

  아동의 생활 속에서의 수학(everyday mathematics)은 어디에나 있으며, 이것은 아주 흔한 것이다(Ginsberg, 2006). 우리는 수학을 어려운 계산이나 기술적인 의미의 활동으로 생활과는 거리가 먼 어렵고 추상적인 학문이라고 생각하기 쉽지만, 사실 우리는 생활 속에서 매일 반복적으로 수 세기, 나누기와 같은 수학적 원리를 활용하며 살고 있다. 뿐만 아니라 생활 속에서 수학적 경험이라고 인식하지 않으면 그냥 지나쳐 버릴 수 있는 수많은 상황도 사려 깊게 숙고해 보면 수학적 개념이 그 속에 담겨 있다. 학교에서도 교사와 아동은 매일의 일과 속에서 다양한 수학적 경험을 하고 있다. 그러나 일부 교사나 부모는 종종 일상 속에서의 자연스러운 수학적 경험의 기회를 놓쳐 버리고, 자신이 '교육적'이라고 생각하는 것 이외의 것들에 대해서는 가르치려고 하지 않는다. 하지만 장애 학생은 식사 시간에 식탁을 준비하고, 음식을 담고, 씻는 등의 간단한 활동조차 스스로 하지 않게 되며, 이는 결국 생활 속에서의 귀중한 학습 기회를 놓치는 결과를 초래한다. 아동은 식사 준비를 하면서 가족 수에 맞게 숟가락과 젓가락의 수를 세고 분류하고 일대일 대응에 대해 학습할 수 있으며, 식탁 위의 적절한 위치에 식기를 놓으며 위치의 개념을 알고, 음식을 담으면서 적절한 양을 알고, 손을 씻으며 순서의 개념 등을 자연스럽게 경험할 수 있다. 이러한 일상적인 생활 장면들은 수학을 교육하는 차원에서 매우 중요한 의미가 있다(손은실, 2013).

이 장에서는 먼저 생활 속에서의 수학활동에 대해서 알아보고, 생활 수학의 이론적 토대가 되는 RME(Realistic Mathematics Education)와 수학화 학습의 주요 개념을 제시하고, 생활 수학 교수-학습방법인 생활주제중심 수학교육과 수학적 모델링에 대하여 살펴보고자 한다.

1. 생활 속에서의 수학활동

수학교육의 궁극적인 목적은 일상생활 속에서 발생하는 문제를 수학적 과정을 통해 해결하는 것이고, 다양하게 경험할 수 있는 비형식적인 수학개념을 일상생활에서 일어나는 상황과 사건들의 순서·의미에 연결 지어 알아가는 과정이며(문연심, 2009), 아동이 주변 세계를 탐색하고 논리적으로 추론하며 문제를 해결하는 수학적 사고능력을 길러 주는 것(정정화, 2002)이다. 그러므로 이러한 일상생활 속에서의 비형식적 수학 경험은 아동이 수학적 체계를 구성하는 데 큰 영향을 미칠 뿐 아니라 형식적 수학개념을 구성하는 데 기초가 된다.

아동은 말하기를 배우는 것과 마찬가지로 수학능력 또한 형식적인 교육 없이도 일상생활 속에서 다양한 방법의 수학적 경험을 통해 점차적으로 익혀 간다. 따라서 아동에게 친숙한 상황을 다양한 생활 맥락 속에서 수학 학습으로 연결할 수 있도록 기회를 제공하는 것은 아동이 수학교육에 관한 기초 개념을 배우고 수학적 사고를 형성하는 데 중요하다(손은실, 2013; 이은형, 2005).

특히 이런 일상생활에서의 수학은 학생의 동기적인 측면에서도 중요하다. 수학의 교과 목표에는 수학에 대한 흥미와 관심을 지속적으로 가지게 함으로써 수학적 지식과 기능을 활용하여 합리적으로 문제를 해결하는 태도를 가지게 한다는 정의적 측면이 강조되고 있으나, 대부분의 수학 학습은 인지적 영역에 초점을 둔다. 이는 수학 자체가 인지적 활동을 요하는 사고의 학문이라는 데서 그 원인을 찾을 수도 있지만, 학교 수학은 인지적 학습 못지않게 정의적 학습이 중요하다. 인지적 학습과 정의적 학습은 별개의 독립된 학습이 아니라 어떠한 수학적 내용을 가르치고 배우더라도 항상 결합된 상태에서 이루어진다. 즉, 수학적 문제해결은 인지적 사고 과정과 정의적 특성이 결합된 상태에서 이루어진다(이영경, 2013; 전평국, 1991).

Tyler(1973)는 학업에 있어서 흥미란 동기적 요소를 가진 심리적 요인으로, 학업을 위한 긍정적인 동기를 제공한다고 하였다. 따라서 동일한 수학 개념을 다루더라도 학생이 쉽고 재미있는 실생활과 관련된 여러 가지 문제를 접한다면, 수학을 보다 가깝게 느끼면서 수학이 일상생활과 별개의 교과가 아니라 자기 생활의 일부라는 점을 깨닫게 되어 결국 수학의 유용성을 인식하는 결과로 나타날 것이다(안소영, 2012). 즉, 수학교육에서 실생활의 문제 적용을 도입하는 것은 수학적 개념을 결과로서 전달해 주는 것이 아니라, 수학적 개념이 우리 생활 어디에 쓰이는지를 보여 주고 직접 해 보게 함으로써 학생의 동기를 유발할 수 있으며, 수학을 대중화할 수 있는 중요한 수단이 될 수 있다. 또한 이것은 우리가 실생활을 수학적으로 생각해 볼 수 있게 하는 바탕이 될 것이다(신승윤, 2008).

이와 같이 일상생활에서 일어나는 수학적 상황과 경험을 자연스럽게 수학적인 지식과 연결하는 것은 아동에게 의미 있는 수학 학습의 기회를 제공하므로 수학교육에 있어 가장 적합한 방법이라고 할 수 있다. 따라서 아동의 일상생활과 밀접한 다양한 수학 활동을 일과를 통하여 활성화할 필요가 있다(김성미, 안진경, 2008; 조형숙, 2002).

이와 관련하여, 효과적인 수학 학습을 위해서는 형식적인 수학교육을 위한 특별한 시간을 마련하기보다 일과(예: 간식, 정리정돈 시간 등)를 더욱 유익하고 흥미 있는 경험으로 만들고, 일상생활을 통해 수학적 탐구 활동을 경험할 때 자연스럽게 분류, 서열, 패턴, 수 개념, 공간, 시간 등 수학적 개념을 습득할 수 있다는 연구들이 있다(백소영, 2005; 한유미, 2003; 한효선, 2005).

이런 동향은 외국의 수학교육 변화 동향에서도 찾아볼 수 있다. 미국에서도 학습자로 하여금 그들의 환경과 경험에 근거한 수학 내용을 능동적으로 학습하게 함으로써 스스로의 지식을 형성하도록 하는 방향으로 수학 교육의 개혁이 추진되어 왔다.

이와 관련하여 Clarke(1994)는 수학교사의 전문성 함양을 위한 10가지 방안 중 하나로 학급 활동에 적극적으로 참여하는 교사와 실제적 상황에 있는 학생에게 보다 나은 교육의 변화를 가능하게 할, 의미 있는 학습 활동을 고안 · 계획 · 실행해 볼 것을 제안하였다.

또한 이런 일상생활에서의 수학적 사고과정은 교과 간 수학적 연계성으로도 확장된다. Sheffield와 Cruikshank(2000)는 교사 스스로 수학적 연계성에 관한 사전 지도 방법 없이 교실에 들어감으로써 단절적이고 단편적인 수학을 가르치게 되어 학생에게 그 의미가 퇴색해 버리는 결과를 초래하는 여러 가지 문제점을 제기하였다. 그리하여 교수자나 학습자에게 보다 의미 있는 수학 학습이 되기 위한 제안으로 Evan과 Lappan(1994)은 학습자나 교수자 자신에게 의미 있게 경험된 상황을 수학적 지식의 형성이나 문제해결의 과정에 이용할 것을 이야기하고 있다. 예를 들어, 수학과 예술 디자인은 학생이 생활 장면에서 스스로 탐구해 볼 수 있는 좋은 환경을 제공한다. 카펫의 무늬와 일상생활 속에서의 수학(Masingila, 1995), 건축물과 기하학(Cuoco, Goldenberg, & Mark, 1995), 패턴과 퀼트(수예의 일종) 등은 수학과 예술 간 연계의 좋은 예들이다(김민경, 2000).

이와 관련하여 우리가 주목해야 할 사항은 아동이 일상생활에서 수학적 원리를 적용할 수 있도록 돕는 교사의 역할이다. 일반적으로 아동은 일상생활에서 혹은 놀이를 하면서 나타나는 문제들을 해결하는 수단으로서 수학을 적용해야 할 상황을 접하게 된다. 아동은 자신이 알고 있는 수학적 지식을 익숙한 상황에서는 쉽게 적용할 수 있지만, 익숙하지 않은 상황에서는 쉽게 적용하지 못한다. 또한 아동은 자신의 수학적 발견을 스스로 인식하지 못할 수도 있으며, 수학적 발견을 의미 있는 교육으로 연결하는 데 어려움을 겪거나 실패할 수도 있다.

따라서 일상생활에서의 수학교육이 잘 이루어지기 위해 교사의 역할은 매우 중요하다. 홍혜경(1999)은 교사는 주변에서 자연스럽게 발생하는 일상생활 속에서 수학교육을 연결 지을 수 있는 상황에 민감해야 한다고 하였다. 즉, 아동이 일상 속에 숨어 있는 수학적 경험들을 활용하고 확장할 수 있도록 교사는 아동의 놀이를 항상 주의 깊게 관찰하고 교육적으로 연결할 수 있도록 적절한 개입을 해야 한다는 것이다. 따라서 교사는 아동의 일상적인 대화나 놀이 상황에 숨어 있는 수학적인 개념과 기술을 이해하고 아동의 경험을 구체적인 학습 상황으로 연계함으로써 발달에 도움을 주어야 한다. 이와 같이 수학교육의 동향이나 여러 선행연구에 비추어 볼 때, 아동도 생활 속에서 여러 실제적인 경험을 통하여 스스로 수학적 지식을 구성한다는 것을 알 수 있고, 수학교육은 아동의 삶과 분리되어서는 안 되며, 교사는 아동에게 친숙한 일상과 연계하여 그 속에서 수학을 경험하고 활용할 수 있도록 의미 있는 교육상황을 제공해야 한다는 것을 알 수 있다.

앞서의 논의를 종합하면, 수학교육은 아동이 일상생활 속에서 수학적으로 사고할 수 있는 환경, 그리고 문제 상황을 해결할 수 있는 기회를 반복적으로 제공해야 한다. 또한 교사는 다양한 일과의 맥락에서 분명한 학습 목표를 가지고 수학적 경험을 재조직하고, 의사소통하고, 지속적인 학습과 발달을 지원해야 하며, 이와 같은 일상적인 경험이 수학적 지식과 연결될 수 있도록 해야 한다.

2. 생활 수학의 이론적 토대

생활 수학의 근거가 되는 이론적 토대에는 RME(realistic mathematics education) 이론과 수학화 학습(mathematising learning)이 있다.

1) RME

(1) RME의 정의

RME는 단순히 수학을 어떻게 가르치고 배우는가에 대하여 이론적으로만 이야기하는 교수-학습이론이 아니다. 이것은 수학이란 무엇인가에 대한 관점으로서의 학문관, 수학은 어떻게 이루어지는가에 대한 관점으로서의 학습관, 수학은 어떻게 가르치는가에 대한 관점으로서의 교수관을 모두 통합한다는 측면에서 일종의 수학교육철학이라 할 수 있다(백인수, 2013). RME는 Freudenthal(1973)의 '인간 활동으로서의 수학'이라는 관점을 바탕으로 낮은 수준의 수학에서 더 높은 수준의 수학을 구성해 가는 경험을 강조하는 안내된 재발명과 점진적 수학화, 수준이론, 교수학적 현상학을 그 기본 원리로 삼고 있다(정영옥, 1997).

RME에서 학생은 수학을 받아들이는 대상이 아니라 스스로 행함으로써 수학을 재발명하는 주체가 되며, 학생이 수학 학습 상황을 의미 있게 경험하고 경험을 통하여 스스로 학습 내용을 형성하는 데 중점을 둔다. 더불어 상황과 연결된 문제를 바탕으로 학생이 형식적 수준에서 점차 수학적 도구와 이해를 발전시켜 나가는 것을 목적으로 한다.

RME는 미국 NCTM의 'Standard'와 더불어 20세기 후반 수학교육의 흐름을 주도해 왔으며, 최근 MiC(Mathematics in Context) 교과서에서 비중 있게 반영되었다.

Freudenthal은 왜 현실 또는 현실성(reality)이라는 단어를 사용했을까? 이 단어는 우리의 삶과 동떨어진 전통적 수학교육에 대한 Freudenthal의 저항을 반영한 것이다. 전통적 수학교육에서 먼저 제시되는 이미 완성된 상태로서의 수학적 지식은 분명 이를 처음 배워야 하는 학습자의 현실이 될 수 없다.

음수를 배우지 않은 아동에게 수많은 수학자가 오랜 기간에 걸쳐 정의한 음수 개념을 생소하게 도입할 수 없음은 당연하다. 0이라는 숫자가 유럽 대륙에서 본격적으로 사용되기 시작한 것도 불과 500여 년 밖에 되지 않았다. 비록 음수 개념이 수학자 또는 수학을 가르치는 사람에게는 이미 상식으로 굳어져 지극히 당연한 사실로 받아들여질 수 있지만, 이를 처음 대하는 사람에게는 낯선 우주에서 들려오는 잡동사니 신호에 지나지 않을 것이다(백인수, 2013).

우리가 수학 학습을 통해 겪은 어려움의 대부분은 이와 같이 어느 날 갑자기 불쑥 우리 자신의 세계관 또는 상식과는 배치되는 낯선 개념들과 맞닥뜨린 상황에서 비롯된 것들이다. Freudenthal이 강조한 현실은 완성된 지식을 단편적으로 생소하게 제시하는 전통적인 수학교육의 문제점이다. 즉, 학습자의 현실을 고려하지 않는 수학교육에 대한 비판을 뜻한다. 학습자의 현실을 고려해야만 비로소 학습자의 상식선에서 수학 학습이 이루어짐을 강조한 것이다. 따라서 전통적 수학교육은 위에서 밑으로 내려가는 방식이지만, Freudenthal의 RME는 밑에서 위로 올라가는 방식이라 할 수 있다(박영훈, 2006).

(2) RME 수학 수업의 원리

RME는 수학 수업의 원리로 다음의 6가지를 제시하고 있다(김성여, 2003).

① 활동의 원리(activity principle): 수학적 개념은 '행함으로써 배우는 것'이

최상의 방법이라는 것으로, 학생을 기존에 만들어진 수학을 받아들이는 객체로 보는 대신에 모든 종류의 수학적인 도구를 계발할 수 있고 스스로를 통찰할 수 있는 교육과정의 활동적인 참가자로 여겨야 한다는 학습 원리다.

② 현실의 원리(reality principle): 수학을 배울 때 경험과 분리된 추상적인 것이나 정의로 시작하는 것보다 수학적인 구조화가 녹아 있는 충분한 상황으로 시작하는 것이 바람직하며, 수학이 현실의 수학화에서 발생하는 것과 마찬가지로 수학이 수학화된 현실에서 기원했다는 것을 또한 배워야 한다는 원리다.

③ 단계의 원리(level principle): 수학을 배운다는 것은 학생이 다양한 이해의 단계를 거친다는 것을 의미한다. 이것은 해답과 관련된 비정형적인 상황을 만들 수 있는 능력에서 다양한 단계의 손쉬운 방법이나 도식화를 만들어 내는 것까지, 그리고 바탕을 이루는 원리에 대한 통찰을 획득하고 더 나아가 확장된 관계에 대한 통찰력을 획득하는 것까지 매우 다양한 단계를 가지고 있다. 그 과정에서 초기의 모델에 대한 개념이 지속적인 도움을 줄 수 있다.

④ 학습 내용의 통합 원리(intertwinement principle): 학교 과목으로서의 수학은 여러 가지 학습 요소로 쪼갤 수 있는 성질의 것이 아니라는 것이 RME의 또 하나의 중요한 특징이다. 좀 더 깊은 수학적 관점에 있어서 수학은 분리될 수 없다. 왜냐하면 풍부한 문맥적인 문제를 해결하는 것은 학생이 광범위한 범위의 수학적 도구들과 이해를 응용해야만 한다는 것을 의미하기 때문이다. 이러한 학습 내용의 통합이 가능한 이유는 현상학적 출발, 즉 수학적 구조가 현실적인 현상에 깊은 발생의 근원을 갖고 있기 때문이라고 말할 수 있다. 따라서 학생들은 전체적인 관점에서 여러 가지 수학적 모델을 비교하고 통합할 수 있어야 한다.

⑤ 상호작용의 원리(interaction principle): RME에서 수학을 배운다는 것은 사

회적인 활동으로 간주된다. 교육은 학생이 창안한 것들을 다른 이들과 나누는 기회를 갖고 토론하며 이야기하는 과정에서 반성의 기회를 가질 수 있도록 해야 한다. 그렇다고 전체 학습의 형태만을 강조하는 것이 아니라 다양한 학습 형태에서 이 과정이 필요하다는 원리로서, 여기서 아동들은 개별적인 존재로 간주되며 각각은 개별적인 학습과정을 따른다.

⑥ 안내의 원리(guidance principle): 핵심 원리의 하나로 학생들에게 '안내된' 수학을 '재발명'할 수 있는 기회를 제공한다는 것이다. 이것은 RME에서는 교사와 교육 프로그램 모두가 학생이 지식을 획득하도록 준비된 환경으로 안내하는 데 결정적인 역할을 해야 한다는 것을 의미한다. 즉, 교사는 각종 시나리오를 바탕으로 사고 실험을 거쳐 다양한 변인에 대처할 수 있어야 하며, 학생에게 수학적인 자극을 줄 수 있는 환경을 마련해 주어야 한다.

2) 수학화 학습

(1) 수학화의 정의

Freudenthal(1973)은 수학을 인간의 정신적 활동이라고 할 때 수학적 활동의 본질적 특징을 수학화 활동이라고 보았다. 수학화란 현상을 수학적 수단인 본질로 조직하는 것을 의미하며, 수학화 과정은 현상과 본질의 교대 작용에 의해 수준 상승이 이루어지는 불연속적인 과정인 것이다. 이때 현상이란 현실적인 경험일 수도 있고 수학적인 경험일 수도 있으며, 수학화란 수학자들이 수학적 개념, 아이디어, 구조 등을 포함하는 수학적 수단에 의해 현실의 경험을 조직하거나 수학적 경험을 체계화시켜 나가는 것을 의미한다(정영옥, 1997). 현실의 경험을 수학적 수단으로 조직하는 것은 그러한 정리 수단인 본질을 찾는 것이다. 수학화 과정은 현실을 수학화하는 것을 출발점으로 해서 수학 자체의 수학화로 이어지며, 처음에는 국소적으로 나중에는 전반적으로 진행된다. 따라서 수학화 활동은 수학적 내용과 표현이든 일상용어로 표현된 소박하고 직관적인 현실 체험이든지 간에 모든 수학적인 조직화 활동을 의미한다(박정혜, 2005).

수학화 과정은 현실의 특정한 상황에서 드러나는 수학적 요소를 찾아내는 것에서 시작하여 그것을 수학적으로 세련되게 하는 과정이며, 이런 과정 속에서 현실과 본질의 교대가 계속 반복되면서 조직화되는 과정이다(정영옥, 1997).

(2) 수학화 활동

수학화 활동을 경험시키고자 하는 근본적인 의도는 학생에게 의미를 갖지 못하는 수학의 형식을 처음부터 제시하는 것이 아니라 수학의 여러 가지 내용을 재발명해 보게 함으로써 그 필요성을 알게 하면서 점진적으로 형식화해 나가고자 하는 것, 그리고 수학과 현실을 밀접하게 연결 지음으로써 수학의 유용성을 체험하게 하고자 하는 것이다. 학교 수학에서 경험할 수 있는 수학화의 기본적 활동인 규칙과 패턴 찾기, 추론하기, 정의하기, 일반화, 도식화, 형식화, 알고리즘화, 국소적 조직화를 살펴보면 다음과 같다(김용성, 2000; 백인수, 2013; 정영옥, 1997).

① 규칙과 패턴 찾기

수학의 가장 특징적인 활동이라고 볼 수 있는 것이 규칙과 패턴 찾기다. 이것은 인간이 선천적으로 타고난 특징으로, 수학교육을 받지 않더라도 거의 모든 사람이 규칙과 패턴을 찾을 수 있다. 그러나 수학 내적인 문제뿐만 아니라 좀 더 현실적인 상황에서도 여러 가지 수학적인 패턴과 규칙을 찾을 수 있게 기회를 제공해야 한다.

② 추론하기

추론은 크게 2가지, 즉 직관적 추론과 분석적 추론으로 나눌 수 있다 (Treffer, 1987). 이 둘은 상보적인 관계에 있어서 흔히 분석적 추론에 의해서는 찾을 수 없는 해들이 직관적 추론에 의해서 발견된다.

반면, 분석적 추론은 직관적인 가설을 더욱 명료하게 하는 데 필요하다. 수학교육에서는 주로 분석적 추론을 강조해 왔으나 직관적 추론 또한 강조되어야 하며, 수학화의 역동적인 측면을 경험시키기 위해서는 교재를 구성할 때 추측과 예상을 위한 여지를 남겨 두어야 한다.

③ 정의하기

개념을 정의하는 방법에는 내포적 정의 방법과 외연적 정의 방법이 있다.

내포적 정의는 개념을 생각하는 사람의 의도에 따라 그 개념의 속성으로 정의하는 방법이고, 외연적 정의는 그 개념에 속하는 대상 전체로 정의하는 방법이다. 그러나 무엇보다도 형식적인 정의가 주어지기 전에 학습자는 스스로 정의를 발명해 보는 경험을 통해서 정의의 필요성과 의미 그리고 방법 등을 이해할 수 있도록 해야 한다.

④ 일반화

일반화(generalizing)는 하나의 맥락 속에서 혹은 여러 맥락 속에서 공통적인 성질, 유사성, 서로 유추할 수 있는 것, 동형성 등을 발견하는 등의 핵심적 요소(본질) 찾기를 통해 이루어진다(Freudenthal, 1991). 일반적인 법칙을 발견하는 방법으로 간접적 이해(comprehension)와 즉각적 이해(apprehension)를 들 수 있는데, 간접적 이해는 여러 가지 세부 사항을 모아 일반화하는 것이고, 즉각적 이해는 하나의 전형적 예인 패러다임으로부터 갑작스럽게 깨닫는 '아하' 경험을 통해 수학적 구조를 이해하는 것을 의미한다. 따라서 교사는 적절한 예를 제공하여 다소 시간이 걸리더라도 학생 스스로 일반화할 수 있는 충분한 시간과 기회를 갖도록 해야 한다(Freudenthal, 1978).

⑤ 도식화

도식화(schematizing)란 좁은 의미로는 수학에서 풀이 공식이나 절차를 간소화, 간결화, 단축화하는 것을 의미하지만, 넓은 의미로는 현실에 적합한 수학적 도식, 즉 모델을 찾는 것을 뜻한다. 수학의 성장 단계를 살펴보면, 통찰에 의해 획득된 지식은 도식화 · 기호화되고 그 기능이 확대되어 더 높은 수준으로의 통찰로 전환되어 왔다. 이처럼 통찰에 의해 획득된 지식을 체계적으로 조작 및 표현하는 방식을 찾고 현실에 대해 이상화할 수 있는 단순한 모델을 찾는 과정이 점진적 도식화 과정이다.

⑥ 형식화

형식화는 현대수학의 큰 특징 중 하나다. 수학적인 대상이 추상화될수록 정확한 표현의 필요성이 점점 증가한다. Freudenthal(1991)은 "형식화는 정확한 표현을 위한 도구로서 언어를 의식적으로 사용하는 것"이라고 정의하였다. 형식화는 단어의 형식화와 구문의 형식화로 구분되는데, 단어의 형식화는 단순화라는 특성을 가지며, 구문의 형식화는 체계화라는 특성을 갖는다. 한편, 형식화는 알고리즘의 개발을 촉진한다. 수 언어가 인도, 아라비아, 기호법에 의해 형식화되면서 그 알고리즘적 특성이 부각되었으며 계산법도 형식화되었다. 이러한 형식적인 기호를 도입하기 전에 그 필요성을 인식시키면서 함수 기호를 발명해 본다거나 분수를 나타내는 기호를 인식시키면서 함수 기호를 발명해 본다거나, 인식이 없이 그것을 발명해 보는 식으로 형식화의 경험을 주는 것이 필요할 것이다.

⑦ 알고리즘화

알고리즘화(algorithmising)는 절차의 단축화를 강조하면서 간편한 절차를 만들어 가는 과정을 의미한다. 수학은 산술, 대수, 삼각법, 미적분 등을 비롯한 알고리즘으로 가득 차 있으며, 알고리즘화의 본성을 갖고 있다. 문제는 알고리즘 자체가 자동적으로 다루게 된다는 본성 때문에 학생은 기계적인 사고 방식에 젖어들기 쉬우며, 수학적 사고의 특징인 유연성과 발전적 조작 가능성을 저해하기 쉽다는 점이다. 즉, 학생은 알고리즘화 과정에는 관심이 적으며 알고리즘에 따른 기계적인 계산에 빠지기 쉽다. 따라서 알고리즘을 지도할 때에는 점진적인 형식화가 이루어지도록 하는 것이 중요하며, 알고리즘은 학생의 수준에 맞게 재발명하는 것에 의해 학습되어야 한다.

⑧ 국소적 조직화

공리 체계로 수학을 조직화하는 것은 전체적인 조직화다. 국소적 조직화란 공리에서 출발하는 것이 아니라 '참'이라고 인정되는 사실들로부터 시작해서 부분적으로 조직화되는 것을 의미한다(Freudenthal, 1973). 이는 수학, 물리학뿐만 아니라 모든 과학이 창조되고 응용되는 방식이다. 일반적으로 모든 과학은 암묵적인 정의를 기초로 하는 국소적 조직화로 끝나지만 수학만이 공리 체계라는 전체적인 연역 체계로 구성된다. 따라서 학생 자신이 자명하다고 생각하는 것에 대해 의심하고 자문해 봄으로써 현실이나 수학 자체를 부분적으로 조직화하는 경험을 통해 전체적 조직화의 필요성을 인식하고 그 의미를 이해하게 하는 활동이 요구된다.

(3) 수학화 학습 지도 원리

Freudenthal(1973)은 수학화 학습 지도는 현실을 수학적 수단으로 조직하는 수평적 수학화에 적합한 문맥과 학습 상황을 선정하는 수직적 수학화를 위한 수단과 도구를 활용할 수 있게 안내된 재발명이 이루어지게 하고, 수학의 발생 과정에 따라 풍부한 현실 문맥에서 심상을 구성하게 해서 이를 바탕으로 한 개념의 형성으로 나아가야 한다고 주장하였다. 또한 점진적인 수준의 상승을 위한 여러 가지 현상을 제공하고 교사의 안내에 의해 학생들이 수학화 과정을 재발명해 갈 수 있도록 하기 위해서는 하나의 거시적인 틀이 필요하다고 보았다. Freudenthal(1973)이 제시한 수학화 학습 지도이론으로 안내된 재발명 원리, 교수학적 현상학, 학습 수준 이론, 문맥 수학을 살펴보면 다음과 같다(백인수, 2013).

① 안내된 재발명

Freudenthal(1973)은 수학화 경험을 위한 구체적인 방법으로서 안내된 재발명의 방법을 제시하고 있다. Freudenthal(1973)에 따르면, 학생이 학습해야 할 것은 수학을 만들어 가는 활동, 즉 수학자가 수학을 발명하는 과정을 학생도 경험할 수 있도록 기회를 갖는 것이다. 이 과정이 바로 학생이 스스로 재발명하는 수학화 활동이며, 교사는 학생이 스스로 결과를 찾을 수 있도록 수업을 계획해야 한다.

재발명의 방법에 따른 지도에 앞서, 교사는 가상적인 학생을 상대로 가르치고 학생의 반응을 상상하여 대응 방안을 준비하는 사고실험을 하는 것이 중요하다. 사고실험이란 학생이 주어진 과제를 해결할 때 나올 만한 반응을 예상해 보고 생각해 보면서 가르치는 것을 의미한다. 이를 위해 교사는 인위적인 구체물보다는 자연스러운 상황, 학생이 현실적이고 구체적으로 받아들일 수 있는 맥락을 제시해야 하며, 학생의 현실에서 출발하여 안내에 따라 수학화 경험을 할 수 있게 해야 한다.

② 교수학적 현상학

Freudenthal(1973)에 따르면, 현상학은 수학과 그 응용에 관한 지식을 다루는 것이며, 교수학적 현상학은 이와 더불어 수업에 관한 지식을 요구하는 것을 의미한다. 따라서 특정한 수학적 개념·구조·아이디어인 본질이 창조되고 발전되어 온 현상과 관련시켜 본질을 설명하고, 이러한 본질은 학생들이 학습하는 과정에서 어떻게 획득될 수 있는지를 설명하는 것이다. 특정한 수준에서 현상이 본질로 조직되고 나면, 그 본질은 그다음 수준에서는 현상으로 파악되어 새로운 본질로 조직된다. 현상과 본질의 교대 작용 속에서 본질을 찾아 체계화하고 조직화하는 것이 수학화이며, 근원적인 현상과 본질의 관계를 살피는 것이 수학적 현상학이라면 이런 관계를 교수학적 측면에서 다루는 것이 교수학적 현상학인 것이다(정영옥, 1997).

교수학적 현상학에서는 학생에게 완성된 수학적 구조를 직접적으로 가르치는 것이 아니라 학생의 현실에 맞는 수학적 구조를 조직화된 현상들로 접하게 하여 학생 스스로 재발명 과정에서 문제를 해결할 수 있는 수단을 찾아내도록 한다. 그리고 학생이 찾아낸 수학적 수단을 현상 속에서 다루어 보게 함으로써 수학적 대상에 대한 심상을 구성하게 하며, 그것을 반성을 통한 수준 상승으로 이끌어 나갈 수 있도록 기회를 제공한다(정영옥, 1997).

③ 학습 수준 이론

Freudenthal(1973)의 학습 수준 이론은 한 수준에서의 조작활동이 다음 수준에서는 분석의 대상이 되는 van Hiele의 학습 수준 이론에 기초하고 있다. Freudenthal은 van Hiele의 제1수준에 해당하는 초기 수준인 바닥 수준으로부터의 점진적인 수학화를 주장하며 바닥수준에서의 활동을 탐구 수준의 활동과 구분하여, 실제 수학을 하는 것은 아니지만 탐구수준에서 수학을 할 준비를 하는 예비 활동으로 간주해야 한다고 보고 있다. 학생의 학습과정은 바닥수준의 활동이 탐구수준에서 반성됨으로써 비로소 수학이 시작되는 것이며, 학생의 현실적 경험을 수학화해 좀 더 세련된 수학으로 발달시키는 것이다(정영옥, 1997).

④ 문맥 수학

수학은 수학화를 통해 이루어지며, 수학화는 현실을 조직화하는 것에서 시작된다. 따라서 학생에게 현실을 수학화하게 하는 경험을 제공하는 것이 중요하다. 단순한 문제해결 위주의 수업을 하는 것이 아니라 학생에게 풍부한 맥락을 제시하여 수학화가 이루어질 수 있도록 하는 수업을 해야 한다. 맥락이란 특정한 구체적인 수업 과정에서 학생에게 수학화되어야 할 현실을 의미한다. 이것은 학생의 현실을 분석하여 수학을 포함한 현상을 찾아내고 그러한 현상을 교수학적으로 정리한 것이다. 따라서 교사는 아무리 추상적인 수학이라도 현실적이고 구체적인 맥락에서 시작해야 한다(안지연, 2009).

3. 생활 수학 교수-학습방법

1) 생활주제중심 수학교육

아동은 일상생활 속에서 사물의 수를 세어 보고, 친구와 과자를 나누어 가지면서 수에 대한 체계화되지 않은 개념을 경험하게 된다. 이러한 개념은 아동 스스로가 환경 속에서 능동적으로 구성하는 것이다. 아동의 일상생활 경험에서 나오는 직관적 · 감정적 · 암묵적 지식이 과학적 개념 발달에 결정적 역할을 한다(Vygotsky, 1986). 이러한 방식으로 일상생활 속의 주제들을 통해 수학능력의 향상을 도모하는 수학교육이 생활주제중심 수학교육이다(정은미, 2014).

생활주제중심 아동 수학교육의 목적에 대해 구체적으로 살펴보면 다음과 같다(이영자, 이기숙, 이정욱, 1999).

첫째, 아동에게 일상생활에서 수학적 상황을 구성해 가게 하는 경험을 제공하고, 아동이 탐색과 발견, 문제해결을 하는 데 수학을 사용할 수 있도록 하는 것이다. 이는 곧 아동이 지니고 있는 수학에 대한 자발적인 흥미를 자극하고, 자신의 비형식적 수학을 보완하고 심화하도록 도와주는 것이다. 교사는 아동의 직관적이며 비형식적인 수학적 이해가 확장될 수 있도록 아동의 사고가 수학적으로 보다 명료하게 표현될 수 있는 환경을 제공하여야 한다.

둘째, 아동이 자신의 수학 학습에 대한 자신감을 지닐 수 있도록 하는 것이다. 아동이 수학을 배울 수 있고, 수학을 사용할 수 있다는 자신감을 지닐 때 수학에 대한 긍정적인 인식과 태도를 지니게 되고, 수학 학습에 대해서 동기 유발이 된다.

셋째, 아동이 자신의 수학적 추론과 아이디어를 말로 설명하거나 글로 써서, 또는 그림이나 그래프, 차트, 구체물을 사용하여 전달함으로써 다른 사람의 아이디어를 이해할 수 있도록 하는 것이다.

넷째, 아동이 수학이 가치있는 것임을 배우도록 하는 것이다. 아동은 수학이 자신에게 의미가 있고 배울 가치가 있는 것이라고 느낄 때 흥미를 가지고 즐겁게 수학에 접할 수 있다. 실생활에서 자신에게 중요한 문제의 해결과 관련하여 수학 학습이 이루어질 때 아동은 수학의 가치를 인식하게 된다.

이러한 목적을 통해서 아동은 수학적 가치, 즉 수학이 무엇인지, 수학을 알고 수학을 한다는 것이 무슨 의미인지에 대한 신념을 형성하게 된다.

생활주제중심 수학교육은 아동이 일상생활에서 접하는 문제를 수학적 사고와 추론에 의해 논리적으로 해결하는 능력을 기르게 하는 데 중점을 둔다. 내용은 수와 연산의 기초 개념 알아보기, 공간과 도형의 기초 개념 알아보기, 기초적인 측정하기, 규칙성 이해하기, 기초적인 자료 수집과 결과 나타내기 등 5가지로 구성되어 있다(교육과학기술부, 보건복지부, 2012; 정은미, 2014).

첫째, 수와 연산의 기초 개념 알아보기다. 이는 아동이 생활 속에서 다양하게 수를 경험하면서 수에 대한 이해를 발달시키고, 기초적인 수와 연산의 개념을 형성하도록 하는 것을 그 내용으로 한다. 아동은 생활 속에서 수가 여러 가지 의미로 사용된다는 것을 알게 되고, 물체 세기를 통해 수량을 인식한다. 또한 구체물을 사용하여 수들 간의 관계를 알아보며, 더하고 빼는 경험을 하면서 수와 연산에 대한 기초개념을 형성한다.

둘째, 공간과 도형의 기초 개념 알아보기다. 이는 공간 안에서 위치와 방향을 인식하고 주변 물체들의 형태를 변별하면서 도형에 대한 초보적인 이해를 발달시키는 것을 그 내용으로 한다. 아동은 자신이나 물체의 위치와 방향을 인식하고, 보는 위치에 따른 공간적 차이를 알아간다. 또한 시각적 · 촉각적 탐색을 통해 기본 평면도형 및 입체도형의 특징을 알아보고, 도형을 나누거나 합하여 여러 가지 모양을 구성할 수 있다.

셋째, 기초적인 측정하기다. 이는 아동이 일상생활에서 측정 가능한 속성에 따라 사물이나 상황을 비교하고, 순서를 지어 보며, 임의 단위를 사용할 수 있도록 하는 것을 그 내용으로 한다. 측정은 길이, 크기, 무게, 들이 등의 속성을 비교하고 순서 짓는 것에서 시작하여, 더 나아가 사물이 지닌 속성의 크기 기준량을 정하여 수치로 나타내는 것이다. 이러한 기초적인 측정하기를 통해 아동은 스스로 탐색한 환경의 순서와 질서를 세워 간다.

넷째, 규칙성 이해하기다. 이는 아동이 생활 주변에서 사물이나 사건의 양상이 일정한 순서로 반복 배열되는 것을 이해하도록 하는 것을 그 내용으로 한다. 아동은 타일이나 벽지의 무늬, 포장지의 그림 등에서 반복되는 규칙을 발견하고, 밤과 낮, 요일, 사계절, 유치원 · 어린이집의 일과 같은 변화에서도 규칙성을 인식한다. 아동은 규칙성을 이해함으로써 사물의 관계를 파악하고 숨은 질서와 규칙을 발견하여 그다음 상황을 예측할 수 있게 된다.

다섯째, 기초적인 자료 수집과 결과 나타내기다. 이는 일상생활에서 탐구하고자 하는 문제를 해결하기 위해 필요한 자료를 모으고, 정리하고, 결과를 나타내고, 해석하는 여러 과정을 포함하며, 아동 수준의 기초 통계와 관련된 부분으로서 초등학교 교육과정의 '확률과 통계'와 연계된다. 아동은 탐구하려는 문제를 해결하기 위해 자료를 수집하고 수집한 자료의 결과에 기초하여 특성과 경향성을 파악하게 된다.

〈표 10-1〉은 생활주제중심 수학교육 활동안의 구체적인 예시를 보여 주고 있다.

표 10-1 생활주제중심 수학교육 활동안의 예

활동 시기	4월 4주	수학 요소	수와 연산
활동 주제	나무 열매 가게		
활동 목표	• 나무가 주는 열매 중 우리가 먹을 수 있는 열매에 대해 안다. • 두 개의 숫자를 빼서 작은 수를 만들 수 있다. • 수를 더하는 구체적인 경험을 한다.		

활동 내용	준비물
① 나무가 우리에게 주는 열매에 대해 이야기를 나눈다. 　- 나무가 우리에게 어떤 열매를 주지? 　- 나무 열매로 우리가 무엇을 만들 수 있을까? 　- 나무 열매를 어떻게 먹었니? 무슨 맛이 났어? ② 가게 놀이를 원하는 학생의 의견에 따라 우리가 먹어 본 열매를 역할놀이에 배치하여 돈을 주고 사 먹을 수 있는 나무 열매 가게를 만든다. 　- 어떤 열매를 가져올 수 있을까? 　- 우리는 어떤 열매를 만들어 볼까? ③ 나무 열매 가게의 물건의 위치와 가격을 학생이 직접 정한다. 　- 어떤 물건을 어디에 놓으면 좋을까? 　- 이 물건의 가격으로는 어떤 숫자가 좋을까? 　- 차를 만들어 먹을 수 있는 열매로는 무엇이 있을까? 　- 나무 열매 가게 물건의 가격을 정한다. 　- 물건의 가격은 1, 2, 3, 4, 5 중에 정한다. ④ 나무 열매 가게 놀이를 하기 위한 역할을 나눈다. 　- 주인은 무엇을 해야 할까? ⑤ 나무 열매 가게 놀이를 한다. 　- 학생에게 숫자 돈은 6, 7, 8, 9, 10을 주어 물건을 구입할 때 거스름돈을 받을 수 있도록 한다	• 나무 열매(오미자, 대추, 밤, 사과) • 종이컵 • 숫자 돈(1~10)

⑥ 놀이를 평가한다.

⑦ 추후활동으로 숫자 돈을 빼기 어려워하는 학생을 위해 숫
자판을 만들어 본다.

출처: 박선영(2012). 주제 중심 통합 수학활동이 유아의 수학능력 및 수학적 태도에 미치는 영향. 덕성여
자대학교 대학원 석사학위 논문, pp. 87-88.

2) 실생활 문제해결을 위한 수학적 모델링

현재 실제적 상황에 적용되는 수학에 대한 탐구는 주로 이미 수학적 상황
으로 표현된 문제만을 해결하는 정도로서 그 수준이 극히 미미한 실정이다.
따라서 대부분의 학생이 수학이 어떻게 실생활에 적용되는지를 알지 못할
뿐만 아니라 수학 학습 자체에도 회의를 느끼며 흥미를 잃는다. 이는 실생
활 문제에 직면하게 될 때 학생이 알고 있는 수학적 지식을 실생활 상황에
적용할 수 있는 능력을 결여시켜 문제해결에 어려움을 느끼게 한다(김희선,
2007). 이러한 문제 상황을 해결할 수 있는 방법이 바로 수학적 모델링이다.

수학적 모델링이란 현실 상황에 대응하는 것으로 간주되는 수학적 구조
를 형식화하는 과정이다. 수학적 모델링은 많은 기술을 요구하며, 해석과
분석, 통합이라는 높은 인지적 활동을 사용하는 체계적 과정이다.

Blum과 Niss(1991)는 수학적 모델링을 학교 교육과정에 도입해야 하는
필요성을 다음과 같이 여러 관점에서 주장하고 있다.

첫째, 형성적 관점으로, 수학적 모델링은 수학적 상황만을 다루지 않고
실제적 상황에서의 수학의 응용과 문제해결의 수행을 강조함으로써 보다
일반적인 능력과 태도를 개발시킬 수 있다.

둘째, 비판적인 능력의 관점으로, 수학의 응용과 모델링은 수학적 필요가
점점 증대되는 사회에서 학생이 개인으로서 그리고 사회인으로서 비판적인
능력을 가지고 살아갈 수 있도록 준비하도록 도와준다. 즉, 사회적으로 의미

가 있는 문제에 대한 해를 포함한 수학의 실제적인 사용을 인식 · 이해 · 분석 · 판단하기 위해 독립적으로 바라보고 판단하는 것을 가능하게 해 준다.

셋째, 실용적인 관점으로, 수학교육은 학생이 문제해결이나 비수학적인 영역 또는 분야를 기술하기 위해서 수학을 사용할 수 있게 도와주어야 하는데, 수학적 모델링은 바로 수학이 도구가 되는 다양한 상황에서 학생이 스스로 문제를 인식하고 해결할 수 있게 해 준다.

넷째, 수학에 대한 틀이라는 관점에서, 수학의 응용과 모델링 그리고 문제해결은 학생이 전체적인 수학의 틀에 대해 풍부하게 이해할 수 있게 하는 기회가 된다. 일반적으로 수학적 모델링은 모델을 설정해서 해를 구해 실제 상황과 비교해 보고 다시 모델을 구성하여 앞의 과정을 반복하는 과정이며, 그 답도 정확하거나 유일하지 않기 때문에 수학이라는 학문 역시 여러 번의 시행착오를 거쳐 완성된 학문이고 다시 반복하여 수정 가능하다는 인상을 심어 줄 수 있다.

다섯째, 수학 학습의 증진이라는 관점에서, 수학교육에서 문제해결, 응용과 모델링 그리고 활동의 통합은 학생에게 동기와 수학적 연구들의 관련성을 제공함으로써 학생이 수학적 개념 · 방법 · 결과를 익히고 기억할 수 있도록 도와준다. 이것은 수학을 가르칠 때, 어려서부터 되도록 많은 실세계 맥락의 문제를 다루어야 하며, 일회성이 아니라 끊임없이 실제에서 출발하여야 한다는 RME의 관점과 일맥상통한다.

한편, NCTM(1996)에서는 수학적 모델링 과정을 다음의 네 단계로 제시하고 있다([그림 10-1] 참조).

- 1단계: 현상을 관찰하고 그 현상의 고유한 특성을 문제 상황으로 기술하며, 그 문제에 영향을 주는 중요한 요소를 찾는다.
- 2단계: 현상에 대한 모델을 얻기 위해 요소들 사이의 관계에 대하여 가설을 세우고, 수학적으로 그것을 해석한다.

- 3단계: 적절한 수학적 분석을 모델에 적용한다.
- 4단계: 결과를 얻고 그 현상의 문맥 속에서 결과를 재해석하여 결론을 이끌어 낸다.

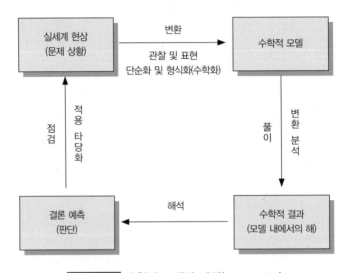

그림 10-1 수학적 모델링 과정(NCTM, 1991)

출처: 이영경(2013). 실생활 문제를 통해 학생들의 흥미유발을 목적으로 하는 서술형 수행평가 문항 개발 – 고등학교 1학년 교과과정을 중심으로 –. 고려대학교 대학원 석사학위 논문, p. 23.

그리고 김수미(1993)는 수학적 모델링과 그 단계에 대해서 다음과 같이 설명하였다. 수학적 모델링은 수학적 상황만을 다루지 않고 실세계 상황, 수학적 상황을 모두 다루고 있으며, 학생으로 하여금 실제 사용되는 수학 예와 사회적으로 중요한 문제에 주어진 해를 스스로 판단·인식·이해·분 석· 평가하게 해 줌으로써 학생의 비판적 능력을 키워 준다. 이를 통해 수학이 사회에서 실제적으로 과학적인 것에 유용하다는 것을 인식할 수 있으며, 평소 수학에 매력을 느끼지 않고 있거나 수학이 자신의 삶에서 명시적인 관련성을 갖고 있지 않다고 생각하는 학생에게 수학적 활동이 가치 있는 것임을 확신시킴과 동시에 그들의 학습동기를 유발할 수 있다. 또한 수학적 아이디어 · 개념 · 방법 · 이론을 획득하고 이해하도록 도와주고 그것을 설명 · 해석할 수 있도록 기회를 부여함으로써 수학적 기능을 연마할 수 있다.

수학적 모델링의 단계는 다음과 같다.

첫째, 문제 이해 단계로, 제시된 문제를 읽고 이해하는 단계다. 주어져 있는 조건과 구해야 할 것을 파악한다.

둘째, 문제의 이상화 단계로, 실세계 상황 문제에서 중요한 특성을 찾는 단계다. 문제 파악 시 문제해결적 측면에 초점을 맞춰 현실 문제에서 유용한 요소를 추출하여 문제를 단순화함으로써 정확하고 간단하게 표현한다.

셋째, 수학적 모델 형성 단계로, 실제 모델을 수학적 모델로 바꾸는 단계다. 이 단계를 '수학화'로 부른다. 즉, 수학화 단계는 실제 모델에서 가장 중요하다고 간주되는 요소들과 관계들을 수학적 대상과 그 사이의 관계로 바꾸어 놓는 단계다. 비수학적 상황에서의 일상적인 질문이 수학적 질문으로 바뀌는데, 이 단계는 학생이 많이 난해하다고 여기므로 교사의 적절한 안내가 필요하다.

넷째, 수학적 추론의 단계로, 수학적 방법을 통해 수학적 결과 및 결론을 도출한다. 형성된 수학적 모델에 수학적 방법과 기술(추론, 분석, 풀이, 평가 등)을 이용해 모델에 근거한 결론을 추론한다.

다섯째, 재해석 단계로, 추론된 결론을 원래의 문제 상황과 관련지어 그 상황의 결과와 결론으로 해석한다. 수학화 단계에서는 실제 상황을 수학적 상황으로 바꾸는 사고 작용을 하는 반면, 이 단계에서는 그것의 역사고[逆思考] 작용을 한다.

여섯째, 실제와의 비교 단계로, 실제 상황에서 수학적 결론이 적절하지 않을 경우에는 모델 자체를 수정한다. 기존의 이론과는 다른 모델과 비교해 가면서 모델을 평가하여 실제 상황에 적합한 모델을 찾는다.

〈표 10-2〉는 수학적 모델링을 활용한 수학교육 지도방안의 구체적인 예

시를 보여 주고 있다.

표 10-2 수학적 모델링을 활용한 수학교육 지도방안의 예

문제	패스트푸드점에서 일을 하는 데 시간당 2,000원을 준다고 한다. 주급으로 급료를 지불한다고 할 때 적어도 일주일에 40시간 이상 근무를 해야 하며, 40시간 초과 시 시간당 급료의 1.5배를 더 준다고 한다. 주급 110,000원을 받았을 때 한 주간의 근무 시간은 몇 시간인가?		
단원	8-가-VI. 함수	대상	중학교 2학년
소단원	일차함수의 활용	학생 수	24명
수업 형태	소집단 협동학습(과제 중심 협동학습)	모둠 수	4모둠
학습 목표	일차함수의 개념을 이해하고 활용하여 실생활의 여러 가지 문제를 해결할 수 있다.		
소집단 협동학습의 활동	① 소집단 협동학습 모둠의 조직 • 조직 인원 수: 6명 • 능력별 조직: 상 2명(문제 3), 중 2명(문제 2), 하 2명(문제 1) • 순환식 모둠장의 선정 ② 소집단 협동학습 중심의 수업 전개 • 과제 선정: 일차방정식과 일차함수에 관련된 3문제 선정 • 원래 모둠 조직: 24명을 6명으로 나누어 4모둠 • 전문가 학습지 배포: 문제 1, 문제 2, 문제 3 학습지 • 전문가 활동의 이해: 각 문제를 모둠 구성원 2명씩에게 할당하게 되며, 같은 문제를 맡은 구성원들은 그 문제에 한하여 전문가가 된다. • 단원 전체 읽기: 문제를 풀어 보는 시간을 갖고 자신이 맡은 문제를 중심으로 읽고 이해하며 문제를 해결한다. • 전문가 모둠: 각 전문가 모둠 구성원, 즉 각 모둠에서 문제 1을 할당받은 학생들의 모임이다. 각 전문가 모둠 구성원들이 모여서 Pólya의 문제해결 과정을 바탕으로 수학적 모델링 단계를 통해 답안을 작성한다. • 원래 모둠의 재소집: 전문가 모둠 활동이 끝나면 원래 자신의 모둠에 돌아가서 자신에게 할당된 문제의 답을 다른 구성원들에게 가르쳐 준다. • 퀴즈: 모둠 학습이 끝나면 단원 전체에 대해 개인적으로 평가한다. • 보상: 학급신문이나 게시판에 모둠의 성적을 공고한다.		

(계속)

단계	수학적 모델링 단계	교수-학습 활동		비고
		교사	학생	
이해	문제의 이해	▶구하고자 하는 것은 무엇입니까? ▶일을 하는 데 시간당 받는 금액은 얼마입니까? ▶급료는 어떻게 지불하며 최소한 일주일에 몇 시간을 근무해야 합니까? ▶주어진 조건은 무엇입니까?	▶주급 110,000원을 받았을 때, 한 주간 근무 시간입니다. ▶시간당 받는 금액은 2,000원입니다. ▶주급으로 급료를 지불한다고 하며 적어도 일주일에 40시간 이상 근무를 합니다. ▶40시간 초과 시 시간당 급료의 1.5배를 더 준다고 합니다.	문제를 파악할 수 있도록 읽게 한다.
계획	문제의 이상화 수학적 모델	▶일주일 동안 40시간을 일하게 된다면, 얼마의 비용을 받게 되는 것입니까? ▶40시간을 초과해서 몇 시간 더 일했다면, 받게 되는 금액만 언어적 모델로 표현하면 무엇입니까? ▶만약 40시간 초과해서 2시간 더 일했다면 초과되는 금액은 얼마입니까? ▶한 주간 일한 총 시간은 t시간이라고 하고 초과시간은 $t-40$시간이라 할 때 초과 시 받게 되는 금액을 식으로 나타내어 보세요. ▶주급을 s라 하면 한 주간 일한 총 시간을 t, 초과시간을 $t-40$시간이라고 할 때, s를 t에 관한 식으로 나타내어 보세요.	▶시간당 급료×40시간 하면 되므로 2,000원×40시간 해서 80,000만원을 받게 됩니다. ▶1.5배×시간당 급료×초과 시간입니다. ▶1.5배×2,000원×2시간을 계산하면 6,000원입니다. ▶식으로 나타내면 1.5(2,000)(t-40)입니다. ▶s=2,000(40)+ 1.5(2,000)(t-40)입니다.	자유롭게 의사를 발표할 수 있게 학생의 의견을 경청한다.

(계속)

	수학적 추론	▶주어진 문제에서 s에 해당하는 것은 무엇입니까? ▶한 주간 110,000원을 벌었을 때, 총 일한 시간을 계산해 볼까요?	▶주급 110,000원입니다. ▶110,000 = 2,000(40) + 1.5(2,000)(t−40) 입니다. 계산하면 t=50 입니다.	학생이 자기주도적으로 문제를 해결하게 한다.
실행	재해석	▶주급 110,000원을 받았을 때, 한 주간 근무시간은 몇 시간입니까?	▶t=50이므로 한 주간 총 50시간을 일했습니다.	
반성	실제와의 비교	▶결과를 점검해 보도록 합시다. ▶결과를 다른 방법으로 이끌어 낼 수 있는지 생각해 봅시다.	▶실제적인 문제 상황에서 모델링한 수학적 모델은 어떠한 제약조건 없이 타당하다.	

출처: 함은규(2004). 수학적 모델링과 협동학습을 통한 문제해결력 지도방안에 관한 연구. 성신여자대학교 대학원 석사학위 논문, pp. 29-32.

참고문헌

교육과학기술부, 보건복지부(2012). 5세 누리과정 해설서. 세종: 교육과학기술부, 보건복지부.

김민경(2000). 창조적 지식기반사회 구축을 위한 초등수학과 실생활과의 연계 지도방안 연구. 학교수학, 2(2), 389-401.

김성미, 안진경(2008). 가정과 연계된 일상경험을 통한 수학적 탐구활동이 유아의 수학적 능력에 미치는 영향. 한국생활과학회지, 17(5), 821-833.

김성여(2003). 네덜란드 교과서를 활용한 초등 수학 수업 연구: 현실적 수학 교육 원리의 적용 및 탐구를 위하여. 서울교육대학교 교육대학원 석사학위 논문.

김수미(1993). 중등학교에서의 수학적 모델링에 관한 고찰. 서울대학교 대학원 석사학위 논문.

김용성(2000). 문제 상황을 기초로 한 수학화 경험이 수학적 신념과 문제해결력에 미치는 효과. 한국교원대학교 대학원 석사학위 논문.

김희선(2007). 수학적 모델링을 통한 수학의 학습과 지도. 경성대학교 교육대학원 석사학위 논문.

문연심(2009). **통합적 접근에 기초한 영유아 수학교육.** 파주: 양서원.

박선영(2013). 주제 중심 통합 수학활동이 유아의 수학능력 및 수학적 태도에 미치는 영향. 덕성여자대학교 대학원 석사학위 논문.

박영훈(2006). 맥락기반 수학프로그램인 'Mathematics in Context'의 학교적용 효과성 연구. **열린교육연구,** 14(2), 23-40.

박정혜(2005). Freudenthal의 수학화 학습이론에 근거한 기하단원의 학습 자료 개발 및 적용에 관한 사례연구: 7단계를 중심으로. 한국교원대학교 대학원 석사학위 논문.

백소영(2005). 일상생활자료를 활용한 수학적 탐구활동이 유아의 수학개념 및 태도에 미치는 영향. 중앙대학교 교육대학원 석사학위 논문.

백인수(2013). RME를 적용한 수학화 학습의 효과 분석: 초등학교 5학년 측정 영역을 중심으로. 대구교육대학교 교육대학원 석사학위 논문.

손은실(2014). 일상생활 속에서의 수학활동이 만 3세 유아의 수학능력에 미치는 영향. 이화여자대학교 대학원 석사학위 논문.

신승윤(2008). 중학교 수학 교과서의 실생활 관련 문제에 관한 연구. 목포대학교 교육대학원 석사학위 논문.

안소영(2012). 고등학교 1학년 교과서의 실생활 관련 문제 분석. 고려대학교 대학원 석사학위 논문.

안지연(2009). RME 이론에 기반을 둔 기하단원의 개념 지도 방법의 지도 사례 연구. 단국대학교 대학원 석사학위 논문.

이영경(2013). 실생활 문제를 통해 학생들의 흥미유발을 목적으로 하는 서술형 수행평가 문항 개발: 고등학교 1학년 교과과정을 중심으로. 고려대학교 대학원 석사학위 논문.

이영자, 이기숙, 이정욱 (1999). **유아교수 · 학습방법.** 서울: 창지사.

이은형(2005). 생활경험 중심의 수학적 문제해결활동이 유아의 수학적 문제해결력 및 태도에 미치는 영향. 중앙대학교 대학원 석사학위 논문.

전평국(1991). 정의적 특성이 수학적 문제해결에 미치는 영향. **수학교육,** 30(3), 25-38.

정영옥(1997). Freudenthal의 수학화 학습-지도론 연구. 서울대학교 대학원 박사학위 논문.

정은미(2014). 몬테소리와 생활주제중심 수학교육 프로그램이 유아 수학능력에 미치는 효과: 언어이해력의 중재효과를 중심으로. 한양대학교 대학원 석사학위 논문.

정정화(2002). 유치원 교육활동 지도 자료집의 수학교육내용 분석. 중앙대학교 교육대학원 석사학위 논문.

조형숙(2002). 유아수학교육의 새로운 방향. 한국유아교육학회 제28회 유아교육교사 연수, 미간행 연수 자료집, 25-44.

한유미(2003). 유아수학교육. 서울: 창지사.

한효선(2005). 간식시간을 통한 수학활동이 유아의 수학능력에 미치는 영향. 성균관대학교 대학원 석사학위 논문.

함은규(2004). 수학적 모델링과 협동학습을 통한 문제해결력 지도방안에 관한 연구. 성신여자대학교 대학원 석사학위 논문.

홍혜경(1999). 유아의 수 표상능력 발달에 관한 분석과 교육적 활용. 유아교육연구, 19(2), 95-118.

Blum, W., & Niss, M. (1991). Applied mathematical problem solving, modelling, applications, and links to other subjects-state, trends and issues in mathematics instruction. *Educational Studies in Mathematics, 22*, 37-68.

Clarke, D. (1994). Ten key principles from research for the professional development of mathematics teachers. In D. B. Aichele & A. F. Coxford (Eds.), *Professional development for teachers of mathematics* (pp. 37-48). NCTM 1994 Yearbook. Reston, VA: National Council of Teacher of Mathematics.

Cuoco, A. A., Goldenberg, E. P., & Mark, J. (1995). Connecting geometry with the rest of mathematics. In P. A. House & A. F. Coxford (Eds.), *Connecting mathematics across the curriculum* (pp. 183-197). NCTM 1995 Yearbook. Reston, VA: National Council of Teacher of Mathematics.

Evan, R., & Lappan, G. (1994). Constructing meaningful understanding of mathematics content. In D. B. Aichele & A. F. Coxford (Eds.), *Profes-*

sional development for teachers of mathematics (pp. 128-143). NCTM 1994 Yearbook. Reston, VA: National Council of Teacher of Mathematics.

Freudenthal, H. (1973). *Mathematics as an educational task*. Dordrecht: Kluwer Academic Publishers.

Freudenthal, H. (1978). *Weeding and sowing: Preface to a science of mathematical education*. Dordrecht: D. Reidel Publishing Company.

Freudenthal, H. (1991). *Revisiting mathematics education: China lectures*. Dordrecht: Kluwer Academic Publisher

Ginsburg. H. P. (2006). Mathematics play and playful mathematics: A guide for early education. In Dorothy G. S, Roberta M. G, & Kathy Hirsh-Pasek(Eds.), *Play=learning: How play motivates and enhances children's cognitive and social-emotional growth* (pp. 145-165). New York: Oxford University Press.

Masingila, J. O. (1995). Carpet laying: An illustration of everyday mathematics. P. A. In House & A. F. Coxford (Eds.), *Connecting mathematics across the curriculum* (pp. 163-169). NCTM 1995 Yearbook. Reston, VA: National Council of Teacher of Mathematics.

National Council of Teacher of Mathematics. (1996). *Curriculum and evaluation standards for school mathematic*. Reston, VA: National Council of Teachers of Mathematics.

Sheffielf, L. J., & Cruikshank, D. E. (2000). *Teaching and learning elementary and middle school mathematics*. New York: John Wiley & Sons.

Treffers, A. (1987). *Three dimension: A model of goal and theory description in mathematics education—The Wiscobas project*. Dordrecht: Kluwer Academic Publishers.

Tyler, R. W. (1973). Assessing educational achievement in the affective domain, *Measurement in Education, 4*, 1-8.

찾아보기

인명

내용

저자 소개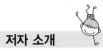

이병혁(Lee Byung-hyuk)_1장, 4장, 6장
단국대학교 대학원 특수교육 전공(교육학 박사)
현 극동대학교 중등특수교육학과 교수

〈저서 및 논문〉
『통합교육 효율화를 위한 장애아동 수학지도 방법』(공역, 시그마프레스, 2009)
「'인지적으로 안내된 교수'가 정신지체 학생들의 덧셈 · 뺄셈 문장제 문제 해결에 관
　　한 연구」(공저, 2009) 외 다수

김영표(Kim Young-pyo)_2장, 7장, 9장
단국대학교 대학원 특수교육 전공(교육학 박사)
현 한국교통대학교 교육대학원 특수교육 전공 교수

〈저서 및 논문〉
『통합교육 효율화를 위한 장애아동 수학지도 방법』(공역, 시그마프레스, 2009)
「장애학생의 수학적 문장제 문제해결에 관한 교수방법의 중재효과」(공저, 2008)
「특수교육 기본 교육과정 수학과와 일본 지적장애 교육과정 수학과의 내용 비교」(공
　　저, 2012) 외 다수

홍성두(Hong Sung-doo)_3장, 8장, 10장
서울대학교 대학원 특수교육 전공(교육학 박사)
현 서울교육대학교 유아 · 특수교육과 교수

〈저서 및 논문〉
『특수교육 수학교육론』(공저, 교육과학사, 2011)
「중재반응모형을 활용한 수학 학습장애 위험군의 하위유형 분류 가능성 탐색―잠재
　　성장계층분석을 중심으로」(공저, 2011) 외 다수

박경옥(Park Kyung-ok)_5장
단국대학교 대학원 특수교육 전공(교육학 박사)
현 대구대학교 초등특수교육과 교수

〈저서 및 논문〉
『뇌성마비학생을 위한 컴퓨터 접근의 실제』(공저, 학지사, 2012)
『아동의 수학발달: 연구와 실제의 적용』(공역, 학지사, 2012)
「지체 및 뇌성마비학생의 비상징적 의사소통행동 평가척도(AINC-PD) 타당화 및 유
　　형화」(2011)
「특수교육 교수학습과정안 평가 준거(안) 개발」(공저, 2014) 외 다수

장애 아동·청소년을 위한 수학교육
Teaching Mathematics for Children & Adolescents with Disabilities

2015년 9월 10일 1판 1쇄 인쇄
2015년 9월 15일 1판 1쇄 발행

지은이 • 이병혁 · 김영표 · 홍성두 · 박경옥
펴낸이 • 김진환
펴낸곳 • (주)**학지사**

　　　　　121-838 서울특별시 마포구 양화로 15길 20 마인드월드빌딩
대표전화 • 02)330-5114　　　팩스 • 02)324-2345
등록번호 • 제313-2006-000265호

홈페이지 • http://www.hakjisa.co.kr
페이스북 • https://www.facebook.co.kr/hakjisa

ISBN 978-89-997-0788-9 93370

정가 18,000원

저자와의 협약으로 인지는 생략합니다.
파본은 구입처에서 교환해 드립니다.

인터넷 학술논문 원문 서비스 **뉴논문** www.newnonmun.com

이 도서의 국립중앙도서관 출판시도서목록(CIP)은 서지정보유통지
원시스템 홈페이지(http://seoji.nl.go.kr)와 국가자료공동목록시스템
(http://www.nl.go.kr/kolisnet)에서 이용하실 수 있습니다.
(CIP제어번호: CIP2015023752)